T0270113

Inteligencia Financiera

Título original: Financial Intelligence, Revised Edition: A Manager's Guide to Knowing What the
	Numbers Really Mean
Traducido del inglés por Francesc Prims Terradas
Diseño de portada: Editorial Sirio, S.A.
Maquetación: Toñi F. Castellón

©	de la edición original
	2013 Business Literacy Institute, Inc.

Publicado con autorización de Harvard Business Review Press

La duplicación o distribución no autorizada de este trabajo constituye
	una infracción de derechos de autor.

©	de la presente edición
	EDITORIAL SIRIO, S.A.
	C/ Rosa de los Vientos, 64
	Pol. Ind. El Viso
	29006-Málaga
	España

www.editorialsirio.com
sirio@editorialsirio.com

I.S.B.N.: 978-84-19105-20-2
Depósito Legal: MA-938-2022

Impreso en Imagraf Impresores, S. A.
c/ Nabucco, 14 D - Pol. Alameda
29006 - Málaga

Puedes seguirnos en Facebook, Twitter, YouTube e Instagram.

*Cualquier forma de reproducción, distribución, comunicación pública o transformación
de esta obra solo puede ser realizada con la autorización de sus titulares, salvo excepción
prevista por la ley. Diríjase a CEDRO (Centro Español de Derechos Reprográficos, www.
cedro.org) si necesita fotocopiar o escanear algún fragmento de esta obra.*

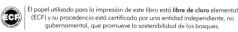 El papel utilizado para la impresión de este libro está **libre de cloro** elemental
(ECF) y su procedencia está certificada por una entidad independiente, no
gubernamental, que promueve la sostenibilidad de los bosques.

KAREN BERMAN
& JOE KNIGHT
con John Case

Inteligencia Financiera

*Lo que realmente significan
los números*

EDITORIAL
SIRIO

Karen dedica este libro a su marido, su hija
y su círculo de familiares y amigos.

Joe dedica este libro a su esposa, Danielle,
y a las «siete jotas»: Jacob, Jordan, Jewel, Jessica,
James, Jonah y Joseph Christian (JC).

Índice

Nota de los editores: Por razones prácticas, se ha utilizado el género masculino en la traducción del libro. Dada la cantidad de información y datos que contiene, la prioridad al traducir ha sido que la lectora y el lector la reciban de la manera más clara y directa posible. Incorporar la forma femenina habría resultado más una interferencia que una ayuda. La cuestión de los géneros es un inconveniente serio de nuestro idioma que confiamos en que, más pronto que tarde, se resuelva.

Prefacio

¿QUÉ ES LA INTELIGENCIA FINANCIERA?

HEMOS TRABAJADO CON MILES DE empleados, directivos y gerentes[*] de todo el mundo, a quienes hemos instruido sobre la vertiente financiera del ámbito empresarial. Nuestra filosofía es que a todos los que trabajan en una empresa les va mejor cuando saben cómo se mide el éxito financiero y cuando son conscientes del impacto que tienen en el desempeño de su empresa. Denominamos *inteligencia financiera* a este conocimiento. Hemos aprendido que una mayor inteligencia financiera ayuda a las personas a sentirse más comprometidas e implicadas. Comprenden mejor de qué forman parte, qué está tratando de conseguir la organización y cómo afectan a los resultados. La confianza aumenta, la rotación de personal disminuye y los resultados financieros mejoran.

Llegamos a esta filosofía por distintos caminos. Karen, por el camino académico. Su tesis doctoral se centró en el tema de si el hecho de compartir información y si la comprensión financiera por parte de los empleados y los jefes afecta positivamente al rendimiento financiero de la empresa. (Lo hace, en efecto). Karen pasó a ser formadora en el ámbito financiero y creó una organización, el Business Literacy Institute ('instituto de alfabetización empresarial'), dedicado a

---

[*] N. del T.: Si bien los autores no efectúan distinciones entre los tipos de gerentes posibles (*managers*) a lo largo de la obra, en general parece que hacen referencia a mandos intermedios que tienen autoridad sobre departamentos o grupos de trabajo.

ayudar a los demás a aprender sobre materias financieras. Joe se sacó un máster en finanzas, pero la mayor parte de su experiencia como instructor financiero en organizaciones es de tipo práctico. Tras estar un tiempo en Ford Motor Company y en varias empresas pequeñas, se unió a una empresa emergente, Setpoint Systems and Setpoint Inc., que manufactura montañas rusas y equipos de automatización industrial. Como director financiero y propietario de Setpoint, aprendió de primera mano lo importante que es instruir a los ingenieros y al resto de los empleados acerca del funcionamiento empresarial. En 2003, Joe se unió a Karen como copropietario del Business Literacy Institute, y desde entonces ha trabajado con decenas de empresas, como facilitador de cursos sobre inteligencia financiera.

¿Qué queremos decir con *inteligencia financiera*? No es ningún tipo de capacidad innata que se tiene o no se tiene. Está claro que a algunas personas se les dan mejor los números que a otras, y algunas figuras legendarias parecen tener una comprensión intuitiva de las finanzas que el resto de nosotros no tenemos. Pero no es de esto de lo que estamos hablando aquí. Para la mayor parte de la gente que se encuentra en el ámbito empresarial (nosotros incluidos), la inteligencia financiera no es más que un conjunto de habilidades que se pueden aprender. Las personas que trabajan en el campo de las finanzas adquieren muy pronto estas destrezas, y durante el resto de su carrera profesional son capaces de hablar entre sí en un argot que les puede sonar a chino a los no iniciados. La mayor parte de los altos ejecutivos (no todos) o proceden del ámbito financiero o aprendieron las habilidades en este campo en su ascenso hacia la cumbre, porque es muy difícil llevar un negocio a menos que se sepa qué están diciendo los entendidos en finanzas. En cambio, los mandos que no se forman en el aspecto financiero no acostumbran a tener suerte; en algunos sentidos, se los deja al margen.

Fundamentalmente, la inteligencia financiera se reduce a cuatro tipos de habilidades. Cuando hayas acabado de leer el libro, deberías ser competente en todas ellas. Son las siguientes:

- **Comprender los fundamentos.** Los gerentes que cuentan con inteligencia financiera comprenden los conceptos básicos de la cuantificación financiera. Pueden leer un estado de resultados (también llamado *cuenta de resultados*), un balance general y un estado de flujo de efectivo. Conocen la diferencia entre *beneficio* y *efectivo*. Entienden por qué el balance general tiene la virtud de equilibrar o igualar. Los números no les asustan ni les desconciertan.

- **Comprender el arte.** Las finanzas y la contabilidad son tanto un arte como una ciencia. Estas dos disciplinas deben tratar de cuantificar lo que no siempre puede ser cuantificado, por lo que deben basarse en reglas, estimaciones y supuestos. Los gerentes que cuentan con inteligencia financiera son capaces de identificar dónde se han aplicado a los números los aspectos artísticos de las finanzas, y saben que si se aplican de otra manera se puede llegar a unas conclusiones diferentes. Por lo tanto, están preparados para cuestionar los números cuando es oportuno.

- **Comprender el análisis.** Una vez que se comprenden los fundamentos y se valora el arte de las finanzas, se puede utilizar la información para analizar los números con mayor profundidad. Los gerentes con inteligencia financiera no rehúyen las ratios, el análisis del retorno de la inversión y otras cuestiones de este tipo. Utilizan estos análisis para fundamentar sus decisiones, y deciden mejor de resultas de ello.

- **Comprender el panorama general.** Finalmente, aunque impartamos conocimientos sobre finanzas, y aunque pensemos que todo el mundo debería conocer la vertiente financiera de las empresas, también creemos firmemente que los números no explican ni pueden explicar toda la historia. Los resultados financieros de una empresa dada deben entenderse siempre en contexto, es decir, dentro del marco del panorama general. Factores como la economía, el entorno competitivo, las regulaciones, las necesidades y expectativas cambiantes de los clientes y las nuevas tecnologías afectan a la forma en que deberíamos interpretar los números y tomar decisiones.

Pero la inteligencia financiera no acaba con lo que se puede aprender en un libro. Como la mayoría de las disciplinas y conjuntos de habilidades, no solo hay que aprenderla, sino que también hay que practicarla y aplicarla. En el terreno práctico, esperamos que este libro te prepare para emprender acciones como las siguientes:

- **Hablar el idioma.** Las finanzas son el idioma de los negocios. Nos guste o no, aquello que toda organización tiene en común son los números y cómo estos son tabulados, analizados y comunicados. Debes *usar* este idioma para que te tomen en serio y para comunicarte con eficacia. Pero como ocurre con todo idioma nuevo, no puedes esperar hablarlo con fluidez de buenas a primeras. No importa; lánzate e inténtalo. Adquirirás mayor confianza a medida que avances.
- **Hacer preguntas.** Queremos que cuestiones los informes y análisis financieros al examinarlos. No es que pensemos que tenga que haber, necesariamente, nada equivocado en los números que veas; pero sí creemos que es tremendamente importante que comprendas el qué, el porqué y el cómo de los números que vas a usar para tomar decisiones. Como cada empresa es diferente, a veces la única manera de entender todos estos parámetros es hacer preguntas.
- **Usar la información en el trabajo.** Tras leer este libro, deberías tener un buen caudal de conocimientos. Por lo tanto, ¡utilízalos! Úsalos para incrementar el flujo de efectivo. Sírvete de ellos para analizar el próximo gran proyecto. Empléalos para evaluar los resultados de tu empresa. Tu trabajo será más divertido y tu impacto en el rendimiento de la empresa será mayor. Desde nuestra posición como profesionales de las finanzas, nos encanta ver cómo empleados, gerentes y directivos pueden ver el vínculo

entre los resultados financieros y su trabajo. De pronto, parecen tener más claro por qué están realizando determinadas tareas.

Este libro corresponde a la segunda edición

Los conceptos financieros no cambian mucho de un año al siguiente, o incluso de una década a la siguiente. Los conceptos e ideas fundamentales que tratamos en la primera edición de este libro, publicada en 2006,* son exactamente los mismos en la presente edición. Pero hay buenas razones por las que ofrecer esta versión revisada y ampliada del texto original.

Por una parte, el panorama financiero ha cambiado, y mucho. Desde que se publicó la primera edición de *Financial Intelligence*, el mundo pasó por una gran crisis directamente relacionada con la materia que aquí tratamos. De pronto, más gente que nunca estaba hablando de balances generales, la contabilidad de valor razonable y las ratios de liquidez. La crisis también hizo que pasase a hablarse de temas diferentes dentro de las empresas: cómo le estaba yendo a la empresa desde el punto de vista económico, cómo se la podría evaluar mejor y qué cuestiones financieras debían tomar en consideración, como individuos, tanto los gerentes como los empleados.

Con el fin de facilitar estas conversaciones, hemos añadido muchos temas nuevos, como los siguientes:

* Un capítulo sobre los números GAAP frente a los números no GAAP. En la actualidad, muchas empresas están ofreciendo tanto sus resultados GAAP como los no GAAP. (En el capítulo 4 puedes ver qué son los números GAAP y no GAAP, y por qué son importantes).
* Un capítulo (el 25) que examina cómo evalúa las empresas el mercado. La crisis financiera, al igual que otras burbujas y colapsos, proporcionó nuevos conocimientos sobre qué medidas son

---

* En 2007, Editorial Deusto publicó la primera edición en castellano («Finanzas para *managers*»).

más (y menos) útiles para comprender el desempeño financiero de las empresas.

- Una gran cantidad de información adicional sobre el retorno de la inversión (ROI), que incluye un apartado sobre el índice de rentabilidad, explicaciones sobre el costo de capital y un ejemplo de análisis del ROI.

También recopilamos comentarios de miles de personas de todo el mundo que leyeron el libro y de clientes nuestros que lo usaron en sus clases de formación. Gracias a esa retroalimentación, hemos incorporado varios conceptos nuevos, como el margen de contribución, el impacto de los tipos de cambio en la rentabilidad y el valor económico añadido (VEA). Analizamos las reservas y los casos pendientes, los ingresos diferidos y el retorno sobre los activos netos o RONA. Creemos que todo esto hará que encuentres más útil el libro.

Finalmente, hemos añadido información adicional sobre cómo incrementar la inteligencia financiera en toda tu empresa. En nuestra empresa de capacitación trabajamos con muchas compañías, incluidas docenas que están en la lista Fortune 500, que ven que este aspecto debe formar parte de la formación impartida a los empleados, gerentes y directivos.

En resumidas cuentas, este libro apoyará el desarrollo de tu inteligencia financiera. Esperamos que encuentres valiosos nuestros consejos y nuestra experiencia. Esperamos que esta obra te capacite para alcanzar un éxito mayor, tanto en el terreno personal como en el profesional. También esperamos que contribuya a que tu empresa tenga más éxito. Y, sobre todo, pensamos que con la lectura de esta obra aumentará tu grado de motivación, interés y entusiasmo con el lado financiero del ámbito empresarial.

El arte de las finanzas (y por qué es importante)

1

No siempre se puede confiar en los números

S I LEES LAS NOTICIAS CON regularidad habrás aprendido mucho, en los últimos años, sobre las artimañas que usan algunos para falsear los libros de sus empresas: hacen constar ventas fantasma, ocultan gastos, «secuestran» algunas de sus propiedades y deudas en un lugar misterioso conocido como *fuera de balance*... Algunas de las técnicas son gratamente simples, como la que usó una empresa de *software* hace unos años para hacer crecer sus ingresos: envió a sus clientes cajas vacías justo antes del final del trimestre. (Los clientes devolvieron las cajas, por supuesto, pero no hasta el siguiente trimestre). Otras técnicas son tan complejas que es casi imposible entenderlas. (¿Recuerdas Enron? Los contables y fiscales necesitaron años para desentrañar todas las transacciones falsas de esa desafortunada empresa). Mientras haya mentirosos y ladrones en este mundo, algunos de ellos encontrarán sin duda formas de incurrir en el fraude y la malversación.

Pero tal vez hayas advertido también algo más respecto al misterioso mundo de las finanzas: que muchas empresas encuentran maneras perfectamente legales de hacer que sus libros presenten un aspecto mejor del que deberían tener. Por supuesto, estas herramientas legítimas no son tan potentes como el fraude: no pueden hacer que una empresa que está en bancarrota parezca próspera; al menos, no por mucho tiempo. Sin embargo, es sorprendente lo que *sí* pueden hacer. Por ejemplo, una pequeña técnica llamada *cargo único* le permite a una empresa tomar un montón de «malas noticias» y agruparlas en los resultados financieros de un trimestre, para que los futuros trimestres presenten un mejor aspecto. Alternativamente, pasar ciertos gastos de una categoría a otra puede embellecer el panorama de las ganancias trimestrales de una empresa y hacer que suba el precio de sus acciones. Hace un tiempo, el *Wall Street Journal* publicó un artículo de primera plana sobre cómo hay empresas que engordan sus resultados netos reduciendo las acumulaciones de beneficios de los jubilados, aunque es posible que no gasten ni un centavo menos en esos beneficios.

Cualquiera que no sea un profesional de las finanzas contemplará estas maniobras con cierto grado de perplejidad, probablemente. En todos los otros ámbitos empresariales (la mercadotecnia, la investigación y desarrollo, la gestión de los recursos humanos, la formulación de estrategias, etc.) hay un componente subjetivo importante, obviamente; en estos terrenos los datos no son lo único relevante, sino que también lo son la experiencia y el enfoque que se decida adoptar. Pero ¿las finanzas? ¿La contabilidad? Los números que salen de estos departamentos son objetivos, indiscutibles; es un enfoque de blanco o negro, sin lugar para los tonos de gris, ¿no? Está claro que una empresa ha vendido lo que ha vendido, ha gastado lo que ha gastado, ha ganado lo que ha ganado, ¿verdad? Entonces, cuando nos encontramos con una situación de fraude, y a menos que la empresa haya enviado cajas vacías realmente, ¿cómo pueden los ejecutivos hacer que las cosas parezcan tan diferentes de como son en realidad con tanta facilidad? ¿Por qué no les cuesta nada manipular el resultado neto?

EL ARTE DE LAS FINANZAS

La realidad es que en la contabilidad y las finanzas, como en esos otros ámbitos empresariales mencionados, el arte tiene el mismo protagonismo que la ciencia. Se podría decir que es el secreto bien guardado del director financiero o del contable, excepto por el hecho de que no es un secreto, sino una verdad que conocen todos los que se dedican a las finanzas. Por desgracia, el resto de nosotros tendemos a olvidarla. Creemos que si aparece un número en los estados financieros o en los informes que el departamento de finanzas facilita a los administradores, debe representar con precisión la realidad.

Pero esto no siempre es así, aunque solo sea por el hecho de que los que manejan los números no pueden saberlo todo. No pueden saber exactamente qué hacen todos los miembros de la empresa cada día, por lo que tampoco pueden saber inequívocamente dónde reflejar los gastos. No pueden saber con exactitud cuánto durará un aparato y, por lo tanto, qué parte de su coste original deben hacer constar en cualquier año dado. *El arte de la contabilidad y las finanzas es el arte de usar unos datos limitados para acercarnos lo máximo posible a una descripción precisa de lo bien que se está desempeñando una empresa.* La contabilidad y las finanzas no son la realidad, sino un reflejo de la realidad, cuya precisión depende de la capacidad que tengan los contables y otros profesionales de las finanzas de efectuar unas suposiciones razonables y de calcular unas estimaciones realistas.

Es un trabajo duro. A veces tienen que cuantificar lo que no es fácil de cuantificar. A veces les resulta difícil decidir en qué categoría incluir un elemento dado. Ninguna de estas complicaciones significa necesariamente que los contables y expertos en finanzas quieran manipular los libros o que sean incompetentes. Las complicaciones surgen porque deben realizar conjeturas bien fundamentadas en cuanto a los números de la empresa todo el día.

El resultado de estas suposiciones y estimaciones suele ser que los números aparecen sesgados. Ten en cuenta, por favor, que al decir *sesgados* no estamos poniendo en duda la integridad de nadie. (De hecho, algunos de nuestros mejores amigos son contables, y en las tarjetas de visita de uno de nosotros, Joe, consta el cargo de *director financiero*). Cuando decimos que «los números aparecen sesgados», solo queremos indicar que pueden estar desequilibrados hacia un lado u otro de la balanza, según la formación o la experiencia de las personas que los compilaron e interpretaron. Únicamente significa que los contables y otros profesionales de las finanzas han partido de ciertas suposiciones y estimaciones, y no otras, a la hora de elaborar sus informes. Uno de los objetivos de este libro es que puedas comprender estos sesgos, corregirlos cuando sea necesario e incluso utilizarlos en tu propio beneficio (y para favorecer a tu empresa). Para alcanzar esta comprensión, has de saber cuáles son las preguntas que debes formular. Con la información que reúnas podrás tomar decisiones bien fundamentadas y ponderadas.

CUESTIÓN DE CRITERIOS

Por ejemplo, echemos un vistazo a una de las variables que suelen ser objeto de estimación, aunque de buenas a primeras pensarás que no requiere ser estimada en absoluto. *Ingresos* o *ventas* hace referencia al valor de lo que ha vendido una empresa a sus clientes durante un período dado. Pensarás que es fácil determinarlo, pero la cuestión es: ¿cuándo debería ser registrado un ingreso (o «reconocido», como les gusta decir a los contables)? Estas son algunas posibilidades:

• Cuando se firma un contrato.
• Cuando el producto o servicio es entregado.

Definiciones

Queremos facilitarte al máximo el aprendizaje. La mayor parte de los libros de temática financiera nos hacen ir adelante y atrás entre la página en la que estamos y el glosario en el que consta la definición de una determinada palabra. Para cuando la hemos encontrado y hemos regresado a la página, hemos perdido el hilo del pensamiento. Por lo tanto, aquí vamos a proporcionarte las definiciones justo cuando las necesites, prácticamente en el momento en que usemos el término por primera vez.

- Cuando se envía la factura.
- Cuando se paga la factura.

Si has elegido «cuando el producto o servicio es entregado», has acertado. Como veremos en el capítulo siete, esta es la regla fundamental que determina cuándo debe aparecer una venta en la cuenta de resultados. De todos modos, no es una regla simple. Implementarla requiere asumir varios supuestos y, de hecho, la cuestión de cuándo una venta es realmente una venta es un tema espinoso en muchos casos de fraude. Según un estudio de 2007 del Deloitte Forensic Center ('centro forense Deloitte'), el reconocimiento de los ingresos tuvo un papel en el 41% de los casos de fraude perseguidos por la Comisión de Bolsa y Valores de Estados Unidos entre los años 2000 y 2006.[1]

Imagina, por ejemplo, que una empresa vende a un cliente una fotocopiadora, con un contrato de mantenimiento incluido; todo ello está integrado en un mismo *pack* financiero. Supongamos que la máquina se entrega en octubre y que el contrato de mantenimiento abarca los doce meses siguientes. La cuestión es: ¿qué parte del precio de compra debe ser registrado en los libros como correspondiente al mes de octubre? Después de todo, la empresa aún no ha dado todos los servicios que se ha comprometido a dar durante el año... Los contables pueden realizar estimaciones del valor de estos servicios, por

Estado de resultados

El estado de resultados muestra los ingresos, los gastos y los beneficios durante un período de tiempo, como puede ser un mes, un trimestre o un año. También se llama *cuenta de resultados*, *estado* (o *cuenta*) *de pérdidas y ganancias* y *estado de rendimiento económico*. A veces se añade la palabra *consolidado(a)* a estas denominaciones, pero sigue tratándose de un estado de resultados. La última línea del estado de resultados refleja el *beneficio neto*, conocido también como *resultado final*, *resultado neto*, *ingreso neto*, *utilidad neta* o *ganancia neta*.

supuesto, y ajustar los ingresos en consonancia. Pero esto requiere un gran discernimiento.

El ejemplo que hemos puesto no es hipotético. Refleja el caso de Xerox, que hace unos años jugó al juego del reconocimiento de los ingresos a una escala tan ingente que con el tiempo se descubrió que había reconocido (registrado), de forma inapropiada, la astronómica cantidad de seis mil millones en concepto de ventas. ¿Cómo es posible? Xerox estaba vendiendo máquinas con contratos de arrendamiento de cuatro años que incluían el servicio y el mantenimiento. Entonces, ¿qué parte del precio cubría el coste de la máquina y qué parte los servicios subsiguientes? Temiendo que las ganancias a la baja de la empresa hicieran caer el precio de sus acciones, los ejecutivos de Xerox del momento decidieron registrar porcentajes cada vez mayores de los ingresos anticipados, junto con las ganancias asociadas, por adelantado. En poco tiempo, casi todos los ingresos procedentes de esos contratos eran reconocidos (registrados) en el momento de la venta.

Estaba claro que Xerox había perdido el rumbo y estaba tratando de usar la contabilidad para encubrir sus fracasos comerciales. En cualquier caso, puedes ver lo relevante del asunto en lo que nos atañe: hay mucho margen, antes de llegar al punto de manipular los libros, para hacer que los números presenten uno u otro aspecto.

Un segundo ejemplo del ingenioso trabajo que se realiza con las finanzas (y que también suele tener un papel en los escándalos

Gastos operativos

Los gastos operativos son los costes requeridos para que la empresa pueda seguir funcionando en el día a día. Incluyen los salarios y los costes de las prestaciones y seguros, entre muchas otras cosas. Los gastos operativos constan en el estado de resultados y se restan de los ingresos para determinar el beneficio.

financieros) consiste en determinar si un coste dado es un *gasto de capital* o un *gasto operativo*. (Según el estudio de Deloitte, esta cuestión supuso el 11% de los casos de fraude entre los años 2000 y 2006). Más adelante entraremos en detalles; de momento, lo que tienes que saber es que los gastos operativos reducen el beneficio neto inmediatamente, mientras que los gastos de capital distribuyen el coste a lo largo de varios períodos contables. Como habrás observado, la tentación es la siguiente: «¿Queréis decir que si llamamos "gastos de capital" a todos estos suministros de oficina que hemos comprado podemos incrementar nuestras ganancias en consonancia?». Esta es la forma de pensar que hizo que WorldCom (la gran empresa de telecomunicaciones que entró en bancarrota en 2002) se metiese en un problema tan grande (exponemos los detalles en la «Caja de herramientas» de la tercera parte). Para evitar esta tentación, tanto el colectivo de los contables como las empresas cuentan con reglas sobre dónde hay que clasificar los distintos conceptos. Pero las reglas dejan mucho en manos del juicio y el criterio de los individuos. Está claro que estos juicios pueden afectar enormemente a los beneficios de la empresa y, por lo tanto, al precio de sus acciones.

Gastos de capital

Un gasto de capital es la compra de un artículo que se considera que es una inversión a largo plazo, como un ordenador u otro tipo de aparato. La mayor parte de las empresas siguen la regla de que toda compra superior a cierta cantidad de dólares es un gasto de capital, y que toda compra que se sitúa por debajo de esta cantidad es un gasto operativo. Los gastos operativos constan en el estado de resultados, y por lo tanto reducen el beneficio. Los gastos de capital se registran en el balance general; solo la *depreciación* de los artículos que constan como gastos de capital aparece en el estado de resultados. Encontrarás más información sobre el tema en los capítulos cinco y once.

Ahora bien, estamos escribiendo este libro para quienes trabajan en las empresas sobre todo, no para inversores. Entonces, ¿por qué debería importar algo de eso a estos lectores? La razón, obviamente, es que utilizan los números para tomar decisiones. Tú mismo, o tu jefe, realizáis juicios sobre presupuestos, gastos de capital, temas de personal y muchos otros asuntos a partir de una evaluación de la situación financiera de la empresa o de vuestra unidad de negocios. Si no eres consciente de los supuestos y estimaciones que subyacen a los números y de cómo estos supuestos y estimaciones afectan a los números en uno u otro sentido, puede ser que no tomes las mejores decisiones. La inteligencia financiera implica saber cuándo los números son sólidos (bien fundamentados y relativamente indiscutibles) y cuándo son poco sólidos (es decir, muy dependientes de los criterios aplicados). Es más: inversores externos, banqueros, proveedores, clientes y otros utilizarán los números de tu empresa como base para tomar sus propias decisiones. Si no tienes un buen conocimiento práctico de los estados financieros y no sabes lo que estás mirando o por qué lo estás haciendo, estás a su merced.

2

Detectar suposiciones, estimaciones y sesgos

S UMERJÁMONOS UN POCO MÁS PROFUNDAMENTE en este componente de la inteligencia financiera: los aspectos «artísticos» de las finanzas. Aunque solo nos encontramos al principio del libro, esta exploración te proporcionará una perspectiva valiosa sobre los conceptos y prácticas que aprenderás más adelante. Examinaremos tres ejemplos, en relación con los cuales formularemos cuatro preguntas simples pero de una importancia crucial:

- ¿Cuáles son los supuestos en este número?
- ¿Hay alguna estimación en los números?
- ¿A qué sesgo conducen estos supuestos y estimaciones?
- ¿Cuáles son las implicaciones?

Los ejemplos que abordaremos harán referencia a los devengos, la depreciación y la valoración. Si estas palabras te suenan como parte del idioma raro que hablan los entendidos en finanzas, no te preocupes; para tu sorpresa, muy pronto entenderás estos conceptos lo bastante como para seguir adelante.

DEVENGOS Y ASIGNACIONES: MUCHOS SUPUESTOS Y ESTIMACIONES

Como bien sabes, en determinados momentos del mes el contable de tu empresa está ocupado «cerrando los libros». Esto puede generarte desconcierto: ¿por qué lleva tanto tiempo hacer esto? Si no has trabajado en el campo de las finanzas, acaso pienses que podría llevar un día sumar todos los números a final de mes. ¿Cómo puede ser que, sin embargo, el contable esté ocupado con esta actividad durante dos o tres *semanas*?

Un paso que requiere mucho tiempo es determinar todos los *devengos* y *asignaciones*. No hay necesidad de entrar en detalles ahora; lo haremos en los capítulos once y doce. Por el momento, lee las definiciones que aparecen en los recuadros y céntrate en el hecho de que los contables usan los devengos y las asignaciones para tratar de formarse una idea precisa del estado del negocio cada mes. Después de todo, los informes financieros no son útiles para nadie si no nos dicen cuánto cuesta producir los productos y servicios que hemos vendido en el último mes. Esto es lo que se esfuerza por hacer el personal de contabilidad, y es una de las razones por las que hay que invertir mucho tiempo en ello.

Determinar los devengos y las asignaciones requiere casi siempre efectuar suposiciones y estimaciones. Pongamos tu sueldo como ejemplo. Supongamos que en junio trabajaste en una nueva línea de productos y que esa línea se presentó en julio. El contable responsable

Devengos

Un devengo es la parte de un elemento que ha supuesto un ingreso o un gasto que es registrado a lo largo de un período de tiempo determinado. Los costes de desarrollo de un producto, por ejemplo, es probable que se extiendan a lo largo de varios períodos contables, por lo que una parte del coste total será *devengado* cada mes. El propósito de los devengos es emparejar los gastos y los ingresos en un período determinado con la mayor precisión posible.

de determinar las asignaciones tiene que estimar qué parte de tu sueldo debería asociarse al coste de los productos (puesto que les dedicaste una gran parte de tu tiempo) y qué parte debería incluirse en los costes de desarrollo (ya que también trabajaste en el desarrollo del producto). También tiene que decidir cómo devengar para junio frente a julio. Según las decisiones que tome sobre esto, el aspecto del estado de resultados puede variar enormemente. El coste del producto se incluye en el coste de los bienes vendidos. Si los costes del producto aumentan, el beneficio bruto baja, y el beneficio bruto es una medida clave para evaluar la rentabilidad del producto. Los costes de desarrollo, sin embargo, son de I + D, área que se incluye en la sección de gastos operativos del estado de resultados y no afecta al beneficio bruto en absoluto.

Pongamos por caso que el contable determina que el importe de todo tu sueldo debe incluirse en los costes de desarrollo de junio y no en el coste del producto en julio. Presupone que tu trabajo no ha estado directamente relacionado con la manufactura del producto y que, por lo tanto, no debe constar como coste del producto. El resultado de este supuesto es un sesgo doble:

- En primer lugar, los costes de desarrollo son mayores de lo que serían si se hubiese tomado otra decisión. Un ejecutivo que analice estos costes podría decidir que el desarrollo de los productos cuesta demasiado dinero y que la empresa no debe correr un riesgo como este otra vez. Entonces la empresa podría reducir su inversión en desarrollo y poner en peligro su futuro.

Asignaciones

Las asignaciones son distribuciones de costes entre varios departamentos o actividades dentro de una empresa. Por ejemplo, gastos generales como el salario del director general a menudo se asignan a las unidades operativas de la empresa.

- En segundo lugar, el coste del producto es menor de lo que sería si la decisión del contable hubiese sido otra. Esto afectará a decisiones clave como el precio del producto y las contrataciones. Tal vez se le pondrá un precio demasiado bajo al producto. Tal vez se contratará a más personal para poner en el mercado lo que parece ser un producto rentable, a pesar de que detrás de esta «rentabilidad» hay algunos supuestos dudosos.

Naturalmente, el sueldo de una sola persona no supondrá una gran diferencia en la mayor parte de las empresas. Pero es probable que los supuestos aplicados a una persona se apliquen también al conjunto de la plantilla. Parafraseando un dicho que se oye mucho en Washington D. C., un sueldo aquí y un sueldo allá, y muy pronto estamos hablando de una fortuna.

Este caso es lo bastante simple como para que puedas ver con facilidad las respuestas a las preguntas que formulábamos anteriormente. ¿Los supuestos implícitos en los números? Dedicaste tu tiempo al desarrollo y fue poco significativo el que dedicaste a la fabricación del producto. ¿Las estimaciones? La forma en que tu sueldo debería dividirse, o no, como coste de desarrollo y coste de producción. ¿El sesgo? Unos costes de desarrollo más altos y unos costes de producción más bajos. ¿Las implicaciones? La preocupación por el alto coste del desarrollo, mientras que el precio del producto tal vez se fije por debajo de lo que sería pertinente.

¿Quién dijo que las finanzas no son emocionantes ni sutiles? Los contables y otros profesionales de las finanzas se esfuerzan por ofrecer la imagen más precisa posible del desempeño de las empresas para las que trabajan, a la vez que saben que sus números nunca podrán reflejar la realidad con exactitud.

DISCRECIÓN SOBRE LA DEPRECIACIÓN

Ahora pondremos un ejemplo sobre el uso de la *depreciación*. No es un concepto difícil. Supongamos que una empresa compra algunos vehículos o máquinas caros que espera utilizar durante varios años. Los contables piensan de esta manera acerca de ello: en lugar de restar todo el coste de los ingresos de un mes dado (dejando así, tal vez, a la empresa o a una unidad de negocio en números rojos), el coste debe repartirse a lo largo de la vida útil de esos vehículos o máquinas. Si se estima que una máquina dada durará tres años, por ejemplo, se puede registrar («depreciar») un tercio del coste cada año, o una treintaiseisava parte cada mes, empleando un sencillo sistema de depreciación. Esta es una mejor manera de estimar los verdaderos gastos de una empresa en un mes o un año dado que si se efectuara un solo registro. Además, con este sistema el coste de la maquinaria queda mejor emparejado con los ingresos que contribuye a generar (esta idea es importante, y la exploraremos en profundidad en el capítulo cinco).

La teoría tiene mucho sentido. En la práctica, sin embargo, los contables aplican en gran medida sus propios criterios a la hora de decidir a qué ritmo se deprecian los bienes exactamente. Y estas decisiones pueden tener un impacto considerable. Pongamos como ejemplo el sector aéreo. Hace algunos años, las aerolíneas se dieron cuenta de que sus aviones tenían una vida útil mayor de la que habían previsto. Por lo tanto, los contables del sector cambiaron sus calendarios

Depreciación

La depreciación es el sistema que utilizan los contables para asignar el coste de la maquinaria y otros activos dentro del coste total de los productos y servicios tal como aparece reflejado en el estado de resultados. Se basa en la misma idea que los devengos: se pretende emparejar con la mayor exactitud posible los costes de los productos y servicios con lo que se ha vendido. La mayoría de las inversiones de capital que no sean terrenos se deprecian, y los contables tratan de repartir el coste total del artículo a lo largo de su vida útil. Hablamos más de la depreciación en las partes segunda y tercera de este libro.

de depreciación para reflejar esa vida útil más extendida, y pasaron a restar menos en concepto de depreciación de los ingresos de cada mes. La consecuencia fue que los beneficios de las compañías aéreas aumentaron significativamente, como reflejo del hecho de que no tendrían que comprar aviones tan pronto como habían pensado. Pero date cuenta de que los contables tuvieron que suponer que podían predecir el tiempo de vida útil de los aviones. De esta apreciación derivaron el sesgo en sentido ascendente de los beneficios y las implicaciones consiguientes: los inversores decidieron comprar más acciones, los ejecutivos de las aerolíneas supusieron que podían permitirse subir más los sueldos, etc.

LOS MUCHOS MÉTODOS DE VALORACIÓN

Un ejemplo final del arte de las finanzas tiene que ver con la *valoración* que se hace de la empresa, en el sentido de estimar cuál es su valor en términos económicos. Las empresas que cotizan en bolsa, por supuesto, son valoradas todos los días por el mercado de valores. Valen el precio de sus acciones, sea cual sea en un momento dado, multiplicado por la cantidad de acciones en circulación; esta cifra es conocida como la *capitalización de mercado* de la empresa (otras denominaciones son *capitalización bursátil* y *valor en bolsa*). Pero ni siquiera eso refleja necesariamente su valor en determinadas circunstancias. Un competidor inclinado a adquirir una determinada empresa, por ejemplo, podría decidir pagar de más por las acciones de esta, al estimar que el valor de dicha empresa es superior al que tiene en el mercado abierto. Y, por supuesto, los millones de empresas que son de propiedad privada no se valoran en absoluto en el mercado de valores; cuando se compran o venden, los compradores y vendedores deben confiar en otros métodos de valoración.

El aspecto artístico de la valoración consiste, en gran medida, en elegir un método de valoración apropiado. Distintos métodos dan lugar a resultados diferentes, lo cual, por supuesto, significa que cada método imprime un sesgo a los números.

Supongamos, por ejemplo, que tu empresa se propone adquirir un fabricante de válvulas industriales que no cotiza en bolsa. Encaja bien con tu empresa, es una adquisición «estratégica», pero ¿cuánto debería pagar tu empresa? Podríais mirar cuáles son los beneficios de esa empresa y a continuación comprobar, en los mercados de valores, cómo se valoran empresas similares en relación con sus beneficios. (Este método se conoce como *relación precio-beneficio* o *relación precio-ganancia*). O podríais ver cuánto efectivo genera la compañía de válvulas cada año y pensar que, de hecho, estáis comprando ese flujo de efectivo. Después usaríais alguna tasa de interés para determinar el valor actual de ese flujo de efectivo futuro. (Este método se llama *flujo de efectivo descontado*). Alternativamente, podríais hacer algo más simple: mirar los activos de la compañía (sus instalaciones, maquinaria, existencias, etc., junto con intangibles como su reputación y su lista de clientes) y hacer estimaciones sobre el valor de esos activos. (Este es el método de la *valoración de activos*).

No hace falta decir que cada método implica un conjunto de supuestos y estimaciones. El método de precio-beneficio, por ejemplo, presupone que el mercado de valores es de alguna manera racional y que los precios que establece son, por lo tanto, precisos. Pero, por supuesto, este mercado no es del todo racional; si las cotizaciones están altas, el valor de la empresa que queréis comprar es mayor que si están bajas. Además, esa cifra relativa a los «beneficios», como veremos en la segunda parte, es en sí misma una estimación. Entonces, tal vez, podrías pensar, se debería usar el método del flujo de efectivo descontado. La cuestión en este caso es: ¿cuál es la tasa de interés o de «descuento» correcta que se debe aplicar a la hora de calcular el valor de ese flujo de efectivo? Dependiendo de cómo se establezca, el precio puede variar enormemente. Y, por supuesto, el método de la valoración de activos no es más que un conjunto de conjeturas sobre el valor de cada activo.

Como si estas incertidumbres no fueran suficientes, piensa en ese período agradable, descarado y excitante conocido como el *boom* de las empresas puntocom, a fines del siglo XX. Por todas partes estaban surgiendo empresas jóvenes y ambiciosas alrededor de Internet, alimentadas y regadas por un torrente entusiasta de capital riesgo. Pero cuando inversores como los capitalistas de riesgo ponen su dinero en algo, les gusta saber cuánto vale su inversión, que es lo mismo que decir que les gusta saber cuál es el valor de la empresa en la que están invirtiendo. Cuando una empresa está dando sus primeros pasos, es difícil saberlo. ¿Ganancias? Ninguna (todavía). ¿Flujo de caja operativo? También ninguno. ¿Activos? Insignificantes. En tiempos normales, esta es una de las razones por las que los capitalistas de riesgo evitan invertir en las primeras etapas de una empresa. Pero en la era de las puntocom, obviaron cualquier precaución, y confiaron en unos métodos de valoración inusuales. Se fijaron en la cantidad de ingenieros que había en nómina. Contaron el número de visitas que recibía al mes el sitio web de la empresa. Un enérgico y joven director ejecutivo que conocimos recaudó millones de dólares debido a que había contratado a un gran equipo de ingenieros de *software*; ese fue casi el único factor en el que se basaron los inversores. Desafortunadamente, vimos un letrero de «Se alquila» en el local de esa empresa menos de un año después.

Los métodos de valoración de las puntocom nos parecen insensatos ahora, pero en aquellos tiempos no parecían tan malos, dado lo poco que sabíamos sobre lo que nos deparaba el futuro. No obstante, todos los otros métodos descritos anteriormente son razonables. El problema es que cada uno está asociado a un sesgo que conduce a un resultado diferente. Y las implicaciones son de gran alcance. Las empresas se compran y venden sobre la base de estas valoraciones. Obtienen préstamos a partir de dichas valoraciones. Si tienes acciones de tu empresa, debes saber que su valor depende de una valoración adecuada. Puesto que tu objetivo es la inteligencia financiera, es interesante que sepas cómo se calculan estas cifras.

¿Por qué incrementar tu inteligencia financiera?

ASTA EL MOMENTO, NOS HEMOS mantenido en un ámbito bastante abstracto. Te hemos presentado el arte de las finanzas y te hemos explicado por qué el hecho de comprender dicho arte es un ingrediente esencial de la inteligencia financiera. Ahora vamos a tratar el tema al que nos referíamos en el prefacio: por qué es beneficioso contar con inteligencia financiera. Acabas de leer un poco sobre el arte de las finanzas, y esto te ayudará a comprender mejor qué puede enseñarte este libro y qué sacarás de leerlo.

Para empezar, queremos hacer hincapié en el hecho de que este libro es distinto de otros libros de finanzas. No parte de la base de que tienes algún tipo de conocimiento sobre esta materia. Tampoco es un libro de «contabilidad para *dummies*».* Nunca haremos referencia a los débitos y créditos; tampoco al libro mayor ni a los balances de prueba. El tema del que trata es la inteligencia financiera, o, como dice el subtítulo, *lo que significan realmente los números*. No está escrito para futuros contables sino para personas que están en organizaciones

---

* N. del T.: «Para *dummies*» es una serie de libros que promueven el aprendizaje autodidacta y que tienen como objetivo ofrecer guías sencillas para inexpertos o principiantes en una materia determinada.

(directores, gerentes, empleados) que necesiten entender qué está pasando en su empresa desde el punto de vista financiero, para poder utilizar dicha información con el fin de trabajar y gestionar con mayor eficacia. Aprenderás a descifrar los estados financieros, a identificar posibles sesgos en los números y a utilizar la información contenida en los estados contables (los informes técnicos de contabilidad) para hacer mejor tu trabajo. Aprenderás a calcular ratios. Aprenderás sobre el retorno de la inversión y la gestión del capital circulante, que son dos conceptos de los que te puedes servir para tomar mejores decisiones y tener un impacto en tu organización. En resumen: desarrollarás tu inteligencia financiera.

Una de las consecuencias de que desarrolles tu inteligencia financiera será que muy probablemente pasarás a destacar entre la multitud. No hace mucho tiempo realizamos un estudio de ámbito nacional (en Estados Unidos) en el que planteamos veintiuna preguntas del campo de las finanzas a una muestra representativa de directivos y gerentes que no llevaban el área de las finanzas de su empresa. Todas las preguntas estaban basadas en conceptos que conocería cualquier ejecutivo o cualquier subalterno del departamento de finanzas de una empresa. Por desgracia, el resultado medio que obtuvieron los gerentes que participaron en el estudio fue del 38% de aciertos, un suspenso se mire como se mire. A juzgar por sus respuestas, la mayoría fueron incapaces de distinguir entre *beneficio* y *efectivo*. Muchos no sabían qué diferencia hay entre un estado de resultados y un balance general. Un 70% aproximadamente no acertaron la definición correcta de *flujo de caja libre*, que actualmente es el parámetro que eligen considerar muchos inversores de Wall Street.[1] Cuando hayas terminado de leer este libro, sabrás qué es todo esto, y muchas más cosas. Esto es lo que queremos decir cuando hablamos de destacar entre la multitud.

LOS BENEFICIOS DE LA INTELIGENCIA FINANCIERA

Pero no se trata solamente de sacar una buena puntuación en una prueba; la inteligencia financiera trae consigo una serie de beneficios prácticos. A continuación, vamos a exponer algunos de ellos.

Una mayor capacidad de evaluar la propia empresa de forma crítica

¿Sabes realmente si tu empleador tiene suficiente efectivo para pagar las nóminas? ¿Sabes hasta qué punto son rentables los productos o servicios en los que trabajas? En las propuestas de gastos de capital, ¿se basa en datos sólidos el análisis del retorno de la inversión? Cuando mejores tu inteligencia financiera, estarás más preparado para lidiar con este tipo de cuestiones. O tal vez has tenido pesadillas en las que trabajabas en AIG, Lehman Brothers o tal vez Washington Mutual... Muchas de las personas que trabajaban en esas empresas no tenían ni idea de la precaria situación en la que se encontraban.

Supón, por ejemplo, que trabajaste en la gran empresa de telecomunicaciones WorldCom (conocida más adelante como MCI) al final de la década de 1990. La estrategia de WorldCom era crecer efectuando adquisiciones. El problema era que esa empresa no estaba generando suficiente efectivo para poder costear las adquisiciones que quería realizar. Por lo tanto, usó sus acciones como moneda, y

Fondo de comercio

El fondo de comercio entra en juego cuando una empresa adquiere otra. Es la diferencia entre los activos netos adquiridos (es decir, el valor de mercado justo de los activos menos los pasivos asumidos) y la cantidad de dinero que la empresa adquiriente paga por ellos. Por ejemplo, si el activo neto de una empresa está valorado en un millón de dólares y el adquiriente paga tres millones, pasa a constar un fondo de comercio de dos millones en el balance general del adquiriente. Esos dos millones de dólares corresponden a todo el valor que no aparece reflejado en los activos tangibles de la empresa adquirida (por ejemplo, su nombre, reputación, etc.).

pagó con ellas, en parte, por las empresas que adquirió. Esto implicaba que WorldCom tenía la necesidad absoluta de que el precio de sus acciones se mantuviese elevado; en caso contrario, las adquisiciones se volverían demasiado costosas. Si quieres mantener alto el precio de tus acciones, más te vale que tus beneficios se mantengan altos. Además, WorldCom pidió préstamos para costear las adquisiciones. Una empresa que suscriba muchos préstamos también tiene que mantener sus beneficios elevados; de otro modo, los bancos dejarán de prestarle dinero. Por lo tanto, desde dos flancos WorldCom soportaba la gran presión de tener que informar de unas ganancias muy buenas.

Por supuesto, ese fue el origen del fraude que acabó por salir a la luz. La empresa incrementó artificialmente el beneficio «con varios trucos contables, entre ellos subestimar los gastos y tratar los costes operativos como gastos de capital» (así resumió *BusinessWeek* los cargos formulados por el Departamento de Justicia).[2] Cuando todo el mundo se enteró de que WorldCom no era una empresa tan próspera como había proclamado, el castillo de naipes se vino abajo. Pero incluso si no se hubiese producido el fraude, la capacidad de generar ingresos de WorldCom no era coherente con su estrategia de crecer efectuando adquisiciones. Podía mantenerse un tiempo con la estrategia de los préstamos y las acciones, pero no para siempre.

Balance general

El balance general refleja el activo, el pasivo y el patrimonio neto en un momento determinado. En otras palabras: muestra, en un día específico, lo que la empresa poseía, lo que debía y cuánto valía. El balance se llama así porque equilibra, es decir, iguala: el activo siempre debe ser igual al pasivo más el patrimonio neto. Un gerente con conocimientos financieros sabe que, en última instancia, todos los estados financieros fluyen hacia el balance general. Explicaremos todos estos conceptos en la tercera parte.

Otro ejemplo lo ofrece Tyco International. Durante un tiempo, adquirió muchas empresas, tantas como unas seiscientas en dos años, es decir, más de una por cada día laborable. Con todas estas adquisiciones, el número del fondo de comercio creció, en el balance general de Tyco, hasta el punto de que los banqueros comenzaron a ponerse nerviosos. A los banqueros e inversores no les gusta ver un fondo de comercio demasiado cuantioso en un balance general; prefieren los bienes tangibles, que son los que, en caso de apuro, se pueden vender. Por lo tanto, cuando corrió el rumor de que Tyco podía haber incurrido en irregularidades contables, los banqueros cortaron el grifo para las adquisiciones de forma inmediata. En la actualidad, Tyco está centrada en el crecimiento orgánico y la excelencia operativa más que en las adquisiciones, y su cuadro financiero se corresponde con esta estrategia.

No queremos insinuar que todo mando poseedor de inteligencia financiera habría podido detectar la situación precaria de AIG o Tyco. Estas dos empresas engañaron a muchos tipos de Wall Street que parecían dominar el tema financiero. De todos modos, si adquieres ciertos conocimientos dispondrás de unas herramientas que te permitirán observar las tendencias que se dan en tu empresa y comprender en mayor medida las historias que hay detrás de los números. Acaso no tengas todas las respuestas, pero deberías saber qué preguntas hacer en estos casos. Siempre vale la pena evaluar el desempeño y las perspectivas de la empresa en la que se está. Aprenderás a saber cómo le está yendo y a averiguar cómo puedes apoyar mejor sus objetivos y tener éxito tú mismo.

Una mejor comprensión de los sesgos que se dan en los números

Ya hemos hablado del sesgo que contienen muchos números. Pero ¿y qué? ¿En qué te ayudará comprender estos sesgos? Pues te servirá para algo muy importante: te proporcionará el conocimiento y la confianza (la inteligencia financiera) que te permitirán *cuestionar los datos proporcionados por tu departamento de contabilidad y finanzas*. Podrás identificar los datos sólidos, los supuestos y las estimaciones. Sabrás cuándo tus decisiones están bien fundamentadas, y los demás también lo sabrán.

Pongamos por caso que trabajas en el área de operaciones y que propones comprar una máquina nueva. Tu jefe está receptivo, pero quiere que justifiques esa compra. Eso implica recabar datos del departamento de finanzas, como el análisis del flujo de efectivo correspondiente a la máquina, los requisitos de capital circulante y el calendario de depreciación. Y todos estos números (¡oh, sorpresa!) están basados en supuestos y estimaciones. Si sabes cuáles son estos supuestos y estimaciones, puedes examinar los números para ver si tienen sentido. Si no lo tienen, puedes cambiar los supuestos, modificar las estimaciones y componer un análisis realista que favorezca más tu propuesta. Por ejemplo, a Joe le gusta decir a su público que un ingeniero con inteligencia financiera puede elaborar con facilidad un análisis que muestre que su empresa debería comprarle una máquina CAD/CAM de cinco mil dólares, equipada con el *software* más actual. Ese ingeniero partiría del supuesto de que las características y la velocidad de procesamiento de la nueva máquina le permitirían ahorrar una hora al día, calcularía el valor de una hora diaria de su tiempo a lo largo de un año y mostraría así que no debería haber ninguna duda en cuanto a esta adquisición. A su vez, un jefe con inteligencia financiera echaría un vistazo a esos supuestos y daría una visión alternativa, como que el ingeniero podría *perder* una hora diaria de trabajo experimentando con todas las prestaciones seductoras de la nueva máquina.

Resulta sorprendente la facilidad con la que un jefe que se maneje bien con las finanzas puede cambiar los términos de los debates con el fin de llegar a las mejores decisiones. Cuando trabajó para Ford Motor Company, Joe tuvo una experiencia que constituye un buen ejemplo de esta cuestión. Él y otros empleados del área financiera estaban presentando unos resultados financieros a un alto directivo del área de *marketing*. Justo cuando acabaron de tomar asiento, el director los miró directamente a los ojos y dijo:

—Antes de que abra estos informes financieros, necesito saber durante cuánto tiempo y a qué temperatura.

Estas palabras fueron misteriosas para Joe y los otros empleados, pero a Joe se le encendió la bombilla, y respondió:

—Señor, estuvieron durante dos horas a ciento ochenta grados [centígrados].

El director dijo:

—Bien, ahora que sé durante cuánto tiempo los habéis cocinado, podemos empezar.

Les estaba diciendo que sabía que los números contenían supuestos y estimaciones y que haría preguntas. Cuando preguntó, en esa reunión, sobre la solidez de determinadas cifras, los empleados de finanzas se sintieron cómodos explicando de dónde salían y qué suposiciones habían tenido que hacer, si era el caso. Así, el director pudo tomar los números y usarlos para adoptar decisiones sintiéndose a gusto.

¿Qué ocurre si un directivo carece de este tipo de conocimientos? Pues que el personal de contabilidad y finanzas controlan las decisiones. Hemos dicho «controlan» porque cuando las decisiones se basan en números y dichos números se basan en las suposiciones y estimaciones de los contables, el personal de contabilidad y finanzas ejerce el control en la práctica, aunque estas personas no traten de controlar nada. Por eso es importante que sepas qué preguntas debes formular.

La capacidad de usar los números y las herramientas financieras para tomar y analizar decisiones

¿Cuál es el retorno de la inversión en este proyecto? ¿Por qué no podemos gastar dinero si la empresa tiene beneficios? ¿Por qué tengo que prestar atención a las cuentas por cobrar si no estoy en el departamento de contabilidad? Te haces estas y otras preguntas a diario (o se las hacen otras personas ¡que suponen que tú tienes las respuestas!). Se espera de ti que utilices tus conocimientos financieros para tomar decisiones, dirigir a tus subordinados y planear el futuro de tu departamento o tu empresa. Te mostraremos cómo hacer esto, te daremos ejemplos y hablaremos de la forma de gestionar los resultados. En el proceso, trataremos de prescindir del argot financiero en la medida de lo posible.

Por ejemplo, veamos por qué el departamento de finanzas podría decirte que no incurras en ningún gasto, aunque la empresa tenga beneficios.

Empezaremos con el hecho básico de que *efectivo* y *beneficio* no son lo mismo. En el capítulo dieciséis explicaremos por qué; ahora abordaremos los fundamentos solamente. El beneficio se basa en los ingresos. Recuerda que un ingreso se reconoce cuando se entrega un producto o se da un servicio, no cuando se paga la factura. Por lo tanto, la línea superior de la cuenta de resultados, la línea de la cual restamos los gastos para determinar el beneficio, a menudo no es más que una promesa. Los clientes aún no han pagado, por lo que el número correspondiente a los ingresos no refleja dinero real, como tampoco lo refleja la línea del beneficio, que está en la parte inferior. Si todo va bien, la empresa acabará por percibir el dinero correspondiente a las cuentas por cobrar y el efectivo se corresponderá con el beneficio. Mientras tanto, no es así.

Supongamos ahora que estás trabajando para una compañía de servicios empresariales en rápido crecimiento. Esa compañía está ofreciendo muchos servicios a un buen precio, por lo que sus ingresos

Efectivo

Tal como se presenta en el balance general, se entiende por *efectivo* el dinero que la empresa tiene en el banco, más cualquier otra cosa (como acciones y bonos) que pueda convertirse en efectivo de forma inmediata. El concepto es así de simple. Más adelante hablaremos de las medidas de flujo de efectivo.

y beneficios son elevados. Está incorporando personal al mayor ritmo posible y, por supuesto, tiene que pagar a estas personas tan pronto como las contrata. Pero todo el beneficio que están generando estas personas no se convertirá en efectivo hasta treinta o sesenta días después de la emisión de la factura… Esta es una de las razones por las que incluso el director financiero de una empresa muy próspera puede indicar a veces que no se gaste dinero en esos momentos, porque se está muy justo de efectivo.

Este libro está centrado en el desarrollo de la inteligencia financiera en el ámbito empresarial, pero también puedes aplicar lo que aprendas a la esfera personal; por ejemplo, a la hora de plantearte comprar una casa, un coche o un yate. O a la hora de planificar tu futuro y decidir cómo invertir. En estas páginas no se trata el tema de las inversiones, pero sí el lado financiero de las empresas, y en este sentido puede ayudarte a analizar posibles oportunidades de inversión.

CÓMO BENEFICIA A UNA EMPRESA LA INTELIGENCIA FINANCIERA

Nuestro trabajo diario consiste en impartir alfabetización financiera y, por lo tanto, esperamos que aumente la inteligencia financiera de los directivos, gerentes y empleados que estudian con nosotros. Evidentemente, pensamos que se trata de unos conocimientos importantes para estas personas, pero también hemos constatado que el incremento de la inteligencia financiera es bueno para las empresas. Estos son algunos de los beneficios en este ámbito:

Fuerza y equilibrio en toda la organización

¿Es el área de finanzas de tu empresa la que controla las decisiones? Esto no debería ser así. La fuerza de este departamento debería estar equilibrada por la fuerza del área de operaciones, la de *marketing*, la de recursos humanos, la de servicio al cliente, la de tecnología de la información, etc. Si los responsables de estos departamentos no cuentan con inteligencia financiera, si no saben cómo se obtienen los resultados financieros ni cómo usar estos resultados para efectuar una evaluación crítica de la empresa, las áreas de contabilidad y finanzas tienen la sartén por el mango. Los sesgos que imprimen a los números afectan a la toma de decisiones, e incluso pueden determinarla.

Mejores decisiones

De forma rutinaria, los gerentes incorporan lo que saben sobre el mercado, la competencia, los clientes y otras cuestiones en su toma de decisiones. Cuando también incluyen el análisis financiero, sus decisiones son más acertadas. No creemos mucho en tomar decisiones sobre la base de los números solamente, pero también pensamos que es absurdo ignorar lo que dicen estos. Los buenos análisis financieros permiten a los gerentes atisbar el futuro y les ayudan a efectuar elecciones más inteligentes y fundamentadas.

Mayor coherencia

Imagina el poder que tendría tu organización si *toda la plantilla* comprendiera su lado financiero. Todo el mundo podría actuar en coherencia con la estrategia y los objetivos. Todo el mundo podría trabajar como un equipo para alcanzar una buena rentabilidad y un buen flujo de efectivo. Todo el mundo podría comunicarse en el idioma de los negocios en lugar de competir por ascender en medio de intrigas de oficina. ¡Qué maravilla!

OBSTÁCULOS A LA INTELIGENCIA FINANCIERA

Hemos trabajado con suficientes personas y empresas como para saber que aunque todo el mundo pueda querer unos magníficos resultados, no son tan fáciles de conseguir. De hecho, nos encontramos con varios obstáculos predecibles, tanto en el terreno personal como en el organizacional.

Un obstáculo puede ser que odies las matemáticas, las temas y no quieras realizar cálculos. Bueno, bienvenido al club. Tal vez te sorprenderá saber que casi todo lo que hay que hacer a este respecto, en el ámbito de las finanzas, es sumar y restar. Los expertos en finanzas más sofisticados efectúan, además, multiplicaciones y divisiones. Nunca tenemos que tomar la segunda derivada de una función ni determinar el área que hay bajo una curva (lo sentimos, ingenieros). Por lo tanto, no tengas ningún miedo; el lado matemático es sencillo, y las calculadoras son baratas. No tienes que ser científico espacial para adquirir inteligencia financiera.

Otro obstáculo que se puede dar es que los departamentos de contabilidad y finanzas mantengan para sí toda la información. ¿Ocurre que los miembros del departamento de finanzas de tu empresa siguen las viejas maneras consistentes en custodiar y controlar los números, y son reacios a participar en el proceso de comunicación? ¿Están enfocados en el control y el cumplimiento? Si es así, puedes tenerlo difícil para acceder a los datos. De todos modos, podrás utilizar lo que habrás aprendido para hablar sobre los números en las reuniones gerenciales. Estas nuevas herramientas te ayudarán a tomar decisiones o a formular preguntas sobre los supuestos y estimaciones asociados a los números. De hecho, probablemente sorprenderás al personal de contabilidad y finanzas, y posiblemente estarán encantados con tus observaciones; nos complace ver esto cuando ocurre.

Una tercera posibilidad es que tu jefe no quiera que cuestiones los números. En este caso, es muy posible que él mismo no se maneje bien en el aspecto financiero. Probablemente no sepa nada sobre los supuestos, las estimaciones y los sesgos resultantes. ¡Tu jefe es una víctima de los números! El consejo que te damos es que sigas adelante; con el tiempo, los jefes suelen ver que esto es beneficioso para ellos, sus departamentos y su empresa. Puedes ayudar a tu jefe en el proceso. Cuantas más personas sepan algo de finanzas, más inteligencia financiera habrá en el conjunto de la organización. También podrás empezar a asumir algunos riesgos. Tus conocimientos financieros te darán poder, y podrás efectuar algunas preguntas indagatorias.

Una cuarta posibilidad es que no tengas tiempo para las finanzas. Solo te pedimos que nos concedas el tiempo que te llevará leer este libro. Si tomas vuelos por negocios, lleva este volumen contigo en uno o dos viajes; en unas pocas horas sabrás mucho más de finanzas que en cualquier momento del pasado. Otra opción es que tengas este libro a mano; los capítulos son poco extensos a propósito, y puedes leer uno siempre que tengas un rato libre. Por cierto, hemos incluido algunas historias sobre las fantásticas travesuras financieras de algunos de los villanos corporativos de las décadas de 1990 y 2000, solo para hacer la lectura un poco más entretenida y para mostrarte lo resbaladizo que puede ser a veces el terreno de las finanzas. No queremos insinuar que todas las empresas tienen estos comportamientos: al contrario, la mayoría lo hacen lo mejor que saben para presentar una imagen justa y honesta de su desempeño. Pero siempre es divertido leer acerca de lo que hacen los «malos».

En definitiva, no permitas que los obstáculos expuestos se interpongan en tu camino. Lee el libro y aprende lo que puedas sobre la empresa en la que estás. Pronto gozarás de una comprensión saludable del arte de las finanzas y tendrás una mayor inteligencia financiera. No obtendrás una maestría en finanzas por arte de magia, pero serás un «consumidor» de números competente; serás capaz de comprender y evaluar los papeles que te presenten los chicos o chicas del departamento de finanzas y de hacerles preguntas pertinentes. Los números dejarán de asustarte. El proceso no es largo, es relativamente indoloro y significará mucho para tu carrera profesional.

4

Las reglas que siguen los contables (y por qué no hay que seguirlas siempre)

N O TENEMOS LA INTENCIÓN DE incluir más que unos pocos procedimientos contables en este libro. Pero creemos que es una buena idea que sepas cuáles son las reglas que se supone que siguen los contables. Esto te ayudará a comprender por qué eligen basarse en ciertos supuestos y estimaciones y no en otros. Por otra parte, algunas empresas preparan estados financieros para su propio uso que *no* siguen estas reglas, y esos documentos también pueden ser valiosos.

Empecemos por el principio. Los contables de Estados Unidos se basan en una serie de pautas conocidas como Generally Accepted Accounting Principles (GAAP, 'principios de contabilidad generalmente aceptados'). Los GAAP incluyen todos los criterios, procedimientos y reglas que utilizan las empresas cuando preparan sus estados financieros. Son establecidos y administrados por la Financial Accounting Standards Board (FASB, 'junta de normas de contabilidad financiera') y el American Institute of Certified Public Accountants (AICPA, 'instituto estadounidense de contables públicos certificados'). La Comisión de Bolsa y Valores de Estados Unidos requiere que las empresas que cotizan en bolsa se adhieran a los GAAP. La mayoría de las empresas de propiedad privada, organizaciones sin ánimo de lucro y gobiernos también los utilizan. En rigor, deberíamos emplear la denominación *US GAAP* (principios de contabilidad generalmente aceptados de Estados Unidos), porque estas reglas solo atañen a las empresas estadounidenses (pronto nos referiremos a los criterios internacionales).[*]

Si alguien quisiera presentar todas las declaraciones GAAP en papel, algunas personas estiman que debería imprimir más de cien mil páginas. Los contables que usan los GAAP para preparar estados financieros suelen ser expertos en un área de estos principios, como la depreciación. Aún no hemos conocido a nadie que domine todo el código, ni siquiera que lo haya leído entero.

UNAS REGLAS QUE NO SON VERDADERAS REGLAS

El propósito de los GAAP es hacer que la información financiera sea útil para los inversores, los acreedores y para cualquiera que tome decisiones basándose en los informes financieros de las empresas. También se supone que los GAAP proporcionan información útil a los ejecutivos y gerentes de las empresas, con el fin de que dicha información les sirva para mejorar el desempeño de su organización y llevar unos buenos registros.

Pero las reglas GAAP no son lo que la mayoría de la gente considera *reglas*. No son órdenes, en el sentido de «haz constar este gasto de esta manera exactamente» o «haz constar este ingreso de esta manera exactamente». Son pautas y principios, y por lo tanto son susceptibles de interpretaciones y juicios. Los contables de una empresa dada deben averiguar cómo hay que aplicar en ella un principio dado. Esto constituye una gran parte del arte de las finanzas. Recuerda que los contables y otros profesionales de las finanzas están intentando

---

[*] N. del T.: Deben sujetarse a los GAAP las empresas estadounidenses o que cotizan en Wall Street. Más adelante encontrarás, como nota al pie, los principios fundamentales que se utilizan en el ámbito internacional.

representar una realidad a través de los números. Esta representación no será nunca exacta o perfecta, pero debe estar adaptada a la situación en particular. Los GAAP permiten efectuar este tipo de adaptaciones.

Si miramos las notas al pie de los informes financieros de las sociedades anónimas, es habitual ver que algunas de esas notas explican cómo han interpretado las pautas GAAP los contables de la empresa. Por ejemplo, una de las notas al pie de los informes financieros de Ford de 2010 dice lo siguiente:

> Los US GAAP exigen que añadamos los activos y pasivos de todos los grupos enajenables mantenidos para la venta en el balance general para el período en el cual el grupo enajenable está mantenido para la venta. Para proporcionar balances comparativos, también añadimos los activos y pasivos de los grupos enajenables importantes mantenidos para la venta en el balance general del período anterior.

Aquí se emplea mucho argot financiero, sí, pues los destinatarios de la explicación son otros profesionales de las finanzas. Solo hemos puesto este ejemplo para mostrar cómo los contables tienen en cuenta los GAAP en su práctica.

A veces ocurre que los contables tienen que modificar sus informes y volverlos a presentar. Tal vez identificaron nueva información o quizá descubrieron un error. O tal vez hubo cambios en las reglas GAAP. Apple, por ejemplo, tuvo que reformular sus resultados de 2009, como anunció en una nota de prensa del 5 de enero de 2010:

> **Adopción retrospectiva de normas contables enmendadas.**
> Los nuevos principios contables dan como resultado el reconocimiento por parte de la compañía de que, esencialmente, todos los ingresos y costes de producto para el iPhone y Apple TV tienen

lugar cuando estos productos se entregan a los clientes. Según los principios contables históricos, la compañía estaba obligada a contabilizar las ventas del iPhone y Apple TV utilizando la contabilidad de suscripciones, porque la compañía indicó que de vez en cuando podría proporcionar actualizaciones de *software* y funciones futuras no especificadas para esos productos sin cargo. Según la contabilidad de suscripciones, los ingresos y los costes de venta de producto asociados correspondientes al iPhone y Apple TV se difirieron en el momento de la venta y se reconocieron de forma lineal durante la vida económica estimada de cada producto. Esto resultó en el aplazamiento de cantidades significativas de ingresos y costes de ventas relacionados con el iPhone y Apple TV.

Debido a que Apple comenzó a vender tanto el iPhone como Apple TV en el año fiscal 2007, la compañía adoptó retrospectivamente los nuevos principios contables como si estos se hubieran aplicado en todos los períodos anteriores [...].

De nuevo, esto es más de lo que cualquier persona que no se dedique a las finanzas quiere saber, probablemente. Pero si eres un inversor que está tratando de evaluar el desempeño de Apple de año en año, necesitas saber exactamente por qué y cómo modificó sus informes financieros esa empresa; de otro modo, estarás comparando peras con melocotones.

POR QUÉ SON IMPORTANTES LOS GAAP

Contar con un conjunto de reglas contables que usa todo el mundo es útil por diversos motivos. Proporciona a los inversores y a otras personas una manera fiable de comparar resultados financieros entre empresas, entre sectores de actividad y de un año a otro. Si cada empresa juntara sus datos financieros de una manera diferente, usando cualesquiera reglas que considerara apropiadas, el resultado sería como si en los encuentros de Naciones Unidas no hubiese traductores. Nadie entendería a nadie, y nadie podría comparar Ford con General

Motors o Microsoft con Apple. No se sabría, por ejemplo, si las empresas estarían computando las ventas y los costes de la misma manera, por lo que sería imposible comparar su grado de prosperidad.

Los GAAP también intentan asegurar que todo se haga como es debido. Sin duda, hay quienes siempre están buscando formas de eludir las reglas. Warren Buffett, el inversor legendario, ha formulado algunas advertencias famosas, como esta que incluyó en su carta de 1988 a sus accionistas:

> Hay directivos que utilizan deliberadamente los GAAP para engañar y defraudar. Saben que muchos inversores y acreedores aceptan los resultados GAAP como verdades absolutas. Entonces, estos charlatanes interpretan las reglas «imaginativamente» y registran las transacciones comerciales de maneras que técnicamente se sujetan a los GAAP, pero que en realidad muestran una ilusión económica al mundo. Mientras los inversores, entre ellos instituciones supuestamente sofisticadas, incorporen valoraciones atractivas a las «ganancias» declaradas para que siempre vayan en sentido ascendente, pueden estar seguros de que algunos directivos y empresarios explotarán los GAAP para generar esos números, sea cual sea la verdad. A lo largo de los años, [mi socio] Charlie Munger y yo hemos observado muchos fraudes contables de una magnitud asombrosa. Pocos de los perpetradores han sido castigados; a muchos ni siquiera se los ha censurado. Para ellos ha sido mucho más seguro robar grandes sumas con un bolígrafo que pequeñas sumas con una pistola.

A pesar de estas malas prácticas, los GAAP constituyen una referencia, un conjunto de pautas a las que se sujetan la mayoría de las empresas, si no todas. La FASB y el AICPA revisan y actualizan las reglas continuamente para reflejar nuevos problemas e inquietudes, por lo que los GAAP son una entidad viva que evoluciona con los tiempos.

LOS PRINCIPIOS FUNDAMENTALES

Hay varios principios que constituyen el fundamento de los GAAP y de los estados financieros basados en ellos. Conocer estos principios te ayudará a comprender qué puede y qué no puede encontrarse en los estados financieros.

Unidades monetarias y coste histórico

Este principio establece que todos los elementos de los estados financieros se expresen en unidades monetarias, como dólares, euros, etc. También dice que el precio que una empresa ha pagado por un activo, que los contables denominan *coste histórico*, es la base para determinar su valor. (Los activos son aquello que posee la empresa).

Vamos a ver el arte de las finanzas en acción en relación con esto. Por ejemplo, puede ser que un edificio valga mucho más hoy que cuando se construyó, pero su valoración en los libros corresponderá a lo que le costó a la empresa originalmente. Sin embargo, las empresas no suelen valorar los activos financieros como las acciones y los bonos según su coste histórico, sino que exigen a sus contables que los valoren según el valor que tienen en el mercado en el presente. Esto se conoce como *contabilidad de valor razonable*; hablamos de este procedimiento en la caja de herramientas correspondiente a la tercera parte.

Las notas al pie que contienen los estados financieros son útiles porque dicen cómo han sido valorados los activos, y esto le permite al observador externo evaluar si su valor real puede ser mayor o menor que el que se ha reflejado.

Conservadurismo

Los GAAP requieren que los contables sean *conservadores*. No, no queremos decir que tengan que serlo en el terreno político o en su vida; solo deben serlo en el ejercicio de su profesión (aunque tal vez esto explica por qué el contable prototípico es también conservador en otras parcelas de la vida). En el terreno de la contabilidad, *conservadurismo* significa, por ejemplo, que cuando una empresa espera una pérdida, esta debe reflejarse en los estados financieros tan pronto como pueda ser cuantificada (es decir, tan pronto como se sepan cuáles son las cantidades de dinero implicadas). Los contables denominan a esto *reconocer* una pérdida.

Con las ganancias ocurre lo contrario. Cuando una empresa espera una ganancia, los contables no pueden registrarla hasta tener la seguridad de que esa ganancia se produjo realmente. Imaginemos, por ejemplo, que una empresa efectúa una venta. ¿Pueden anotarla en los libros los contables? Según los GAAP, solo pueden hacerlo si se cumplen estas cuatro condiciones por lo menos:

- **Hay evidencias convincentes de que existe un acuerdo.** Esto solo significa que la empresa confía en que la venta ha tenido lugar realmente.
- **Se ha producido el envío o se ha prestado el servicio.** Lo que se ha vendido se ha enviado al cliente de alguna manera.
- **El precio del vendedor para el comprador es fijo o determinable.** Debe saberse cuál es el precio.
- **El cobro está razonablemente asegurado.** No se puede computar una venta si se piensa que no se va a cobrar.

Por supuesto, en la mayor parte de los casos es fácil que se cumplan todas estas condiciones. Es suficiente con que los contables anoten sus criterios en los márgenes.

Coherencia

Los GAAP son orientaciones más que normas, por lo que las empresas pueden efectuar elecciones en cuanto a los métodos y supuestos del ámbito de la contabilidad. Ahora bien, una vez que la empresa ha elegido un determinado método o supuesto, debería utilizarlo en adelante, a menos que ocurra algo que justifique un cambio. Es decir, no se pueden alterar los métodos o los supuestos cada año sin que haya una buena razón para ello. Si los contables decidieran a partir de unos supuestos diferentes cada año, nadie podría comparar los resultados de un año con los de otro, y los mismos directivos no sabrían qué mensajes estarían dando los números en realidad. Además, podría ser que las empresas cambiasen los métodos y supuestos con el único fin de hacer que sus números presentasen un mejor aspecto cada año.

Revelación total

La revelación total guarda relación con la pauta anterior, la coherencia. Si una empresa cambia un método o un supuesto contables y este cambio tiene un impacto material (dentro de un momento nos referiremos al concepto de *material*), tiene que revelar tanto el cambio como los efectos financieros de dicho cambio. Está claro el sentido que tiene esto: quienes lean los informes tienen que enterarse de los cambios y su impacto para poder comprender plenamente qué están diciendo los números. Las empresas se toman en serio esta exigencia. En el ejemplo que sigue, Ford reveló un cambio efectuado en sus estados financieros de 2010 incluso siendo el caso que dicho cambio no tenía un impacto material (esta fue una decisión conservadora apropiada).

> **Transferencias de activos financieros.** Durante el primer trimestre de 2010, adoptamos la nueva norma contable relativa a las transferencias de activos financieros. La nueva norma requiere una mayor transparencia en cuanto a las transferencias de activos financieros y la implicación continua de la empresa en los activos financieros transferidos. La norma también elimina el concepto de entidad calificada de propósito especial de los US GAAP y cambia los requisitos para dejar de reconocer los activos financieros. La nueva norma contable no tuvo un impacto material en nuestra condición financiera, en los resultados de las operaciones ni en las revelaciones de nuestros estados financieros.

Materialidad

En el argot contable, *material* hace referencia a algo significativo, algo que afectaría al juicio de un inversor entendido acerca de la situación financiera de la empresa. Todo suceso o información material debe ser revelado; por lo general, se hace en las notas al pie de los estados financieros. Por ejemplo, los estados financieros de Apple para el año fiscal 2011 incluyen la siguiente advertencia:

A 24 de septiembre de 2011, al final del período anual cubierto por este informe, la compañía estaba sujeta a los diversos procedimientos y demandas legales que se describen a continuación, así como a otros procedimientos y demandas legales que no han sido completamente resueltos y que han surgido en el curso normal de su actividad. En opinión de los administradores, no había al menos una posibilidad razonable de que la compañía pudiera haber incurrido en una pérdida material, o una pérdida material excesiva de un devengo registrado, con respecto a contingencias de pérdida. De todos modos, los resultados de los procedimientos y demandas legales presentados contra la compañía están sujetos a una incertidumbre significativa. Por lo tanto, aunque los administradores consideran que la probabilidad de que esto ocurra es remota, si uno o más de estos asuntos legales se resolvieran contra la compañía en el mismo período informativo por montos que excedieran las expectativas de los administradores, los estados financieros consolidados de la compañía correspondientes a un período informativo en particular podrían verse afectados adversamente en cuanto a lo material.

En otras palabras: no esperamos que los pleitos que están en marcha deriven en pérdidas, pero podríamos estar equivocados.

Estos cinco principios no son los únicos que constan en los GAAP, pero consideramos que son algunos de los más importantes.

PAUTAS INTERNACIONALES

El resto del mundo (más de cien países) se rige por unos principios diferentes de los GAAP: las *normas internacionales de información financiera* (NIIF; IFRS por sus siglas en inglés). Como los GAAP, las NIIF son un conjunto de pautas y reglas en las que se basan las organizaciones cuando elaboran sus estados financieros. El objetivo de las NIIF es que se puedan efectuar comparaciones entre empresas de distintos países con la mayor facilidad posible. Las reglas NIIF son, en general, algo más simples que los GAAP.*

Cuando este libro está a punto de ser mandado a la imprenta, adivina lo que ha ocurrido: ¡puede ser que Estados Unidos adopte los NIIF también! El AICPA ha recomendado que se haga, y la Comisión de Bolsa y Valores de Estados Unidos ha prometido tomar

---

* N. del T.: Los principios generales en los que se sustentan las NIIF incluyen las características cualitativas fundamentales (relevancia y representación fiel) y las características cualitativas de mejora (comparabilidad, verificabilidad, oportunidad y comprensibilidad):

Relevancia: tiene que incluirse toda la información que pueda ser relevante para los usuarios de los estados financieros a la hora de tomar decisiones. Esta característica incluye la *materialidad o importancia relativa*: no puede omitirse información relevante o expresarse inadecuadamente información que pueda condicionar las decisiones de los usuarios.
Representación fiel: hay que representar los fenómenos económicos no atendiendo a la forma legal solamente, sino también a su esencia. Las representaciones tienen que ser completas, neutrales (sin sesgos y aplicando cautela en los juicios) y libres de error (aunque no es posible requerir *exactitud* en todos los aspectos).
Comparabilidad: los estados financieros de una misma entidad y de entidades diferentes deben ser comparables a través del tiempo. El respeto a las características cualitativas fundamentales (la relevancia y la representación fiel) favorece la comparabilidad; también aplicar la *congruencia*: el uso de los mismos métodos entre los estados financieros de una misma entidad en distintos períodos y entre entidades en un mismo período.
Verificabilidad: observadores independientes deberían poder estar de acuerdo en que una determinada descripción constituye una representación fiel. En muchos casos hará falta revelar las hipótesis de base, los métodos de recopilación de información empleados, etc.
Oportunidad: la información debe presentarse dentro del período en que pueda ser útil para tomar decisiones.
Comprensibilidad: la información debe clasificarse, caracterizarse y presentarse de forma clara y concisa, en la medida de lo posible, para que sea comprensible por parte de los usuarios que tengan cierto grado de conocimientos financieros.

Para una exposición completa, consulta https://niif.info, pestaña NIIF, Marco Conceptual de las NIIF; o introduce en el buscador de Internet «El marco conceptual para la información financiera».

una decisión en breve. De todos modos, es probable que pasen varios años antes de que las empresas estadounidenses deban regirse por las NIIF. Mientras tanto, están manifestando distintas posturas ante el cambio propuesto. Por ejemplo, un artículo del *Wall Street Journal* de julio de 2011 hablaba de una discrepancia entre las empresas grandes y las pequeñas. Las empresas grandes, que suelen operar en un ámbito internacional, quieren, en general, que se implementen las NIIF; en cambio, las empresas pequeñas, la mayoría de las cuales no tienen actividad fuera de Estados Unidos, no ven que este cambio tenga ninguna utilidad.[1] Nuestro parecer es que adoptar las NIIF significaría que se utilizaría el mismo lenguaje en todos los estados financieros, y creemos que la unificación del lenguaje financiero siempre es positiva.*

LOS INFORMES QUE NO SE SUJETAN A LOS GAAP

¿Recuerdas que decíamos, al principio de este capítulo, que algunas empresas no preparan solamente sus estados financieros basados en los GAAP sino que también elaboran otros al margen de estas reglas? Bien, pues esto es así. Muchas empresas informan de números que no se ajustan a las reglas y pautas de los GAAP. Se llaman (contén la respiración) *números no GAAP*. Las empresas suelen utilizarlos para cuestiones de gestión interna.

¿Significa esto que las empresas llevan dos conjuntos de libros? No. Utilizan los números no GAAP con el fin de comprender su negocio, sin tener que preocuparse por temas como los eventos únicos o los cambios en las pautas GAAP que son irrelevantes para la gestión empresarial. Muchas compañías incluso ponen sus números no GAAP (junto con sus números GAAP) a disposición de los analistas bursátiles y el público. Tal vez piensen que los números no GAAP reflejan mejor el desempeño de la empresa, o que ciertos números no GAAP son indicadores de rendimiento importantes. O tal vez solo quieran presentar la situación financiera de la empresa sin incluir ciertos

---

* N. del T.: Hasta donde hemos podido averiguar (en febrero de 2022), Estados Unidos no ha adoptado las NIIF.

números que son irrelevantes para sus previsiones a largo plazo. En general, presentan los resultados no GAAP porque piensan que estos números permiten comprender mejor el desempeño de la empresa a los observadores externos y porque facilitan las comparaciones entre los distintos años.

Aquí tienes, por ejemplo, lo que comunicó Starbucks en la nota de prensa en la que anunció sus resultados correspondientes al tercer trimestre de 2011:

- El margen operativo consolidado fue del 13,7%, 120 puntos base por encima de los resultados GAAP del período del año anterior y 40 puntos base por encima de los resultados no GAAP del período del año anterior.
- El margen operativo de Estados Unidos mejoró 300 puntos base, un 18,8% sobre la base GAAP, y 210 puntos base sobre los resultados no GAAP del período del año anterior.
- El margen operativo internacional mejoró 200 puntos base, un 12,2% sobre la base GAAP, y 140 puntos base sobre los resultados no GAAP del período del año anterior.

Un *punto base*, dicho sea de paso, es una centésima parte de un punto porcentual. Por lo tanto, cien puntos base equivalen a un 1%. En cuanto al margen operativo, hablaremos de él más adelante, en el capítulo veintiuno; por ahora, diremos que es un indicador del beneficio. Por lo tanto, Starbucks está notificando ganancias tanto en términos GAAP como no GAAP.

Más adelante en el mismo comunicado de prensa, Starbucks explica cómo calculó sus números no GAAP:

Las medidas financieras no GAAP proporcionadas en este comunicado excluyen los cargos de reestructuración de 2010, que tienen que ver principalmente con cierres de locales operados por la compañía previamente anunciados. La dirección de la empresa cree que el hecho de proporcionar estas medidas financieras no GAAP permite a los inversores comprender y evaluar mejor el desempeño operativo histórico y previsible de la compañía. Más específicamente, para las medidas financieras históricas que no son GAAP, la dirección excluye los cargos de reestructuración, porque cree que estos costes no reflejan los gastos operativos futuros esperados y no contribuyen a una evaluación significativa del desempeño operativo futuro de la empresa ni a las comparaciones con el desempeño operativo de la empresa en el pasado.

Paradójicamente, las normas GAAP incluyen una exigencia en cuanto al modo de informar de los números no GAAP. Las empresas suelen mostrar cómo llegaron, desde el punto de vista matemático, al número no GAAP a partir del número GAAP. Se suele llamar *declaración puente* a esta información. No abordaremos esto aquí (¡demasiados detalles!), pero siéntete libre de echar un vistazo a las notas de los estados financieros de las empresas o a sus documentos complementarios si estás interesado.

Bien, ya hemos hablado lo suficiente de los GAAP. Ahora, sumerjámonos en el meollo de la inteligencia financiera, comenzando con los tres estados financieros.

Caja de herramientas

OBTENER LO QUE QUIERES

Imagina la expresión en la cara de tu jefe si le planteases que te subiese el sueldo y si, como parte de tu argumentación, le expusieses un análisis detallado de la situación financiera de la empresa que mostrase exactamente cómo ha contribuido tu unidad a dicha situación.

¿Inverosímil? No lo creas. Con este libro aprenderás a reunir e interpretar datos como los siguientes:

- **El incremento de los ingresos, del beneficio y de los márgenes de tu empresa a lo largo del último año.** Si a la empresa le está yendo bien, puede ser que los altos directivos estén pensando en nuevos planes y oportunidades. Y necesitarán a personas con experiencia, como tú.
- **Los desafíos financieros que aún tiene la empresa.** ¿Se podría mejorar la rotación del inventario? ¿Y los márgenes brutos o la cantidad de días que se tarda en cobrar las facturas? Si puedes sugerir formas específicas de mejorar el desempeño financiero de la empresa, tanto tú como tu jefe daréis una buena imagen.
- **La posición de flujo de caja de tu empresa.** Tal vez puedas demostrar que tu empresa tiene mucho flujo de efectivo disponible para subirles el sueldo a los empleados que más se esfuerzan.

Esto mismo es aplicable si te presentas a una oferta de empleo. Los expertos siempre les dicen a quienes buscan trabajo que le hagan preguntas al entrevistador, y si planteas preguntas del ámbito de las finanzas, estarás mostrando que tienes un grado de comprensión del lado financiero de las empresas. Prueba con preguntas como estas:

- ¿Tiene beneficios la empresa?
- ¿Es positiva la cifra correspondiente al patrimonio neto?
- ¿Tiene una ratio de liquidez general que le permita afrontar el pago de las nóminas?
- ¿Están creciendo o menguando sus ingresos?

Si no sabes cómo evaluar todas estas cosas, sabrás hacerlo cuando hayas terminado de leer este libro.

LOS PROTAGONISTAS DE LAS FINANZAS Y SUS FUNCIONES

¿Quiénes están al cargo de las finanzas y la contabilidad? Existe cierta diversidad en cuanto a los cargos y las responsabilidades entre las distintas empresas; en general, estos son los cargos más importantes en estos departamentos:

- **Director financiero.** Está implicado en la gestión y la estrategia de la empresa desde el punto de vista de las finanzas. Supervisa toda la actividad financiera; el controlador y el tesorero lo informan debidamente. El director financiero suele formar parte del comité ejecutivo y la junta directiva. No hay nadie por encima de él en el área financiera.
- **Tesorero.** El tesorero se centra tanto en el exterior como en el interior de la empresa. Tiene la responsabilidad de establecer y mantener las relaciones con los bancos, administrar el flujo de efectivo, realizar previsiones y tomar decisiones sobre el patrimonio neto y la estructura de capital. El tesorero también es responsable de las relaciones con los inversores y las decisiones

sobre el patrimonio neto basadas en las acciones. Algunos dirían que el tesorero ideal es un profesional de las finanzas con personalidad.

- **Controlador.** El enfoque del controlador es puramente interno. Su trabajo consiste en proporcionar informes financieros fiables y precisos. El controlador es responsable de la contabilidad general, los informes financieros, el análisis comercial, la planificación financiera, la gestión del activo y los controles internos. Se asegura de que las transacciones del día a día se registren de forma precisa y correcta. Si el controlador no ofrece unos datos correctos y coherentes, el director financiero y el tesorero no pueden hacer su trabajo. Hay quienes llaman *contable* al controlador. Es aconsejable utilizar este término correctamente; algunos directores financieros y tesoreros se molestan cuando se usa para describirlos, ya que no se consideran a sí mismos contables, sino profesionales de las finanzas.

INFORMES QUE DEBEN PRESENTAR LAS EMPRESAS QUE COTIZAN EN BOLSA

Las empresas que cotizan en bolsa (empresas cuyas acciones cualquiera puede comprar en el mercado de valores) deben presentar una serie de informes a una agencia gubernamental. En Estados Unidos, dicha agencia es la Comisión de Bolsa y Valores (Securities and Exchange Commission, o SEC). Entre los formularios requeridos por la SEC, el más conocido y utilizado es el informe anual, conocido como *formulario 10-K* o, simplemente, 10-K. Esto no es lo mismo que el folleto brillante que muchas empresas distribuyen a sus accionistas, que también se denomina informe anual. La versión reluciente suele incluir una carta del director ejecutivo y el presidente; también puede incluir información promocional sobre los productos y servicios de la empresa, diagramas circulares y gráficos coloridos, y otro contenido relacionado con el *marketing*. La versión de la SEC, el 10-K, por lo general solo es en blanco y negro e incluye muchas páginas con texto y datos, según lo exigido por las regulaciones de la SEC. Incluye elementos tales como el historial de la compañía, la compensación de los ejecutivos, los riesgos empresariales, procedimientos legales, la visión de los administradores sobre la empresa, los estados financieros (preparados de acuerdo con los GAAP, como se explica en el capítulo cuatro), notas a los estados financieros, y controles y procedimientos financieros. Toda esta información revela mucho sobre la empresa desde el punto de vista financiero.

Las empresas que cotizan en bolsa también deben presentar un informe conocido como 10-Q cada tres meses. El 10-Q es mucho más breve que el 10-K; la mayor parte del contenido es información sobre los resultados financieros del último trimestre. Solo se presentan tres 10-Q al año, porque el último trimestre se incluye en el 10-K.

Ten en cuenta que los finales de trimestre y de año no tienen por qué coincidir con el calendario. El final del año fiscal de una empresa puede ser cualquier fecha que determine esta, y los trimestres se calculan a partir de ahí. Por ejemplo, si el fin de año de una empresa es el 31 de enero, sus trimestres son de febrero a abril, de mayo a julio, de agosto a octubre y de noviembre a enero.

Puedes encontrar 10-K, 10-Q y otros informes requeridos por la SEC en los sitios web de las empresas y en el sitio web de la SEC. Esta última utiliza una base de datos llamada EDGAR y contiene un tutorial para orientar en el uso de dicha base de datos.

Las (muchas) peculiaridades del estado de resultados

5

El beneficio es una estimación

SE SUELE ATRIBUIR A PETER DRUCKER el conocido dicho de que el beneficio es el criterio soberano de la empresa. La palabra *soberano* es apropiada en relación con el dinero. Una empresa rentable traza su propio rumbo. Sus administradores pueden llevarla como quieran. Ahora bien, cuando una compañía deja de ser rentable, otras personas empiezan a meter sus narices en ella. La rentabilidad es también el criterio a partir del cual serás juzgado como gerente, probablemente. ¿Estás contribuyendo a la rentabilidad de la empresa o todo lo contrario? ¿Estás pensando maneras de incrementar la rentabilidad cada día o te limitas a hacer tu trabajo confiando en que todo irá bien?

Otro dicho conocido, que algunos atribuyen a Laurence J. Peter (autor de *El principio de Peter*) y otros a Yogi Berra, es que si no sabemos adónde vamos es probable que acabemos en cualquier parte. Si no sabes *cómo* contribuir a la rentabilidad, difícilmente lo harás de manera efectiva.

De hecho, en el mundo empresarial hay demasiadas personas que no saben qué es el beneficio *realmente*, y menos aún cómo se calcula. Tampoco saben que el beneficio de una empresa en cualquier período dado refleja todo un conjunto de estimaciones y supuestos. El arte de las finanzas también podría llamarse *el arte de obtener ganancias*; o, en algunos casos, el arte de hacer que las ganancias parezcan mejores de como son en realidad. En esta parte del libro veremos cómo pueden hacer esto las empresas, tanto de manera legal como ilegal. La mayor parte de las compañías juegan limpio, pero siempre hay unas cuantas que acaban por forzar los límites.

Nos enfocaremos en los aspectos básicos del estado de resultados, porque el *beneficio* no es ni más ni menos que lo que se muestra ahí. Si sabes descifrar este documento, serás capaz de comprender y evaluar la rentabilidad de tu empresa. Si aprendes a influir en las partidas del estado de resultados en las que puedas hacerlo, sabrás cómo contribuir a la rentabilidad. Si aprendes el arte implicado en la determinación del beneficio, incrementarás claramente tu inteligencia financiera. ¡Incluso podrías llegar adonde estás yendo!

UN POCO DE CONTABILIDAD (MUY POCA)

En el capítulo anterior prometimos incluir solo unos pocos procedimientos contables en este libro. Sin embargo, en este capítulo explicaremos una idea del ámbito de la contabilidad que, cuando la entiendas, te permitirá comprender qué es un estado de resultados exactamente y qué información trata de aportar. Pero primero queremos retroceder un paso y asegurarnos de que no haya un error importante acechando en tu mente.

Como ya sabes, se supone que el estado de resultados muestra el beneficio de una empresa correspondiente a un período dado (normalmente un mes, un trimestre o un año). Solo hace falta un poquito de imaginación para llegar a la conclusión de que el estado de resultados muestra cuánto efectivo recibió la empresa durante ese período, cuánto gastó y qué cantidad de dinero quedó. Esta cantidad que «quedó» debería ser el beneficio de la empresa, ¿verdad?

Pues no. Excepto en el caso de empresas muy pequeñas que llevan la contabilidad de esta manera (las que tienen la denominada *contabilidad de caja*), esta idea de lo que es un estado de resultados y lo que es el beneficio está equivocada. De hecho, el estado de resultados refleja algo muy distinto del dinero en efectivo que entra, el dinero en efectivo que sale y el dinero en efectivo que queda. Refleja las *ventas* o *ingresos*, los *costes* o *gastos* y el *beneficio* o *utilidad*.

Todo estado de resultados comienza con las ventas. Cuando una empresa entrega un producto o proporciona servicio a un cliente, los contables dicen que ha realizado una venta. Aunque el cliente no haya pagado por el producto o servicio todavía, la empresa contabiliza el importe de la venta en la línea superior del estado de resultados correspondiente al período en cuestión. Es posible que ninguna cantidad de dinero haya cambiado de manos. Por supuesto, en el caso de las empresas que se basan en el efectivo inmediato (las que llevan la contabilidad de caja), como las tiendas al por menor y los restaurantes, hay una coincidencia prácticamente total entre las ventas y el dinero que entra en el momento. Pero la mayor parte de las empresas tienen que esperar treinta días o más tiempo para recibir el dinero correspondiente a sus ventas, y los fabricantes de productos grandes como pueden ser aviones tal vez tengan que esperar muchos meses para cobrar. (Administrar una empresa como Boeing implicaría tener una gran cantidad de efectivo disponible para cubrir los costes operativos y los de las nóminas mientras aún no se ha cobrado por el producto entregado. Hay un concepto que te ayudará a evaluar estos asuntos: el de *capital circulante*; lo abordaremos en la séptima parte del libro).

El principio de congruencia

El principio de congruencia es una regla de contabilidad fundamental a la hora de preparar los estados de resultados. Establece algo tan simple como esto: *empareja los costes con sus ingresos asociados para determinar cuál es el beneficio en un período dado (normalmente un mes, un trimestre o un año)*. En otras palabras: una de las principales tareas de los contables es averiguar y registrar correctamente todos los costes en los que se ha incurrido en la generación de las ventas.

Y ¿qué hay de las partidas correspondientes a los «costes» en el estado de resultados? Bueno, los costes y gastos que refleja una empresa no son necesariamente aquellos por los que emitió cheques durante ese período. *Los costes y gastos que constan en el estado de resultados son aquellos que tuvo la empresa para poder generar las ventas registradas durante ese período de tiempo.* Los contables llaman a esto el *principio de congruencia*: todos los costes deben coincidir con los ingresos asociados a estos en el período representado en el estado de resultados. Este principio es la clave para comprender cómo se determina el beneficio.

El principio de congruencia es el poquito de contabilidad que debes aprender. Por ejemplo:

- Si una empresa suministradora de tinta y tóner compra un camión de cartuchos en junio para venderlos a sus clientes a lo largo de los próximos meses, *no* registra el coste de todos esos cartuchos en junio. Lo que hace es registrar el coste de cada cartucho cuando lo vende. La razón de ello es el principio de congruencia.

- Si una empresa de reparto compra en enero un camión que tiene previsto utilizar a lo largo de los próximos tres años, el coste del camión no aparece reflejado en el estado de resultados correspondiente a enero. En lugar de ello, el camión es depreciado a lo largo de los tres años, por lo que solo una treintaiseisava parte del coste del vehículo aparece como gasto en el estado de resultados cada mes (suponiendo que se utilice un método de depreciación uniforme o de línea recta). La razón de ello vuelve a ser el principio de congruencia. El camión es uno de los muchos costes asociados al trabajo realizado durante cada uno de los treinta y seis meses (el trabajo que aparece reflejado en el estado de resultados de cada mes).

- El principio de congruencia se extiende incluso al pago de impuestos. Puede ser que una empresa dada pague sus impuestos una vez al trimestre, pero cada mes los contables incluirán en el estado de resultados una cifra que reflejará los impuestos adeudados sobre las ganancias de ese mes.

- El principio de congruencia lo aplican tanto las empresas que prestan servicios como las que venden productos. Una empresa de consultoría, por ejemplo, vende horas facturables, que son el tiempo que dedica a un cliente cada consultor. En este caso, los contables deben emparejar todos los gastos asociados a ese tiempo (costes de mercadotecnia, materiales, de investigación, etc.) con los ingresos asociados.

Puedes ver lo lejos que estamos del dinero en efectivo que entra y sale. Es otro documento financiero el que refleja este movimiento: el estado de flujo de efectivo (lo veremos en la cuarta parte). También puedes ver lo lejos que estamos de una realidad simple y objetiva. Los contables no pueden limitarse a sumar el flujo de dólares (o euros, etc.); tienen que *decidir* qué costes están asociados con las ventas. Tienen que hacer suposiciones y realizar estimaciones. En el proceso, puede ser que incurran en sesgos.

EL PROPÓSITO DEL ESTADO DE RESULTADOS

En principio, el estado de resultados trata de reflejar si los productos o servicios que proporciona una empresa son rentables una vez que se han sumado todas las cantidades. Es la mejor manera que tienen los contables de mostrar el importe correspondiente a las ventas que realizó la empresa durante un período dado, los costes que tuvo realizar esas ventas (lo cual incluye los costes correspondientes al funcionamiento de la empresa durante ese período) y el beneficio resultante, en caso de haberlo. Dejando de lado los posibles sesgos, esta tarea tiene una importancia fundamental para casi todos los gerentes de la empresa. El gerente de ventas tiene que saber qué tipo de ganancias están generando él/ella y su equipo para poder tomar decisiones en cuanto a descuentos, condiciones, qué clientes buscar, etc. El gerente de *marketing* necesita saber qué productos son los más rentables para que las campañas de mercadotecnia los resalten aún más. El gerente de recursos humanos debe conocer la rentabilidad de los productos para saber cuáles serán, probablemente, las prioridades estratégicas de la compañía al contratar a más personal.

Con el tiempo, el estado de resultados y el estado de flujo de efectivo muestran un paralelismo en las empresas bien llevadas. El *beneficio* se convertirá en *efectivo*. De todos modos, como hemos visto en el capítulo tres, el solo hecho de que una empresa tenga ganancias en cualquier período dado no significa que dispondrá del efectivo que le permitirá pagar sus facturas. El beneficio es siempre una estimación, y se puede gastar dinero, pero no se pueden gastar estimaciones.

Tras todo lo expuesto ya estás en situación de aprender a descifrar los estados de resultados. Vamos allá.

6

El código del estado de resultados, descifrado

H EMOS EMPLEADO LA PALABRA *CÓDIGO* en el título de este capítulo porque, desafortunadamente, muchas veces un estado de resultados puede parecer un código que hay que descifrar.

Veamos por qué esto es así. En libros como este, ponemos ejemplos fáciles de estados de resultados; aquí tienes uno:

Ingresos	100 $
Coste de los bienes vendidos	50 $
Beneficio bruto	50 $
Gastos	30 $
Impuestos	5 $
Beneficio neto	15 $

Un estudiante de cuarto de primaria inteligente no necesitaría mucha ayuda para determinar el beneficio neto, una vez que se le hubiesen aclarado algunos términos; incluso podría efectuar los cálculos sin la ayuda de una calculadora. Pero ahora echa un vistazo a un estado de resultados real, ya sea el de tu empresa o el que encuentres en el informe anual de alguna otra compañía. Si se trata de un estado detallado de uso interno, puede ser que ocupe varias páginas; habrá una sucesión aparentemente interminable de partidas con números, que seguramente estarán impresas en un cuerpo de letra tan pequeño que apenas podrás leerlas. Incluso si se trata de un estado «consolidado» como los que se encuentran en los informes anuales, probablemente contendrá todo un conjunto de partidas correspondientes a conceptos misteriosos como «ingresos procedentes de los partícipes del patrimonio» (este se encuentra en un estado de resultados de Exxon Mobil) o «amortización de activos intangibles comprados» (este se encuentra en un estado de resultados de Hewlett-Packard). Es suficiente para hacer que cualquiera que no sea un profesional de las finanzas levante las manos exasperado (bueno, este lenguaje también logra confundir a muchos profesionales).

Por lo tanto, ten paciencia con nosotros mientras exponemos algunos procedimientos sencillos que te permitirán aclararte con los estados de resultados sin sufrir. No deberías tener ardor de estómago por el hecho de desarrollar tu inteligencia financiera, y aprender estos procedimientos te lo puede evitar.

CÓMO LEER UN ESTADO DE RESULTADOS

Antes de que empieces a examinar los números, te pondremos en contexto para que puedas entender el documento.

El título

¿Pone «estado de resultados» arriba? Tal vez no. En lugar de ello, tal vez ponga «cuenta de resultados», «cuenta de pérdidas y ganancias», «estado de operaciones», «estado de pérdidas y ganancias» o «estado de rendimiento económico». Todas estas denominaciones hacen referencia al mismo documento. A menudo la palabra *consolidado* (o *consolidada*) también forma parte del título. En caso de ser así, probablemente estás mirando un estado de resultados correspondiente a una empresa en su conjunto, y los totales hacen referencia a grandes categorías en lugar de que consten todos los conceptos al detalle.

La gran diversidad de nombres que recibe el estado de resultados puede ser mareante. Trabajamos con un cliente que denomina «estado de pérdidas y ganancias» al estado de resultados de su informe anual. Al mismo tiempo, una de las grandes divisiones de la empresa lo denomina «estado de resultados», y otra gran división lo llama «cuenta de pérdidas y ganancias». Con todas estas denominaciones para hacer referencia a lo mismo, podríamos pensar que los compañeros que se ocupan de las finanzas y la contabilidad no quieren que nos enteremos de lo que está ocurriendo. O tal vez dan por supuesto que todo el mundo sabe que las distintas denominaciones hacen referencia a la misma cosa. Cualquiera que sea la razón, en este libro siempre hablaremos de *estado de resultados* (en menor medida, también utilizamos la denominación sinónima *cuenta de resultados*).

Por cierto, si ves que pone «balance general» o «estado de flujos de efectivo» en el título, tienes ante ti el documento equivocado. El título tiene que incluir uno de los sintagmas que acabamos de mencionar.

El alcance del documento

¿Es relativo a la totalidad de la empresa el estado de resultados que tienes delante? ¿Abarca, por el contrario, una sola división o unidad de negocio? ¿Es su alcance una región? Además de elaborar estados de resultados para el conjunto de la organización, las grandes empresas suelen hacerlos también para varias partes de ella, como almacenes, fábricas o líneas de producción. En su libro clásico *Relevance Lost* [Relevancia perdida], H. Thomas Johnson y Robert S. Kaplan explican cómo General Motors implantó la estructura divisional (en la que cada división debía elaborar su estado de resultados) en la primera mitad del siglo XX.[1] Podemos alegrarnos de que esa compañía tuviese esta idea. El hecho de que las unidades de negocio dispongan de sus estados de resultados permite que los directivos de las grandes corporaciones puedan hacerse una idea muy clara del desempeño financiero de sus unidades. Recuerda que estos estados financieros relativos a divisiones o unidades de negocio suelen requerir asignaciones o estimaciones para costes que afectan a más de una división o unidad.

Una vez que has identificado la entidad relevante, tienes que ver cuál es el período de tiempo. El estado de resultados, como los boletines de calificaciones de las escuelas, siempre abarca un período determinado: un mes, un trimestre, un año o incluso el tiempo transcurrido desde el principio del año hasta la fecha. Algunas empresas elaboran estados de resultados para un lapso tan corto como una semana. Por cierto, los números de los estados de resultados de las grandes compañías suelen estar redondeados y no se incluyen los últimos ceros. Busca una pequeña nota en la parte superior: «en millones» (hay que añadir seis ceros a los números) o «en millares» (hay que añadir tres ceros). Esto puede parecer de sentido común, y lo es. Pero nos hemos encontrado con que es fácil que personas recién llegadas al ámbito de las finanzas pasen por alto detalles aparentemente triviales como estos.

Real frente a proforma

La mayor parte de los estados de resultados son *reales*, y si no se indica otra cosa puedes dar por sentado que el documento que estás mirando es de este tipo. Un estado de resultados *real* muestra lo que ha ocurrido «realmente» en cuanto a los ingresos, los costes y las ganancias durante el período de tiempo que abarca. (Ponemos «realmente» entre comillas para recordarte que *todos* los estados de resultados contienen estimaciones, supuestos y sesgos, de los que hablaremos con mayor detalle más adelante, en esta parte del libro). Si estás mirando el documento de una empresa que cotiza en bolsa, puedes dar por sentado que ha sido elaborado según los principios de contabilidad generalmente aceptados de Estados Unidos (GAAP).* Si se trata de una empresa que no cotiza en bolsa, una de las cosas que debes preguntar es si los números están basados en los principios GAAP.

---

* N. del T.: Hay que tener en cuenta que las empresas de más de ciento sesenta países se rigen por las normas internacionales de información financiera (NIIF) y no por los GAAP.

También existen los estados de resultados proforma y no GAAP. *Proforma* significa que el estado de resultados es una proyección. Si estás diseñando un plan para un nuevo negocio, por ejemplo, podrías escribir un estado de resultados proyectado para el primer año o los dos primeros años. Este documento deberá reflejar lo que esperas que ocurrirá en cuanto a ventas y costes. Con respecto al estado de resultados *no GAAP*, puede ser que no incluya los cargos inusuales o únicos, o que no se sujete estrictamente a algunas reglas GAAP (consulta el capítulo cuatro para más detalles). Supongamos que una empresa tiene que asumir un cargo único en un año en particular, lo que resulta en una pérdida en el resultado neto. Junto con su estado de resultados real, podría preparar otro para mostrar lo que habría ocurrido si no se hubiese producido el cargo único. Por si esto no generase suficiente confusión, muchas empresas solían llamar *estado de resultados proforma* a estos estados no GAAP. Actualmente, esta denominación se aplica a las proyecciones solamente.

Los estados de resultados proforma (proyecciones) son solo eso, por supuesto. Son conjeturas sobre el futuro. Los estados de resultados no GAAP son otra cosa. Reflejan la realidad, pero hay que interpretarlos con cuidado. Cuando las empresas preparan estos documentos para el público externo, su propósito manifiesto es que las personas puedan comparar el año anterior (en el que no se produjo el cargo único) con el año actual (si no se hubiese producido ese inoportuno cargo único). El mensaje subliminal que se está transmitiendo es del tipo «las cosas no están tan mal como parece; solo ocurre que hemos perdido dinero a causa de ese cargo único». Pero el caso es que el cargo único tuvo lugar y que la empresa perdió dinero. La mayoría de las veces es mejor examinar tanto el estado GAAP como el estado no GAAP, y si hay que elegir uno, el estado GAAP es probablemente la mejor opción. Hay cínicos que dicen que los estados no GAAP son estados de resultados a los que se ha quitado todo lo malo. Esta no es una apreciación justa en todos los casos, pero a veces sí.

Los números grandes

Sea cual sea el estado de resultados que estés mirando, contendrá tres categorías principales. Una es *ventas*, aunque también puede ser que ponga *ingresos* (es lo mismo). Las ventas o ingresos están siempre arriba. Cuando se habla de «crecimiento de los ingresos», es lo mismo que decir *crecimiento de las ventas*. Los costes y gastos se encuentran en el medio, y el beneficio al final.* Hay subconjuntos de ganancias que se pueden encontrar en el transcurso del documento (el *beneficio bruto*, por ejemplo. Explicaremos estos subconjuntos en el capítulo nueve).

Normalmente se puede saber qué es lo importante para la empresa si se miran los números más grandes relativos a las ventas. Por ejemplo, a la línea de las ventas suele seguirle el «coste de los bienes vendidos». Si la empresa se dedica a la prestación de servicios, el nombre de la partida suele ser «coste de los servicios». En ocasiones también es posible encontrar «coste de los ingresos». Si la cuantía reflejada en esta línea corresponde a una gran parte de la cuantía de las ventas, puedes estar seguro de que los administradores de esa empresa prestan *mucha* atención al coste de los bienes vendidos o el coste de los servicios. En tu empresa, te interesa saber exactamente qué se incluye en las líneas que son relevantes en tu trabajo. Por ejemplo, si eres gerente de ventas, te convendrá saber exactamente qué consta en la categoría «gastos de ventas». Como veremos, los contables tienen cierto poder de decisión en cuanto a la distribución de los gastos por categorías.

Por cierto, a menos que seas un profesional de las finanzas, lo más normal es que puedas ignorar las partidas del tipo «amortización de activos intangibles comprados». La mayor parte de estas partidas no son importantes para el resultado neto, y si lo son, debería explicarse en las notas al pie.

---

* N. del T.: Si el estado de resultados que estás mirando corresponde a una organización sin ánimo de lucro, puede ser que ponga, por ejemplo, *resultado total o variación del patrimonio neto* en lugar de *beneficio*.

Datos comparativos

Los estados de resultados consolidados que se presentan en los informes anuales suelen contener tres columnas de números, que reflejan lo ocurrido durante los tres últimos años. Los estados de resultados internos pueden incluir muchas más columnas. Por ejemplo, podrías encontrarte con algo como esto:

Porcentaje de ventas real	Porcentaje de presupuesto de ventas	Porcentaje de varianza

O como esto:

Período previo real	Cambio en $ (+/−)	Porcentaje de cambio

Las tablas de números como estas pueden ser intimidantes, pero no tienen por qué serlo.

En el primer caso, el «porcentaje de ventas» no es más que una manera de mostrar la magnitud de un número correspondiente a los gastos en relación con los ingresos. La línea de los ingresos se considera algo fijo con lo que se compara todo lo demás. Muchas empresas tienen establecidos unos porcentajes de ventas como objetivo para determinados conceptos, y toman medidas si se desvían del objetivo de forma significativa. Por ejemplo, tal vez los altos ejecutivos han decidido que los gastos asociados a las ventas no deberían ser superiores al 12% del dinero conseguido con las ventas. Si se sitúan muy por encima, es mejor que el departamento de ventas se ande con cuidado. Ocurre lo mismo con las cantidades relativas al presupuesto y a la varianza (*varianza* solo significa 'diferencia'). Si la cantidad reflejada se sale mucho del presupuesto (es decir, si la varianza es alta), puedes estar seguro de que alguien va a querer saber el motivo. Los directivos que entienden de finanzas siempre identifican las varianzas respecto al presupuesto e investigan qué ha ocurrido.

En el segundo caso, el documento muestra cómo le va a la empresa respecto al último trimestre o el último año. A veces, el punto de referencia es «igual que en el mismo trimestre del año anterior». También en este caso, si una cantidad se ha apartado considerablemente de lo previsto en sentido negativo, alguien querrá saber por qué.

En resumidas cuentas, el sentido de los estados de resultados comparativos es poner de manifiesto qué está cambiando, qué números son los que se supone que deben ser y cuáles no lo son.

Notas al pie

Un estado de resultados interno puede incluir notas al pie o puede ser que no las incluya. Si las contiene, te recomendamos que las leas con detenimiento. Es probable que proporcionen una información que, según el criterio de los contables, sea relevante para todos. Con los estados de resultados externos, como los que se encuentran en los informes anuales, ocurre algo un poco diferente. Suelen contener muchísimas notas al pie. Échales un vistazo; algunas pueden ser interesantes, y otras no lo serán tanto.

¿Por qué hay tantas notas al pie? En los casos en los que hay cualquier duda, las reglas de la contabilidad exigen que los que se ocupan de las finanzas expliquen cómo han llegado a los totales. Por lo tanto, la mayor parte de las notas permiten ver cómo se determinaron los números. Algunas son simples y directas, como la siguiente, extraída del formulario 10-K de Walmart (el informe anual requerido por la Comisión de Bolsa y Valores de Estados Unidos) correspondiente al año finalizado el 31 de enero de 2011:

Coste de ventas

El coste de ventas incluye los costes de producción reales; el coste del transporte a los almacenes, tiendas y clubes de la compañía desde los almacenes de los proveedores, el coste del transporte desde los almacenes de la compañía hasta las tiendas y clubes de la compañía, y el coste del almacenamiento correspondiente a nuestro segmento Sam's Club y a los centros de distribución de importaciones.

Pero otras notas al pie pueden ser largas y complejas. Lo siguiente es el extracto de una nota al pie del formulario 10-K de Hewlett-Packard correspondiente al año fiscal finalizado el 31 de octubre de 2010:

Las políticas actuales de reconocimiento de ingresos de HP, que se aplicaron en el año fiscal 2010 y el año fiscal 2009, establecen que, cuando un acuerdo de venta contiene varios elementos, como productos de *hardware* y *software*, licencias y/o servicios, HP asigna los ingresos a cada elemento en función de una jerarquía de precios de venta. El precio de venta de un producto se basa en la evidencia objetiva específica de su proveedor (VSOE) si está disponible, en la evidencia por parte de terceros (TPE) si la VSOE no está disponible o en el precio de venta estimado (ESP) si no están disponibles la VSOE ni la TPE. En los acuerdos sobre elementos múltiples en los que se incluyen productos de *software* más que accidentales, los ingresos se asignan a cada unidad de contabilidad separada para cada uno de los productos que no son de *software* y a los productos de *software* en conjunto utilizando los precios de venta relativos de cada uno de los productos en el acuerdo basado en la jerarquía de precios de venta mencionada anteriormente. Si el acuerdo contiene más de un producto de *software*, la consideración del acuerdo asignada a los productos de *software* en conjunto es asignada entonces a cada producto de *software* utilizando la guía para reconocer los ingresos procedentes de la venta de *software*, según lo enmendado.

Este es uno de nueve párrafos que explican el reconocimiento de los ingresos, un tema que tratamos en el capítulo siete. No malinterpretes nuestra intención: es importante que Hewlett-Packard explique cómo ha enfocado esta cuestión. Las decisiones relativas al momento en que se reconocen los ingresos son un elemento clave del arte de las finanzas. Tampoco supongas que las notas al pie de Walmart son siempre simples y las de Hewlett-Packard son siempre complejas. Solo hemos puesto dos ejemplos que ilustran la diversidad de los tipos de notas al pie que nos encontramos en relación con los estados de resultados incluidos en los informes anuales. A veces uno descubre cosas muy interesantes sobre las empresas leyendo las notas al pie, así que ¡diviértete! (Acabamos de decir que las notas al pie pueden ser divertidas, sí). Si no puedes encontrar las explicaciones que necesitas en las notas, pregúntale al director financiero de tu empresa; debería tener las respuestas.

LA REGLA MÁS IMPORTANTE

Acabamos de exponer las reglas que debes seguir para leer un estado de resultados. Pero no olvides *la regla más importante* que debes tener presente siempre que te enfrentes a un estado de resultados. Es la siguiente:

> Recuerda que muchos de los números que aparecen en los estados de resultados reflejan estimaciones y supuestos. Los contables han decidido incluir algunas operaciones aquí y no allí, y han decidido estimar de una manera y no de otra.

Así es el arte de las finanzas. Si recuerdas este solo punto, te aseguramos que tu inteligencia financiera ya es superior a la de muchos gerentes.

A continuación examinaremos con más detalle algunas de las categorías clave. Si no tienes otro estado de resultados a mano, utiliza la muestra que incluimos en el apéndice a modo de referencia. Sin duda, todo te parecerá complicado al principio, pero pronto te habrás acostumbrado tanto al formato como a la terminología. A medida que te vayas familiarizando con el estado de resultados, verás que empiezas a comprender lo que te está diciendo.

7

Ingresos

El tema es el reconocimiento

EMPEZAREMOS POR LA PARTE DE arriba. Ya hemos dicho que las *ventas* (la línea superior del estado de resultados) también son denominadas *ingresos*. Hasta ahora, todo bien: solo dos palabras para designar una misma cosa no son demasiadas, y usaremos ambas, porque son muy comunes.*

Una empresa puede *registrar* o *reconocer* una venta cuando entrega un producto o presta un servicio a un cliente. El principio es simple, pero como decíamos antes, la cosa se complica en el momento de ponerlo en práctica. De hecho, la cuestión de cuándo se puede registrar una venta es uno de los aspectos más artísticos del estado de resultados. Es el asunto en el que tienen más capacidad de decisión los contables y, por lo tanto, aquel que los directivos y gerentes deben

---

* N. del T.: Aquí, *ventas* e *ingresos* corresponden a los términos ingleses *sales* y *revenue*. Sin embargo, los autores hacen una advertencia sobre un término que puede utilizarse como sinónimo de *revenue*, si bien puede tener otros significados, como 'ganancias', 'utilidad' y 'resultado': *income*. La advertencia es la siguiente: «Cuidado: algunas empresas (y muchas personas) llaman *income* a esta línea superior. De hecho, así lo hace el popular *software* de contabilidad QuickBooks, y así lo hacen la mayoría de los bancos e instituciones financieras. Esto puede generar una confusión importante, porque *income* significa 'beneficio' más habitualmente (de lo que significa 'ingresos'), y el beneficio consta en la *última* fila (Evidentemente, esta es una batalla difícil de librar. ¿Dónde está la policía lingüística cuando la necesitas?)».

Ventas

Las ventas o ingresos, como partida del estado de resultados, son el valor monetario de todos los productos o servicios que sirvió una empresa a sus clientes durante un período dado.

entender más. En consecuencia, en este terreno te serán útiles tus habilidades como «consumidor de las finanzas». Si hay cosas que parecen no estar bien, haz preguntas, y si no puedes obtener respuestas satisfactorias, tal vez deberías preocuparte. El reconocimiento de los ingresos es terreno abonado para el fraude financiero.

UNAS PAUTAS CONFUSAS

La pauta GAAP más importante en la que se basan los contables para registrar o reconocer una venta es que los ingresos tienen que haber sido *obtenidos*.* Una empresa dedicada a la venta de productos tiene que haber enviado el producto. Una empresa dedicada a la prestación de servicios tiene que haber realizado el trabajo. Parece claro, pero ¿qué harías en los casos siguientes?:

• Tu empresa lleva a cabo integraciones de sistemas para grandes clientes. Se necesitan seis meses para diseñar un proyecto y que el cliente lo apruebe, y doce meses más para implementarlo. El cliente no saca ningún partido del proyecto hasta que está todo terminado. ¿Cuándo has obtenido los ingresos generados por el proyecto?

• Tu empresa vende a minoristas. Usando una práctica conocida como *facturar y retener*, permites que tus clientes compren productos (artículos muy solicitados en Navidad, por ejemplo)

---

* N. del T.: Según las normas internacionales (NIIF), los ingresos se reconocen cuando se cumple con las obligaciones del contrato, es decir, cuando se transfieren al cliente el control y los beneficios de los bienes vendidos o los servicios prestados.

mucho antes de que los necesiten. Los mantienes en el almacén para ellos y se los envías más adelante. ¿Cuándo has obtenido los ingresos?

- Trabajas para un estudio de arquitectura. Tu empresa hace planos de edificios para los clientes, se ocupa del papeleo y supervisa la construcción o rehabilitación. Todos estos servicios están incluidos en la tarifa de la empresa, que normalmente es un porcentaje de los costes de construcción o rehabilitación. ¿Cuándo ha obtenido sus ingresos tu empresa?

No podemos dar respuestas únicas a estas preguntas, porque las prácticas de contabilidad varían entre las empresas. Y esta es precisamente la cuestión: no hay unas respuestas absolutas predeterminadas. Las empresas que trabajan con proyectos suelen tener unas reglas que permiten un reconocimiento parcial de los ingresos cuando un proyecto alcanza ciertos hitos. Pero las reglas pueden variar. La cifra correspondiente a «ventas» que aparece en la línea superior siempre refleja el criterio de los contables en cuanto al momento en que es oportuno reconocer los ingresos. Y cuando hay criterios de por medio, hay margen para el debate... y también para la manipulación, huelga decirlo.

POSIBILIDADES CON RESPECTO A LA MANIPULACIÓN

De hecho, las presiones con respecto a la manipulación pueden ser grandes. Pongamos una empresa de *software* a modo de ejemplo. Supongamos que vende el *software* junto con contratos que estipulan una labor de mantenimiento y actualizaciones a lo largo de cinco años. Por lo tanto, tiene que decidir cuándo reconocer los ingresos correspondientes a las ventas.

Supongamos ahora que esta empresa de *software* es en realidad una división de una gran corporación que realiza predicciones de ganancias para Wall Street. Los chicos y chicas de la oficina central quieren mantener contento a Wall Street. Pero este trimestre, lamentablemente, parece que el pronóstico del beneficio por acción de la empresa matriz va a ser ligeramente negativo. Si esto se confirma, Wall Street no dará saltos de alegría. Y cuando Wall Street no está contento, las acciones de la empresa se ven afectadas.

Casi podríamos oír los pensamientos de los chicos y chicas de la oficina central: «Tenemos la división de *software*; ¿y si cambiásemos el reconocimiento de sus ingresos? ¿Y si reconociésemos por anticipado el 75% en lugar del 50? La lógica podría ser que en esta división es necesaria una gran cantidad de trabajo inicial para efectuar una venta, por lo que se debería reconocer el coste y el esfuerzo que conlleva realizar la venta además del coste que conlleva proporcionar el producto y ofrecer el servicio. Hagamos el cambio (reconozcamos los ingresos adicionales) y, de repente, el beneficio por acción subirá hasta el nivel que espera Wall Street».

Es interesante el hecho de que no es ilegal realizar un cambio de este tipo. Podría haber una explicación en una nota al pie de los estados financieros, y también podría ser que esta explicación no estuviese presente. Tal vez advertiste, en el capítulo seis, que la nota al pie de Hewlett-Packard relativa a la política de reconocimiento de los ingresos mencionaba los años 2009 y 2010. Esto es así porque más adelante, en esa misma nota, la empresa expone qué hizo de manera diferente en 2008:

> Para el año fiscal 2008 [...] HP asignó los ingresos a cada elemento según su valor relativo razonable, o, para el *software*, según la VSOE

Beneficio por acción

El beneficio por acción es el beneficio neto de una empresa dividido por la cantidad de acciones en circulación. Es una de las cifras en las que más se fija la bolsa. La bolsa tiene «expectativas» en relación con el beneficio por acción de muchas empresas; si estas expectativas no se cumplen, es probable que el precio de esas acciones baje.

del valor razonable. En el caso de los elementos entregados para los que no se había determinado el valor razonable, HP empezó por asignar los ingresos al valor razonable de los elementos no entregados y los ingresos residuales a los elementos entregados [...].

Y las explicaciones continúan durante muchas líneas más.

Como mencionábamos en el capítulo cuatro, cualquier cambio contable que sea «material» para el resultado neto debe explicarse en una nota al pie. Pero ¿quién decide qué es material y qué no lo es? Lo has adivinado: los contables. De hecho, podría muy bien ser que el reconocimiento por anticipado del 75 % refleje con mayor precisión la realidad de la división de *software*. Pero ¿se ha debido el cambio en el método de contabilidad a un buen análisis financiero o a la necesidad de pronosticar ganancias? ¿Podría haber un sesgo oculto? Recuerda que la contabilidad es el arte de utilizar unos datos limitados para acercarse lo máximo posible a una descripción precisa de lo bien o mal que está rindiendo una empresa. Los ingresos que constan en el estado de resultados son una estimación, la mejor suposición posible. Este ejemplo muestra el tipo de sesgo que puede condicionar las estimaciones.

No son solo los inversores quienes tienen que ir con cuidado con los sesgos; los directivos y gerentes también tienen que ser conscientes de ellos, porque pueden afectar directamente a su trabajo. Pongamos por caso que eres gerente de ventas y que tú y tu equipo tenéis muy en cuenta los números correspondientes a los ingresos cada mes: basándote en estos números diriges a tu equipo, hablas con tus subordinados sobre su rendimiento, tomas decisiones en cuanto a contrataciones y despidos, y repartes gratificaciones y reconocimientos. Pero resulta que tu empresa ha hecho lo mismo que la empresa de *software* del ejemplo: ha cambiado la forma de reconocer los ingresos para alcanzar algún objetivo empresarial. ¡De pronto, da la impresión de que tu equipo lo está haciendo genial! Querrías dar primas a todos... Pero ve con cuidado: las cifras correspondientes a los ingresos podrían presentar otro aspecto si el reconocimiento se hubiese efectuado igual que siempre. Si no supieses que la política ha cambiado y empezases a repartir primas, estarías pagando por una mejora que no se ha producido. En este caso, la inteligencia financiera implica saber cómo se han reconocido los ingresos, analizar la verdadera varianza en las cifras relativas a las ventas y pagar primas (o no) a partir de cambios reales en el rendimiento.

Solo a modo de apunte, diremos que el fraude contable suele producirse en esta línea superior: las ventas. Muchas empresas juegan con el reconocimiento de los ingresos de maneras cuestionables. Esto ocurre sobre todo en el sector del *software*. Las empresas de *software* suelen vender sus productos a distribuidores que, a su vez, los venden a los consumidores. Los fabricantes, bajo la presión de la bolsa para llegar a determinadas cifras, a menudo tienen la tentación de enviar a estos distribuidores *software* que no han encargado al final del trimestre. (Esta práctica se conoce como *relleno de canales*). Pero esto no lo hacen solamente las empresas de *software*. Vitesse Semiconductor, por ejemplo, fue acusado por la Comisión de Bolsa y Valores de Estados Unidos, en 2010, de una serie de prácticas llevadas a cabo por el equipo ejecutivo de entonces entre 1995 y 2006. Uno de los cargos era «una elaborada maquinación de relleno de canales para registrar incorrectamente ingresos correspondientes a productos enviados». El distribuidor al que Vitesse enviaba sus productos tenía el «derecho incondicional» de devolverlos, un derecho establecido a través de «cartas complementarias y acuerdos verbales». Vitesse y los ejecutivos aceptaron un pacto para no ir a juicio, y la compañía reconoció más adelante que había «utilizado prácticas contables inadecuadas principalmente relacionadas con el reconocimiento de ingresos y el inventario, y preparado o alterado registros financieros para ocultar esas prácticas». Posteriormente, un nuevo equipo directivo puso las cosas en orden.[1]

Una empresa que siempre hizo lo correcto con respecto a esta práctica fue Macromedia, creadora del reproductor Flash de Internet y otros productos. Cuando el relleno de canales se estaba convirtiendo en un problema grave en el sector, Macromedia informó voluntariamente de las estimaciones de inventario que tenían sus distribuidores, mostrando así que los canales para sus productos no estaban cargados artificialmente. El mensaje fue claro tanto para los accionistas como para los empleados: Macromedia no se permitiría caer en esta práctica. (Posteriormente, Macromedia sería adquirida por Adobe).

La próxima vez que leas sobre un escándalo financiero, empieza por ver si alguien estuvo jugando con las cantidades relativas a los ingresos. Por desgracia, esto es muy habitual.

CASOS PENDIENTES, RESERVAS Y CONTRATACIONES

Fraudes y manipulaciones aparte, los ingresos muestran el volumen (en dólares, euros, etc.) de los bienes o servicios que la empresa ha entregado a sus clientes. Sin embargo, este no es el único indicador significativo del éxito de las empresas con las ventas. En muchos casos, son muy importantes los pedidos registrados pero que no se han empezado a servir, o los ingresos de proyectos parcialmente terminados que aún no se han reconocido; es decir, el valor de los bienes o servicios que están en curso o en fase de tramitación. Las empresas denominan *casos pendientes* (*backlog*), *reservas* o *contrataciones* a estas ventas que aún no han sido reconocidas.

Muchas de las empresas que cotizan en bolsa informan de los casos pendientes, reservas o contrataciones para ayudar a que los analistas y accionistas permanezcan informados sobre su evolución previsible. Y pueden publicar estos números de varias maneras. Uno de nuestros clientes, por ejemplo, registra tanto el valor total de sus contratos como el valor anual. Por supuesto, las reservas o contrataciones pueden cambiar de un día para el otro al entrar nuevos pedidos, al cancelarse o modificarse pedidos existentes y al proseguir el trabajo en los proyectos parcialmente terminados.

En algunos casos, tal vez deberás hacer preguntas para establecer qué significa un determinado curso en cuanto a los casos pendientes, las reservas o las contrataciones. Por ejemplo, un número cada vez mayor de casos pendientes de atender puede indicar que las ventas están aumentando, o bien que la empresa tiene problemas de producción. Y un número cada vez menor de casos pendientes de atender puede indicar que las ventas están disminuyendo, o bien que la capacidad de producción ha aumentado. Un parámetro que puede ayudarte a averiguar qué está pasando es la evaluación, por parte de la empresa, del porcentaje de casos pendientes que se convertirán en ventas en un período dado. Una empresa podría decir, por ejemplo, que espera que el 75% de los casos pendientes aproximadamente se conviertan en ventas dentro de los próximos seis meses.

INGRESOS DIFERIDOS

Cuando compras un billete de avión, la aerolínea te carga el importe en tu tarjeta de crédito inmediatamente, aunque falten tres semanas para que salga ese vuelo. Los contables denominan *ingresos diferidos* a estos fondos.

Los ingresos diferidos tienen que ver con los ingresos propiamente dichos, pues llegarán a serlo con el tiempo, pero no pertenecen a esta categoría. ¿Recuerdas el principio de conservadurismo? Una de las cosas que dice este principio es que los ingresos deben reconocerse, exclusivamente, cuando se han obtenido realmente. Los ingresos diferidos son dinero que ha entrado pero que aún no se ha obtenido. Por lo tanto, no pueden constar en el estado de resultados. Los contables registran los ingresos diferidos en el balance general como un pasivo, es decir, como una cantidad que la empresa debe a alguien. En el ejemplo que hemos puesto, la aerolínea te debe un vuelo. Hablaremos de los ingresos diferidos con mayor detalle en la tercera parte.

8

Costes y gastos

Sin reglas estrictas

L A MAYORÍA DE LOS GERENTES tienen mucha experiencia personal con los gastos. Pero ¿sabías que hay muchas estimaciones y sesgos potenciales en las partidas dedicadas a los gastos? Examinemos los principales conceptos correspondientes a estas partidas.

EL COSTE DE LOS BIENES VENDIDOS O COSTE DE LOS SERVICIOS

Como probablemente ya sabes, los gastos que se registran en el estado de resultados se incluyen en dos categorías básicas. La primera es el *coste de los bienes vendidos* (COGS, por sus siglas en inglés). Como ocurre con muchos conceptos, no hay una sola denominación para esta categoría; por ejemplo, las compañías de servicios pueden llamarla *coste de los servicios* (COS, por sus siglas en inglés). También hemos visto muchas veces las denominaciones *coste de los ingresos* y *coste de ventas*. En aras de la simplicidad, usaremos las siglas COGS y COS. Lo importante no es la denominación, sino lo que esta indica. En el caso del COGS, se trata de computar todos los costes directamente asociados a la fabricación del producto o la prestación del servicio: los materiales, la mano de obra... Si sospechas que esta regla permite una gran cantidad de interpretaciones, has dado en el clavo. El departamento de contabilidad tiene que tomar decisiones acerca de lo que es pertinente incluir en el COGS y lo que es pertinente registrar en algún otro lugar.

Algunas de estas decisiones no plantean problemas. En una empresa manufacturera, por ejemplo, está claro que los siguientes costes deben constar en la categoría COGS:

- El salario de las personas que participan en la línea de producción.
- El coste de los materiales utilizados para fabricar los productos.

Por otra parte, hay muchos costes que claramente no deben aparecer reflejados en el COGS, como los siguientes:

- El coste de los suministros utilizados por el departamento de contabilidad (papel, etc.).
- El sueldo del director de recursos humanos de la oficina central.

Y después hay una gran cantidad de costes que podrían incluirse en el COGS, pero también en alguna otra categoría. Estos son algunos de ellos:

- El sueldo del gerente de la fábrica en la que se elaboran los productos.
- El salario de los supervisores de la fábrica.
- Las comisiones por ventas.

Coste de los bienes vendidos (COGS) y coste de los servicios (COS)

El coste de los bienes vendidos o el coste de los servicios es una categoría de gastos. Incluye todos los costes directamente relacionados con la producción de un producto o la prestación de un servicio.

Los costes de la última lista ¿están directamente relacionados con la fabricación de los productos? ¿O son gastos indirectos, como el sueldo del director de recursos humanos? En el entorno de los servicios se da la misma ambigüedad. En una empresa que presta servicios, el COS suele incluir la mano de obra asociada a la prestación del servicio. Pero ¿dónde hay que hacer constar el sueldo del supervisor de grupo? Se puede argumentar que este salario forma parte de las operaciones generales y que, por lo tanto, no hay que incluirlo en el COS. Pero también se puede argumentar que el supervisor de grupo está apoyando a los empleados que prestan un servicio directo y que, por lo tanto, su sueldo debe estar en la misma categoría que el de estos empleados. Estas decisiones están basadas en criterios; no hay unas reglas rígidas que seguir.

Esta ausencia de reglas es un poco sorprendente. Los principios GAAP ocupan muchos miles de páginas y detallan una gran cantidad de reglas. Por lo tanto, se podría esperar que dijeran «el sueldo del gerente de fábrica queda fuera [del COGS]» o «el sueldo del supervisor debe incluirse [en el COS]». Pero no tenemos tanta suerte; los GAAP solo proporcionan orientaciones. Y las empresas toman estas pautas y aplican una lógica que tiene sentido para ellas en su situación particular. La clave, como les gusta decir a los contables, es la sensatez y la coherencia. Por lo tanto, mientras las empresas apliquen una lógica sensata de forma coherente, todo lo que quieran hacer estará bien.

Por encima de la línea, por debajo de la línea

La «línea» suele ser el beneficio bruto. Por encima de esta línea del estado de resultados suelen estar las ventas y el COGS o COS. Por debajo de la línea se encuentran los gastos operativos, los intereses y los impuestos. ¿Cuál es la diferencia? Los elementos que están por encima de la línea tienden a variar más (a corto plazo) que muchos de los que están por debajo de la línea, y por eso los administradores suelen prestarles más atención.

En cuanto a las razones por las que a un directivo o a un gerente debería importarle lo que se incluye en la categoría COS o COGS, toma en consideración los escenarios siguientes:

- Diriges el departamento de análisis financieros de una empresa de arquitectura y los salarios de tus empleados se habían incluido en el COS. Pero ahora en el departamento de finanzas están sacando estos costes del COS y ubicándolos en otra parte. Se trata de una decisión perfectamente razonable: aunque tu departamento tiene un papel importante en la compleción de los diseños arquitectónicos, se puede argumentar que no está *directamente* relacionado con ninguna tarea en particular. Y ¿es importante el cambio? Puedes apostar a que sí. Tú y tu equipo dejáis de estar «por encima de la línea», como suele decirse. Esto significa que apareceréis de otra manera en la pantalla del radar corporativo. Por ejemplo, si tu empresa se enfoca en el beneficio bruto, la dirección prestará mucha atención al COS, y tratará de asegurarse de que los departamentos que afectan al COS tengan todo lo que necesitan para alcanzar sus objetivos. Una vez que estáis fuera del COS (es decir, «por debajo de la línea»), puede ser que se os dedique un grado de atención significativamente menor.
- Eres un gerente de fábrica que tiene la misión de conseguir un beneficio bruto de un millón de dólares al mes. Este mes has quedado a veinte mil dólares de distancia del objetivo. Después te das cuenta de que veinticinco mil dólares de tu COGS están en una partida que reza «administración de contratos sobre pedidos de fábrica». ¿Es pertinente que este concepto figure en el COGS? Le pides al controlador que pase estos costes a la categoría de gastos operativos. El controlador accede y se efectúa el cambio. Consigues así tu objetivo en cuanto al beneficio bruto, y todo el mundo está contento. Un observador externo incluso podría creer que el margen bruto está mejorando, gracias a un cambio que indicaste al tratar de alcanzar una meta.

Estos cambios son legales, sí, siempre que pasen la prueba de la sensatez y la coherencia. Incluso puedes sacar un gasto del COGS un mes y pedir que se incluya en el mes siguiente. Todo lo que necesitas es una razón bastante buena para convencer al controlador (y al auditor, si los cambios son materiales) y debes revelar el cambio si es material. Por supuesto, cambiar las reglas constantemente, en cada período, no sería correcto. Algo que todos necesitamos de nuestros contables es que sean coherentes.

GASTOS OPERATIVOS: ¿QUÉ ES NECESARIO?

Y ¿adónde van los costes cuando se los saca del COGS? ¿Qué quiere decir que van a parar «por debajo de la línea»? Este «lugar» es la otra categoría básica de los costes: los gastos operativos. Algunas empresas denominan *gastos de ventas, generales y administrativos* (SG&A, o simplemente G&A, por sus siglas en inglés) a los gastos operativos, mientras que otras consideran los G&A (gastos generales y administrativos) como una subcategoría y otorgan su propia línea a las ventas y el *marketing*. Las empresas suelen basar esta distinción en el tamaño relativo de cada subcategoría. Por ejemplo, Microsoft elige mostrar las ventas y el *marketing* como partidas separadas porque las ventas y el *marketing* constituyen una parte significativa de los gastos de esta empresa. En cambio, la empresa de biotecnología Genentech incluye las ventas y el *marketing* dentro de los G&A (esto es lo más habitual). Ambas empresas reflejan de forma separada los costes de I + D, a causa de la importancia relativa que tienen. Por lo tanto, presta atención a la forma en que distribuye estos gastos tu empresa.

Gastos operativos (una vez más)

Los gastos operativos constituyen la otra gran categoría dentro de los gastos. Incluye los costes que no están directamente relacionados con la fabricación de los productos o la prestación de los servicios.

Los gastos operativos suelen concebirse como *gastos generales*, y esta es la denominación que utilizan muchas empresas. Esta categoría incluye conceptos como el alquiler, los suministros (de luz, agua, etc.), el teléfono, la investigación y el *marketing*. También incluye el sueldo de los administradores y la plantilla (recursos humanos, contabilidad, departamento de informática, etc.) más cualesquiera otros conceptos que los contables hayan decidido que no es pertinente reflejar en el COGS.

Los gastos operativos vienen a ser el equivalente al colesterol en el ámbito empresarial. El colesterol bueno contribuye a nuestra salud, mientras que el colesterol malo nos tapona las arterias. Del mismo modo, los gastos operativos buenos contribuyen a la fortaleza empresarial, mientras que los gastos operativos malos perjudican al resultado neto e impiden aprovechar oportunidades de negocio. (Otra denominación para los gastos operativos malos es «burocracia innecesaria»; probablemente se te ocurra alguna más).

Nos queda algo por decir sobre el COGS y los gastos operativos. Tal vez pienses que el COGS es lo mismo que los *costes variables* (los costes que varían con el volumen de producción) y que los gastos operativos son los costes fijos. El coste de los materiales, por ejemplo, es variable, ya que cuanto más produce la empresa, más materiales tiene que comprar. Y los materiales están incluidos en el COGS. Por otra parte, los sueldos del personal de recursos humanos constituyen costes fijos, y están incluidos en los gastos operativos. Desafortunadamente, las cosas no son tan simples. Por ejemplo, si los sueldos de los supervisores están incluidos en el COGS, este concepto es fijo a corto plazo, tanto si la empresa produce cien mil artilugios como si produce ciento cincuenta mil. Otro ejemplo lo constituyen los gastos asociados a las ventas, que suelen estar integrados en los SG&A: si el equipo de ventas trabaja a comisión, los gastos asociados a las ventas son variables en cierta medida, y aun así solemos encontrarlos en la categoría SG&A y no en la categoría COGS.

EL PODER DE LA DEPRECIACIÓN Y LA AMORTIZACIÓN

Otra parte de los gastos operativos que suele estar «escondida» en la línea de los SG&A es la depreciación y la amortización. La forma en que es tratado este gasto puede tener un gran impacto en el beneficio que refleje el estado de resultados.

Anteriormente, en esta misma parte, pusimos un ejemplo de depreciación: la compra de un camión de reparto, cuyo coste se distribuía a lo largo del período de tres años en el que, supuestamente, se iba a utilizar dicho camión. Este caso hipotético nos sirvió para ejemplificar el principio de congruencia. En general, la depreciación es lo que cuesta un activo físico, como un camión o una máquina, a lo largo de su vida útil estimada. Esto significa que los contables averiguan durante cuánto tiempo será utilizado el activo probablemente, toman el porcentaje pertinente de su coste total y reflejan esta cantidad como gasto en el estado de resultados.

Pero en relación con la depreciación existe una herramienta potente que tal vez empleen los artistas de las finanzas. Vale la pena que entremos en detalles, para que veas cómo las suposiciones relativas a la depreciación pueden afectar al resultado neto de cualquier empresa.

Para no complicar mucho, supongamos que creamos una empresa de reparto y empezamos con unos cuantos clientes. En el primer mes en que estamos plenamente operativos, ingresamos diez mil dólares. También tenemos unos gastos directos por valor de cinco mil dólares (el sueldo de los conductores, el gasoil, etc.) y unos gastos generales por valor de tres mil dólares (el alquiler del local, gastos en publicidad, etc.). Al principio de dicho mes, nuestra empresa compró un camión de treinta y seis mil dólares para efectuar el reparto. Como esperamos que el camión sea útil durante tres años, lo depreciamos por valor de mil dólares mensuales (usando el método simple que es la depreciación uniforme o de línea recta).

Por lo tanto, y simplificando mucho, el estado de resultados podría presentar este aspecto:

Ingresos	10.000 $
Coste de los bienes vendidos	5.000 $
Beneficio bruto	5.000 $
Gastos	3.000 $
Depreciación	1.000 $
Beneficio neto	1.000 $

Pero nuestros contables no tienen una bola de cristal. No *saben* si el camión va a durar tres años exactamente; esta es solo una suposición que hacen. Veamos un par de supuestos alternativos:

- Podrían prever que el camión durará un año solamente, en cuyo caso el monto de la depreciación deberá ser de tres mil dólares mensuales. Ello restará dos mil dólares del resultado del período y hará que la empresa pase de tener un beneficio neto de mil dólares a tener *pérdidas* por valor de mil dólares.
- También podría ocurrir que los contables partieran del supuesto de que el camión durará seis años (setenta y dos meses). En este caso, la depreciación sería de quinientos dólares mensuales solamente, y el beneficio neto ascendería a mil quinientos dólares.

Mmmmm... En el primer caso, de pronto estamos en números rojos. En el segundo caso, hemos incrementado el beneficio neto en un 50%. Y todo ello al cambiar el supuesto relativo a una sola depreciación. Los contables tienen que sujetarse a los principios de la contabilidad, ciertamente, pero estos permiten un gran margen de maniobra. Sea cual sea el conjunto de reglas que sigan los contables, deberán efectuar estimaciones siempre que un activo tenga una duración superior a un período contable. El directivo o el gerente con inteligencia financiera debe comprender estas estimaciones y saber cómo afectan a los estados financieros.

Si piensas que esto no es más que un ejercicio académico, toma en consideración el famoso ejemplo que proporciona Waste

Management Inc. (WMI). WMI fue una empresa con mucho éxito, líder en el negocio del transporte de basura. Por lo tanto, sorprendió mucho a todo el mundo que anunciase que asumiría un cargo único antes de impuestos por valor de tres mil quinientos cuarenta *millones* de dólares contra sus ganancias. A veces se asumen cargos únicos antes de una reestructuración (como veremos más adelante en este capítulo). Pero este caso era diferente: WMI estaba admitiendo que había estado manipulando sus libros a una escala que nadie habría podido imaginar. En realidad, a lo largo de varios años había ganado tres mil quinientos cuarenta millones de dólares menos de los que había comunicado.

¿Qué había ocurrido? Al principio, WMI se había expandido mediante la estrategia de comprar otras empresas dedicadas a la recogida de basura. Creció con rapidez, y Wall Street estaba encantado con esta empresa. Cuando ya no había muchas empresas del ámbito de los desperdicios que poder comprar, WMI empezó a adquirir empresas pertenecientes a otros sectores de actividad. Pero si bien a WMI se le daba muy bien el transporte de basura, no supo llevar esas otras empresas. Sus márgenes de beneficio se redujeron y el precio de sus acciones se desplomó. Ansiosos por apuntalar las acciones, los ejecutivos empezaron a buscar formas de incrementar las ganancias.

El primer lugar al que dirigieron la mirada fue su flota de veinte mil camiones de la basura; por cada uno de ellos la empresa había pagado, en promedio, ciento cincuenta mil dólares. Hasta ese momento, WMI había estado depreciando los camiones a lo largo de períodos de entre ocho y diez años, que era lo habitual en el sector. Pero los ejecutivos decidieron que este período no era lo bastante extenso. Un buen camión podía durar doce, trece e incluso catorce años. Cuando se añaden cuatro años al calendario de depreciación de un montón de camiones, el impacto en el resultado neto de los estados financieros es maravilloso; ocurre como en el pequeño ejemplo de la empresa de reparto que poníamos antes, pero a una escala miles de veces mayor. Y los ejecutivos no se conformaron con eso. Se dieron cuenta de que tenían otros activos con los que podían hacer lo mismo; por ejemplo, poseían un millón y medio de contenedores de basura. Podían extender el período de depreciación de cada contenedor desde los doce años habituales hasta quince, dieciocho o veinte años, por ejemplo, y esta sería otra buena fuente de ganancias al final del año. Jugando con los números de depreciación de los camiones y los contenedores de basura, los ejecutivos de Waste Management pudieron aumentar las ganancias antes de impuestos en setecientos dieciséis millones de dólares, nada menos. Y este fue solo uno de los muchos trucos que usaron para hacer que los beneficios parecieran mayores de lo que eran; esto explica que el total final fuese tan enorme.

Por supuesto, toda la telaraña se deshizo finalmente, como suele ocurrir con los planes fraudulentos. Para entonces, sin embargo, ya era demasiado tarde para salvar la empresa. La adquirió un competidor, que mantuvo el nombre pero cambió casi todo lo demás. En cuanto a los autores del fraude, nunca se presentaron cargos penales contra ellos, aunque se tomaron en consideración algunas sanciones civiles.

La depreciación es un excelente ejemplo de lo que los contables llaman *gasto no monetario*, lo cual nos deja perplejos al resto de nosotros: ¿cómo podría no ser monetario un gasto? La clave para entender esta denominación desconcertante es recordar que probablemente ya se haya efectuado un desembolso monetario, pues los camiones ya están comprados. Ahora bien, el gasto correspondiente a un camión dado no se registró en el mes de la compra, sino que tuvo que asignarse a lo largo de la vida útil del vehículo (una fracción de la cantidad total cada mes). No es que salga más dinero de las cuentas de la empresa; ese gasto que se hace constar cada mes es una forma que tienen los contables de representar que los ingresos obtenidos mensualmente dependen de que se utilice ese camión, por lo que es mejor que haya una partida en el estado de resultados que refleje el coste del camión. Por cierto, debes saber que existen muchos métodos para determinar cómo depreciar un activo. No es necesario que sepas cuáles son estos métodos; puedes dejar este asunto a los contables. Todo lo que necesitas saber es si el uso del activo se corresponde adecuadamente con los ingresos que contribuye a generar.

La amortización es esencialmente lo mismo que la depreciación, pero aplicada a los activos intangibles. En la actualidad, los activos intangibles suelen constituir una gran parte de los balances de las empresas. Elementos como las patentes, los derechos de autor y el fondo de comercio (nos detendremos en este último en el capítulo once) son todos activos (cuesta dinero adquirirlos y tienen valor), pero no son activos físicos como los bienes inmuebles y los aparatos. Ahora bien, deben contabilizarse de manera similar a los activos físicos.

Pongamos el caso de una patente a modo de ejemplo. Tu empresa tuvo que comprar la patente, o tuvo que realizar la labor de investigación y desarrollo que se encuentra detrás de la patente y, después, solicitarla. Ahora la patente está contribuyendo a generar ingresos. Por lo tanto, la empresa debe hacer coincidir los gastos correspondientes a la patente con los ingresos que ayuda a generar; de ese modo, también se refleja una porción de dichos gastos cada mes. Sin embargo, cuando un activo es intangible, los contables llaman *amortización* a este proceso, y no *depreciación*. No sabemos muy bien por qué, pero cualquiera que sea la razón, propicia la confusión.

Debes tener en cuenta, por otra parte, que la depreciación económica implica que un activo va perdiendo su valor con el paso del tiempo. Y está claro que el camión empleado en una empresa de

Gastos no monetarios

Un gasto no monetario es aquel que se carga a un período en el estado de resultados, pero que en realidad no se paga en efectivo. Un ejemplo es la depreciación: los contables deducen una determinada cantidad cada mes por la depreciación de ciertos bienes, pero la empresa no tiene que pagar esa cantidad, porque esos bienes fueron adquiridos en un período anterior.

reparto va perdiendo valor cuanto más envejece. Pero la depreciación y la amortización contables tienen que ver más con la asignación de los costes que con la pérdida de valor. Por ejemplo, un camión podría depreciarse a lo largo de tres años hasta que su valor contable fuese cero al final de este período. Pero este vehículo aún podría tener algún valor en el mercado transcurridos los tres años. Y una patente puede amortizarse a lo largo de su vida útil, pero si la tecnología ha superado el contenido de la patente, el valor de esta puede ser cercano a cero transcurridos dos años, independientemente de lo que indiquen los contables. Por lo tanto, los activos rara vez valen lo que dicen los libros (en la tercera parte trataremos con mayor detalle el *valor contable*, también llamado *valor en libros*).

CARGOS ÚNICOS: UNA SEÑAL DE ALERTA

La contabilidad es como la vida en un aspecto por lo menos: hay muchas cosas que no pertenecen a ninguna categoría de forma clara. Por lo tanto, en todos los estados de resultados hay un gran conjunto de gastos que no encajan en la categoría COGS y tampoco en la de los gastos operativos. Cada estado de resultados es diferente, pero es habitual encontrar líneas correspondientes a «otros ingresos/gastos» (normalmente, aquí figuran ganancias o pérdidas derivadas de la venta de activos, o de transacciones que no tienen que ver con las actividades empresariales diarias) y, por supuesto, líneas dedicadas a los «impuestos». No tienes que preocuparte por la mayoría de estas líneas, pero hay una que sí debes saber de qué va, ya que suele ser determinante para la productividad. Suele aparecer después del COGS y los gastos operativos, aunque a veces está incluida en estos. El concepto de esta partida suele ser «cargo único».

Los cargos únicos también son conocidos como *elementos extraordinarios*, *castigos*, *amortizaciones* o *gastos de reestructuración*. A veces los cargos únicos se producen cuando una empresa ha estado haciendo algo incorrecto y quiere corregir sus libros, como en el caso de Waste Management. Pero más a menudo los cargos únicos tienen lugar cuando un nuevo director ejecutivo se hace cargo de una empresa y quiere reestructurar, reorganizar, cerrar instalaciones y, tal vez, despedir gente. En este caso el cargo único constituye un intento acertado o desacertado, por parte del director ejecutivo, de mejorar la empresa a partir de lo que cree que necesita. (A veces también constituye un intento de culpabilizar al director ejecutivo anterior del rendimiento de la empresa y, así, poder atribuirse el mérito de mejoras en el rendimiento en un año subsiguiente). Normalmente, las reestructuraciones de este calibre conllevan muchos costes: liquidación de arrendamientos, indemnizaciones por despido, cierre de establecimientos, venta de equipos, etc. Los GAAP requieren que los contables registren los gastos cuando saben que se incurrirá en ellos, incluso si tienen que estimar cuál será la cifra final exactamente. Por lo tanto, cuando se produce una reestructuración, los contables deben estimar esos cargos y registrarlos.

Esto es terreno abonado para los sesgos en los números. Después de todo, ¿cómo se puede estimar con precisión el coste de una reestructuración? Los contables tienen una gran capacidad de decisión en cuanto a la forma de manejar los números, y pueden pasarse de la raya en un sentido o en otro. Si su estimación es demasiado elevada (es decir, si los costes reales son menores de lo esperado), una parte del cargo único tiene que ser «revertida». Un cargo revertido incrementa el beneficio en el período de la nueva etapa, por lo que los beneficios en dicho período terminan siendo más elevados de lo que habrían sido de otra manera. Es decir, los beneficios son mayores por el solo hecho de que una estimación contable perteneciente a un período anterior no fue acertada. Se decía que Albert J. Dunlap (*Al Motosierra*), el notorio director ejecutivo de Sunbeam, consideraba a su departamento de contabilidad como un centro de ganancias, y lo que hemos expuesto puede dar la pista de por qué tenía esta visión. (Por cierto, si alguna vez oyes que un alto ejecutivo dice esto del departamento de contabilidad, puede muy bien ser que tu empresa tenga un problema).

Por supuesto, también puede ocurrir que el cargo correspondiente a la reestructuración se quede corto. En este caso, habrá que registrar otro cargo más adelante. Este hecho distorsionará los números, porque el nuevo cargo no se corresponderá con ningún ingreso en el período de la nueva etapa. En esta ocasión, los beneficios son menores de lo que habrían sido de otro modo, de nuevo porque los contables no acertaron con su estimación en un período anterior. Hace algunos años, AT&T al parecer registró a menudo cargos «únicos» en concepto de reestructuración a lo largo de bastante tiempo. La compañía no dejó de afirmar que las ganancias antes de los cargos por reestructuración estaban aumentando, pero esto no era muy relevante, porque después de todos esos cargos la compañía se encontró en una situación financiera bastante difícil. Además, si una empresa asume cargos únicos de reestructuración «extraordinarios» durante varios años consecutivos, ¿cómo de extraordinarios pueden ser esos cargos? Walter Schuetze, excontable jefe de la Comisión de Bolsa y Valores de Estados Unidos, dijo en esos momentos que estos cargos tienen el efecto de «hacer que el inversor piense, engañado, que las cosas son mejores de como son en realidad».[1]

HACER CONSTAR LOS GASTOS DE FORMA DIFERENTE SEGÚN QUIÉN LOS VAYA A MIRAR

En este apartado no vamos a hablar de fraudes; ni siquiera vamos a hablar de cómo se intenta que las cosas parezcan mejores de como son respetando las reglas. Vamos a tratar el tema de quién mira los números y qué utilidad tienen estos para estas personas. La mayor parte de las empresas registran los gastos de dos maneras por lo menos; y algunas los registran de más de dos maneras, siempre con el propósito de seguir las reglas y utilizar la información de tipo financiero para dirigir la entidad.

¿Por qué es esto así? Por un lado, las pautas GAAP tienen algo que decir sobre cómo se muestran los gastos en el estado de resultados. Las categorías y sus contenidos tienen como base unas pautas y principios que, entre otras cosas, apuntan a la coherencia, el conservadurismo, la congruencia, etc. A partir de ahí, y sin salirse de las pautas, las empresas toman decisiones en cuanto a las formas de exponer los gastos al público. Por ejemplo, Coca-Cola muestra estos gastos en sus estados de resultados GAAP públicos:

- Coste de los bienes vendidos.
- Costes asociados a las ventas, generales y administrativos.
- Otros cargos operativos.
- Gastos por intereses.
- Impuestos sobre los ingresos.

Todo esto está muy bien, pero ¿le son útiles estas categorías a un jefe para dirigir su unidad? No conocemos los estados de resultados internos de Coca-Cola, pero vamos a hacer una lista de categorías que, creemos, tienen que ser muy relevantes para muchos gerentes (tanto de la empresa matriz como de las unidades de embotellamiento). Estos gerentes pueden tener mucho interés en saber, por ejemplo, cuáles son los gastos correspondientes a estos conceptos y áreas:

- Cada uno de los ingredientes utilizados para hacer las bebidas, detallados para cada tipo de bebida.
- Todos los costes relacionados con la entrega de los productos, con suficiente detalle como para que los costes puedan gestionarse.
- Los costes correspondientes a los departamentos (contabilidad, recursos humanos, informática, etc.).
- Costes de ventas y *marketing* para cada producto, campañas de publicidad, etc.

Finalmente, algunas empresas exponen lo que informaron al Gobierno en sus declaraciones de impuestos. Estos números son probablemente los menos útiles para un gerente. Las declaraciones tributarias siguen las reglas relativas a los impuestos, que no son las mismas que las reglas de la contabilidad. Estas declaraciones probablemente fueron preparadas por contables fiscales, y la contabilidad fiscal es una subespecialidad dentro de la profesión. Por lo tanto, las declaraciones tributarias no tienen el mismo aspecto que los estados financieros convencionales. Estas diferencias no implican fraude; solo son distintas formas de contemplar la misma realidad.

9

Los muchos tipos de beneficio

H ASTA AQUÍ HEMOS HABLADO DE las ventas o ingresos (la línea superior) y los costes y gastos. Los ingresos menos los costes y gastos dan lugar al beneficio.

Resulta sorprendente el hecho de que algunas empresas usan una diversidad de términos para referirse al beneficio, a veces en el mismo documento: *ganancia*, *ingreso*, *margen*. Un estado de resultados puede tener elementos denominados *margen bruto*, *ingreso operativo*, *beneficio neto* y *ganancias por acción*. Todos estos son los distintos tipos de beneficio que suelen verse en un estado de resultados. A las empresas no les costaría nada escribir, en lugar de lo anterior, *beneficio bruto*, *beneficio operativo*, *beneficio neto* y *beneficio por acción*. Al emplear palabras distintas en el mismo documento, parece que estén hablando de cosas diferentes, cuando no es así.

Beneficio

El beneficio es la cantidad que queda una vez que se han restado los gastos de los ingresos. Hay tres tipos básicos de beneficio: el beneficio bruto, el beneficio operativo y el beneficio neto. Cada uno de ellos se determina restando ciertas categorías de gastos de los ingresos.

En este capítulo utilizaremos siempre el término *beneficio* para referirnos a estas partidas del estado de resultados. A continuación, examinaremos sus diversas manifestaciones.

BENEFICIO BRUTO: ¿CUÁNTO ES SUFICIENTE?

El beneficio bruto (los ingresos menos el COGS o el COS) es un número clave para la mayoría de las empresas, pues indica la rentabilidad básica de los productos o servicios. Si estos no son rentables, es probable que la empresa no sobreviva mucho tiempo: ¿cómo se podrán pagar los gastos que hay por debajo de la línea, incluidos los sueldos de los directivos, si no se está generando un buen beneficio bruto?

Pero ¿qué es un *buen* beneficio bruto? ¿Cuándo se considera que el beneficio bruto es suficiente? Esto varía sustancialmente según el sector de actividad, y es probable que también varíe entre las empresas de un mismo sector. En el sector de la alimentación, el beneficio bruto suele ser un pequeño porcentaje de lo obtenido con las ventas. En el sector de la joyería, el porcentaje suele ser mucho más alto. Siendo todo lo demás igual, una empresa que tenga más ingresos podrá prosperar con un porcentaje de beneficio bruto más bajo que una empresa más pequeña. (Esta es una de las razones por las que Walmart puede poner unos precios tan bajos). Para evaluar el beneficio bruto de tu empresa, puedes compararlo con lo que es habitual en el terreno empresarial, especialmente entre las empresas de un tamaño

Beneficio bruto

El beneficio bruto son las ventas menos el coste de los bienes vendidos o el coste de los servicios. Es lo que queda una vez que la empresa ha pagado los costes directos que le ha supuesto hacer el producto o prestar el servicio. El beneficio bruto tiene que ser suficiente para cubrir los gastos operativos, los impuestos, los costes financieros y el beneficio neto de la empresa.

similar a la tuya en tu sector de actividad. También puedes mirar cuál es la tendencia de un año para otro, y ver así si el beneficio bruto tiende a aumentar o a disminuir. Si cada vez es menor, puedes preguntar a qué se debe. ¿Están aumentando los costes de producción? ¿Se está rebajando el precio de los productos? El hecho de saber por qué está cambiando el beneficio bruto, si lo está haciendo, ayuda a los gerentes a decidir dónde enfocar la atención.

Por cierto, si bien la mayoría de los estados de resultados tienen el formato que hemos descrito, en una cantidad pequeña pero significativa de estos documentos encontramos el COGS o el COS bajo un subepígrafe llamado *gastos operativos*. En estos estados de resultados no hay ninguna línea dedicada al beneficio bruto. Microsoft es una de las empresas que utilizan este formato. ¿Cuál es la lección? Que debes prestar mucha atención a los conceptos que constan en las distintas líneas y servirte de tu inteligencia financiera para evaluar cómo ha organizado sus gastos la empresa y, a partir de ahí, evaluar las líneas dedicadas al beneficio.

Pero también debes estar muy atento a posibles sesgos en las cifras concernientes al beneficio. *El beneficio bruto puede verse muy afectado por las decisiones relativas a cuándo hay que reconocer los ingresos y por las decisiones relativas a lo que hay que incluir en el COGS.* Supongamos que eres el director de recursos humanos de una empresa de estudios de mercado y que observas que el beneficio bruto está decreciendo. Al examinar los números, de entrada parece que los costes de los servicios han aumentado. De resultas de ello, tú y tu equipo empezáis a planificar recortes en los costes de los servicios, que tal vez incluyan algunos despidos. Pero cuando indagas más descubres que sueldos que habían constado como gastos operativos se encuentran ahora dentro de la categoría COGS. Por lo tanto, los costes de los servicios no aumentaron en realidad, y despedir a personas sería un error. Ahora tienes que hablar con el departamento de contabilidad. ¿Por qué cambiaron de lugar esos sueldos? ¿Por qué no te lo comunicaron? Si esos salarios van a permanecer en el COGS, tal vez la empresa deba reducir los objetivos relacionados con el beneficio bruto, sin que haga falta cambiar nada más.

EL BENEFICIO OPERATIVO DICE MUCHO SOBRE LA SITUACIÓN DE LA EMPRESA

El beneficio operativo (el beneficio bruto menos los gastos operativos o SG&A, incluidas las depreciaciones y las amortizaciones) también se conoce por las siglas BAII (*beneficio antes de intereses e impuestos*, EBIT en inglés). Lo que aún no se ha restado de los ingresos han sido los intereses y los impuestos. La razón de ello es que *el beneficio operativo es el beneficio que obtiene una empresa de sus actividades*, es decir, de sus operaciones. Los impuestos no tienen nada que ver con la forma en que se está llevando la empresa. Y los gastos por intereses dependen de si la empresa se está financiando con deuda o con su propio patrimonio (explicaremos la diferencia entre ambas opciones en el capítulo doce). El caso es que la estructura financiera de la empresa no dice nada sobre lo bien o mal llevada que está desde el punto de vista operativo.

Por lo tanto, el beneficio operativo o BAII es una buena medida del grado en que está bien administrada una empresa. Los accionistas se fijan mucho en este parámetro, porque refleja fielmente tanto la salida que tienen los productos o servicios de la empresa (las ventas) como lo eficiente que es la empresa en la entrega o prestación de estos productos o servicios (los costes). Por su parte, los banqueros e inversores miran el beneficio operativo para ver si la empresa podrá pagar sus deudas y ganar dinero para sus accionistas. Los vendedores

Beneficio operativo o BAII

El beneficio operativo es el beneficio bruto menos los gastos operativos, que incluyen la depreciación y la amortización. En otras palabras, muestra las ganancias obtenidas al administrar el negocio.

observan el beneficio operativo para ver si la empresa será capaz de pagar sus facturas. (De todos modos, más adelante veremos que el beneficio operativo no es siempre el mejor indicador a este respecto). Los grandes clientes examinan este parámetro para evaluar si la empresa es eficiente y seguirá estando ahí por un tiempo. Incluso los empleados que saben de qué va el tema echan un vistazo a las cifras del beneficio operativo, pues si este es bueno y va en aumento, hay muchas probabilidades de que conserven el empleo e incluso de que surjan oportunidades de ascender dentro de la escalera corporativa.

Recuerda, sin embargo, que los sesgos que puedan contener los números también pueden tener un impacto en el beneficio operativo. ¿Hay cargos únicos? ¿Qué consta en la partida de la depreciación? Como hemos visto, se puede alterar la depreciación para afectar a los beneficios en un sentido u otro. Durante un tiempo, los analistas de Wall Street se fijaron mucho en el beneficio operativo de las empresas. Pero se descubrió que algunas compañías que cometieron fraude habían jugado con la depreciación (recuerda el caso de Waste Management), por lo que los números de su BAII no eran fiables. Por lo tanto, Wall Street empezó a centrarse en otro número, el correspondiente al BAIIDA (beneficio antes de intereses, impuestos, depreciaciones y amortizaciones). Algunos entendidos creen que el BAIIDA refleja mejor la eficiencia operativa de las empresas, porque ignora por completo los cargos no monetarios, como la depreciación. (Más recientemente, otro número, el correspondiente al *flujo de caja libre*, se ha convertido en el favorito de Wall Street. Hablaremos de este concepto en la caja de herramientas de la cuarta parte).

EL BENEFICIO NETO Y CÓMO INCREMENTARLO

Por último, tenemos el beneficio neto. Suele encontrarse en la última línea del estado de resultados. El beneficio neto es lo que queda después de que se han restado todos los tipos de gastos: los costes asociados a los bienes vendidos o a los servicios prestados, los gastos operativos, los cargos únicos, los gastos no monetarios como las depreciaciones y amortizaciones, los intereses y los impuestos. Cuando alguien pregunta «¿cuál es el resultado del ejercicio?», casi siempre se está refiriendo al beneficio neto. Algunos de los números clave que se utilizan para evaluar a las empresas, como los correspondientes al beneficio por acción y a la relación precio-beneficio (o relación precio-ganancia), están basados en el beneficio neto.

¿Y si el beneficio neto de una empresa es menor de lo que debería ser? Esto puede ser un gran problema, sobre todo porque las bonificaciones de los ejecutivos pueden estar ligadas a determinados objetivos en cuanto al beneficio. En ocasiones, algunos deciden eludir las reglas contables para que el beneficio sea mayor. Por ejemplo, Fannie Mae (empresa patrocinada por el Gobierno estadounidense que tiene un papel significativo en el mercado hipotecario de Estados Unidos) fue acusada de haber cometido un «gran fraude financiero» durante seis años, entre 1998 y 2004. El objetivo del fraude fue dar la impresión de que el beneficio era el previsto, con el fin de que sus ejecutivos recibieran pagos de incentivos por valor de millones de dólares.[1]

Aparte de manipular los libros, solo hay tres posibles soluciones para la rentabilidad baja. Una de ellas es que la empresa incremente sus ventas rentables. Esta estrategia casi siempre requiere una buena cantidad de tiempo: hay que encontrar nuevos mercados o nuevos clientes potenciales, incidir en todo el ciclo de las ventas, etc. La segunda solución es que la empresa descubra la forma de reducir los costes de producción y de funcionar de una manera más eficiente (es

Beneficio neto

El beneficio neto es el resultado final del estado de resultados, lo que queda después de que *todos* los costes y gastos se han restado de los ingresos. Es el beneficio operativo menos los gastos por intereses, impuestos, cargos únicos y cualquier otro coste no incluido en el beneficio operativo.

decir, de reducir el COGS). Esto también requiere tiempo: hay que estudiar el proceso de producción, encontrar los puntos en los que se pueda mejorar la eficiencia y realizar cambios. La tercera solución es recortar los gastos operativos, lo que casi siempre implica reducir la plantilla. Esta solución es, normalmente, la única disponible a corto plazo. Esta es la razón por la que tantos directores ejecutivos que se hacen cargo de empresas con problemas empiezan por recortar nóminas en las áreas en que los gastos son exagerados. Esta medida hace que las ganancias presenten un mejor aspecto con rapidez.

Por supuesto, los despidos pueden ser contraproducentes. La moral se resiente. Buenos trabajadores a quienes el nuevo director ejecutivo quiere conservar pueden empezar a buscar trabajo en otros lugares. Y estos no son los únicos peligros. Por ejemplo, Albert J. Dunlap (*Al Motosierra*) utilizó la estrategia de despedir gente varias veces para impulsar el beneficio de empresas de las que se hizo cargo, y normalmente Wall Street lo recompensó por ello. Pero esta medida no funcionó cuando llegó a Sunbeam. Sí, redujo drásticamente la plantilla, y sí, las ganancias aumentaron. De hecho, Wall Street estaba tan entusiasmado con la creciente rentabilidad de la empresa que el valor de las acciones de Sunbeam se disparó. Pero la estrategia de Dunlap desde el principio había sido vender la empresa obteniendo beneficios, y ahora, con el precio de las acciones por las nubes, Sunbeam era demasiado cara para que la tomaran en consideración posibles compradores. Sin un comprador, Sunbeam tuvo dificultades para seguir adelante, hasta que sus problemas se hicieron evidentes y la junta directiva despidió a Dunlap.

¿La moraleja? En el caso de la mayoría de las empresas, es mejor que los administradores se centren en la gestión a largo plazo y se enfoquen en aumentar las ventas rentables y reducir los costes. Es muy posible que haya que recortar los gastos operativos, sí, pero si solo se hace esto, es probable que únicamente se esté posponiendo el día del juicio final.

El margen de contribución

El margen de contribución indica cuánto beneficio estamos obteniendo con los bienes o servicios que vendemos, sin tener en cuenta los costes fijos de la empresa. Para calcularlo, solo hay que restar los costes variables de la cifra correspondiente a las ventas.

EL MARGEN DE CONTRIBUCIÓN: UNA MANERA
DIFERENTE DE CONTEMPLAR EL BENEFICIO

Hasta ahora hemos examinado tres niveles de beneficio: el beneficio bruto, el beneficio operativo y el beneficio neto. Todos ellos reflejan el hecho de que los estados de resultados están organizados siguiendo un determinado orden: se empieza con los ingresos, se resta el COGS para obtener el beneficio bruto, se restan los gastos operativos para obtener el beneficio operativo y se restan los impuestos, los intereses y todo lo demás para obtener el beneficio neto. Si clasificásemos los gastos de otra manera, sin embargo, conseguiríamos una valoración diferente del beneficio, y tal vez podríamos saber más sobre la calidad de nuestra gestión. Esta es la intención que hay detrás de un determinado tipo de beneficio conocido como *margen de contribución*.

El margen de contribución son las ventas menos los costes variables. Muestran el beneficio que estamos ganando con lo que vendemos antes de computar los costes fijos. Recuerda algo que decíamos en el capítulo ocho: los costes variables no son lo mismo que el COGS o el COS. Por lo tanto, el margen de contribución no es lo mismo que el beneficio bruto.

Este es el aspecto que tiene un estado de resultados utilizado para analizar el margen de contribución:

ESTADO DE RESULTADOS PARA ANALIZAR EL MARGEN DE CONTRIBUCIÓN

Ingresos

Costes variables

Margen de contribución

Costes fijos

Beneficio operativo

Intereses/impuestos

Beneficio neto (pérdida)

El margen de contribución muestra la cantidad total de margen disponible después de los costes variables para cubrir los gastos fijos y proporcionar ganancias a la empresa. De hecho, muestra cuánto hay que producir para cubrir los costes fijos.

El análisis del margen de contribución también ayuda a los directivos a comparar productos, a tomar decisiones sobre si añadir o quitar una línea de productos, a decidir el precio de un producto o servicio e incluso a estructurar las comisiones de ventas. Por ejemplo, una empresa dada probablemente debería mantener una línea de productos cuyo margen de contribución sea positivo incluso si el beneficio que genera, calculado de la manera convencional, es negativo, pues este margen de contribución ayuda a sufragar los costes fijos. Sin embargo, si el margen de contribución de esa línea de productos es negativo, la empresa pierde dinero con cada unidad que produce. Dado que no puede compensar este tipo de pérdida con un mayor volumen de producción, habría que prescindir de esa línea de productos o aumentar los precios.

EL IMPACTO DE LOS TIPOS DE CAMBIO EN LA RENTABILIDAD

A veces, los gerentes de operaciones no tienen ningún control sobre ciertos factores que afectan al beneficio. Uno de ellos son los tipos de cambio, que, en nuestra economía global, son cada vez más relevantes en los cálculos de muchas empresas.

Un tipo de cambio no es más que el precio de una moneda expresado en otra moneda. Por ejemplo, un estadounidense que hubiese visitado Hong Kong en otoño de 2011 podría haber comprado unos 7,8 dólares de Hong Kong (HKD, por sus siglas en inglés) con un dólar estadounidense. Dicho de otra manera, el precio de esos 7,8 HKD era de un dólar. Sin embargo, los tipos de cambio varían significativamente a lo largo del tiempo. Las fluctuaciones dependen de los flujos comerciales, los presupuestos gubernamentales, las tasas de interés relativas y muchas otras variables.

Siempre que la empresa de un país hace negocios en otro, la rentabilidad de sus operaciones se ve afectada por las fluctuaciones que se producen en los tipos de cambio. Por poner un caso sumamente simple, imagina que un fabricante estadounidense vende máquinas en Hong Kong por valor de setecientos ochenta mil HKD (unos cien mil dólares a finales de 2011). Después supón que el dólar estadounidense pierde valor en relación con el HKD, es decir, que pasas a necesitar más de un dólar para comprar 7,8 HKD. Imaginemos que, por ejemplo, al nuevo cambio el dólar estadounidense equivale a 6,8 HKD. El fabricante recibe los mismos setecientos ochenta mil HKD por sus máquinas, pero ahora ese dinero vale 114.706 dólares. Sin haber cambiado nada más, estas ventas son un 14,7 % más rentables que antes. El fabricante puede embolsarse la diferencia o puede decidir reducir los precios para aumentar la demanda. Y ocurrirá lo contrario, por supuesto, si el dólar estadounidense aumenta de valor en relación con el HKD. En este caso, las personas y empresas que compren en Hong Kong saldrán ganando y las que vendan allí saldrán perdiendo.

Por supuesto, muchas empresas tienen operaciones exteriores muy complejas. Fabrican algunos productos en el propio país y otros en países extranjeros. Envían bienes en ambos sentidos y de un país extranjero a otro. En toda transacción internacional existe cierto riesgo de que los tipos de cambio fluctúen «en la dirección equivocada» y de que, por tanto, los beneficios derivados de la transacción sean inferiores a lo esperado.

Los gerentes de operaciones no pueden hacer mucho sobre los tipos de cambio, pero los departamentos de finanzas sí pueden hacer algo para proteger a la empresa contra estos riesgos, y de hecho lo hacen. Por ejemplo, pueden comprar instrumentos financieros que les permitan comprar o vender ciertas monedas a unos precios predeterminados, para no tener sorpresas con los tipos de cambio. Este tipo de *cobertura*, como se conoce en el mundo financiero, ayuda a proteger contra alteraciones inesperadas en los tipos de cambio. Por supuesto, las coberturas cuestan dinero y no siempre funcionan a la perfección. Por lo tanto, si bien una empresa puede reducir los efectos de los tipos de cambio sobre la rentabilidad, rara vez puede neutralizarlos totalmente.

Caja de herramientas

SOBRE LA VARIANZA

Varianza no significa otra cosa que 'diferencia'. Puede ser la diferencia entre los importes presupuestados y los reales para el mes o el año, entre los reales del mes actual y del mes pasado, etc. Puede presentarse en términos monetarios o en porcentajes, o de ambas maneras. Los porcentajes suelen ser más útiles, porque proporcionan una base de comparación rápida y sencilla entre los dos números.

La única dificultad que entraña la varianza cuando se lee un informe financiero radica en determinar si es favorable o desfavorable. Por ejemplo, más ingresos de los esperados implican una varianza favorable y más gastos de los esperados implican una varianza desfavorable. A veces, para facilitar las cosas, los que se ocupan de las finanzas indican con una nota que una varianza contenida dentro de paréntesis o precedida por un signo de menos es desfavorable; pero lo más habitual es que uno tenga que averiguarlo por sí mismo. Recomendamos efectuar algunos cálculos, descifrar si las varianzas indicadas son positivas o negativas y ver cómo están presentadas. Asegúrate de realizar los cálculos tanto para las partidas de ingresos como para las partidas de gastos. A veces los paréntesis o los signos negativos muestran la diferencia matemática, no si la varianza es favorable o desfavorable. En este caso, los paréntesis podrían indicar una varianza favorable en una partida de ingresos y una varianza desfavorable si se encuentran en una partida de gastos.

EL BENEFICIO EN LAS ORGANIZACIONES NO LUCRATIVAS

Las organizaciones sin ánimo de lucro utilizan los mismos estados financieros que las empresas lucrativas, incluido el estado de resultados. También tienen un resultado neto (que puede recibir varios nombres) que indica la diferencia entre los ingresos y los gastos, igual que las organizaciones con ánimo de lucro. Y las organizaciones no lucrativas necesitan tener beneficios. ¿Cómo podrían sobrevivir a largo plazo si no ingresan más de lo que gastan? Tienen que ganar un excedente para invertir en su futuro. La única diferencia es que las organizaciones sin ánimo de lucro no pueden distribuir el beneficio entre sus dueños, porque no tienen dueños. Y, por supuesto, no pagan impuestos.[*]

A lo largo de los años, varias organizaciones no lucrativas han contratado a nuestra empresa para que impartiese formación financiera a sus empleados. ¿Para qué querría contratarnos con esta finalidad una organización sin ánimo de lucro? La respuesta más habitual es que estas entidades no están ganando el dinero suficiente para sobrevivir, por lo que sus directivos quieren que todos los que están ahí tengan una mayor inteligencia financiera. Este aspecto es tan importante en este contexto como lo es en el ámbito empresarial.

UN REPASO RÁPIDO: EL «TANTO POR CIENTO» Y EL «CAMBIO PORCENTUAL»

Dos maneras habituales de analizar los estados de resultados son el *tanto por ciento* y el *cambio porcentual*. Todo el mundo aprende estos cálculos en la escuela, pero es posible que los hayas olvidado. Por lo tanto, echemos un vistazo rápido por si tienes que refrescar la memoria.

---

[*] N. del T: Seguramente no hay que tomar esta afirmación al pie de la letra, pues las ONG están sujetas al pago de ciertos impuestos. El lector interesado deberá informarse de las leyes que se aplican en su país a este respecto.

El cálculo del tanto por ciento nos dice qué porcentaje es una cifra de otra. Por ejemplo, si el último año gastaste sesenta mil dólares en materiales y los ingresos que obtuviste ese año fueron de quinientos mil dólares, podría interesarte saber qué porcentaje de los ingresos tuviste que destinar a los materiales. El cálculo es el siguiente:

$$\frac{60.000\,\$}{500.000\,\$} = 0,12 = 12\%$$

Por otra parte, el cambio porcentual es el porcentaje de variación de una cifra de un período al siguiente, o del importe presupuestado al importe real. Esta es la fórmula para obtener el cambio porcentual de un año al siguiente:

$$\frac{\text{año actual} - \text{año anterior}}{\text{año anterior}}$$

Por ejemplo, si el año anterior los ingresos fueron de trescientos mil dólares y este año han sido de trescientos setenta y cinco mil, el cambio porcentual se calcula de la siguiente manera:

$$\frac{375.000\,\$ - 300.000\,\$}{300.000\,\$} = \frac{75.000\,\$}{300.000\,\$} = 0,25 = 25\%$$

El balance general es lo que más revela

10

Aspectos básicos del balance general

HAY UN HECHO MISTERIOSO ACERCA de los estados financieros. Quizá lo hayas advertido.

Entrega la documentación financiera de una empresa a un gerente experimentado en el negocio, y lo primero que examinará será el estado de resultados. La mayoría de los gerentes tienen, o aspiran a tener, responsabilidad por las pérdidas o ganancias. Son responsables de hacer que los distintos tipos de beneficios sean los correctos. Saben que el estado de resultados es donde queda registrado su desempeño en última instancia, así que eso es lo que miran en primer lugar.

Ahora prueba a dar el mismo conjunto de documentos a un banquero, un inversor bursátil experimentado o un miembro veterano de la junta directiva. El primer estado que examinará esta persona será, en todos los casos, el balance general. De hecho, es probable que lo estudie minuciosamente durante algún tiempo. Luego comenzará a pasar las páginas; mirará el estado de resultados y el estado de flujo de efectivo, pero siempre regresará al balance general.

¿Por qué los gerentes no hacen lo mismo que los profesionales? ¿Por qué se fijan en el estado de resultados solamente? Lo atribuimos a tres factores:

- El balance general es un poco más difícil de entender que el estado de resultados. Al fin y al cabo, las cuentas de resultados son bastante intuitivas. El balance no lo es, al menos hasta que se tienen claros los conceptos básicos.

- La mayoría de los procesos de presupuestación de las empresas se centran en los ingresos y los gastos. Es decir, las categorías presupuestarias coinciden más o menos con las del estado de resultados. No es posible tener un cargo directivo o gerencial sin saber algo sobre la elaboración de presupuestos, lo cual significa que si tienes un cargo de este tipo estás familiarizado con muchas de las partidas del estado de resultados. En cambio, los datos del balance general rara vez figuran en el proceso de presupuestación de un gerente de operaciones (aunque el departamento de finanzas ciertamente presupuesta las cuentas del balance general).

- Hay que saber más de finanzas para manejar el balance general que para manejar el estado de resultados. No solo hay que saber a qué hacen referencia las diversas categorías; también hay que saber cómo se interrelacionan. Además, hay que entender cómo afectan a los otros estados financieros los cambios en el balance general, y viceversa.

Adivinamos que tú también le temes un poco al balance general. Pero recuerda que el tema de este libro es la inteligencia financiera, es decir, la comprensión de cómo se miden los resultados financieros y lo que puedes hacer como gerente, director o empleado para mejorar esos resultados. No abordaremos los aspectos esotéricos del balance general; solo los que necesitas saber para captar el lado artístico de este tipo de estado y efectuar los análisis pertinentes.

EL BALANCE GENERAL MUESTRA CÓMO ESTÁN LAS COSAS AHORA MISMO

Empecemos, pues: ¿qué es el balance general? *No es más (tampoco menos) que un estado que refleja lo que posee y lo que debe una empresa en un momento determinado.* La diferencia entre lo que tiene una empresa y lo que debe representa el *patrimonio neto.* Y así como uno de los objetivos de una empresa es incrementar la rentabilidad (el beneficio), otro es aumentar el patrimonio neto. Ambos aspectos están íntimamente relacionados.

¿Cuál es esta relación? Hagamos una analogía. La rentabilidad es como la nota que recibes por un curso en la universidad. Te pasas un semestre haciendo trabajos y exámenes. Al final del semestre, el profesor toma en consideración todo tu desempeño y te pone una nota. El patrimonio neto es como el promedio de calificaciones; refleja el desempeño acumulado, pero solo en un momento dado. Todas las notas lo afectan, pero no lo determinan. Pues bien, el estado de resultados afecta al balance general de manera muy similar a como una sola nota afecta al promedio de calificaciones. Si hay beneficios en cualquier período dado, el patrimonio neto que consta en el balance general aumentará. Si se pierde dinero, el patrimonio neto se

Patrimonio neto

La denominación *patrimonio neto* hace referencia a la «participación» de los accionistas en la empresa, medida según las reglas de la contabilidad. Llamado muchas veces *patrimonio*, sin más, también es conocido como *capital contable*, *capital neto* y *capital propio*, entre otras denominaciones. En el terreno de la contabilidad, el patrimonio neto es siempre el activo menos el pasivo; también es la suma de todo el capital pagado por los accionistas *más* las ganancias obtenidas por la empresa desde su fundación *menos* los dividendos pagados a los accionistas. De todos modos, esta es la fórmula contable; recuerda que lo que realmente valen las acciones de una empresa es lo que un comprador está dispuesto a pagar por ellas.

reducirá. A lo largo del tiempo, el apartado dedicado al patrimonio neto en el balance general muestra la *acumulación* de ganancias o pérdidas que tiene la empresa; este concepto, concretamente, consta en la partida llamada *ganancias retenidas* o *utilidades retenidas* (o algo similar). Si la empresa ha acumulado una pérdida neta a lo largo del tiempo, el balance general mostrará un número negativo llamado *déficit acumulado* en esta partida.

En cualquier caso, comprender el balance general implica comprender todos los supuestos, decisiones y estimaciones que aparecen reflejados en él. Como el estado de resultados, el balance general es una obra de arte en muchos aspectos; no es solo un trabajo de cálculo.

INDIVIDUOS Y EMPRESAS

Puesto que el balance general tiene tanta importancia, queremos empezar con algunas lecciones simples. Ten paciencia, por favor; en este caso, es importante gatear antes de caminar.

Empecemos por tomar en consideración la situación financiera de una persona en un momento dado. Sumamos lo que posee, le restamos lo que debe y obtenemos el *valor neto*:

$$\text{posesiones} - \text{deudas} = \text{valor neto}$$

Otra forma de determinar lo mismo es esta:

$$\text{posesiones} = \text{deudas} + \text{valor neto}$$

En el caso de un individuo, lo que posee puede incluir el efectivo que tiene en el banco, artículos caros como una casa y un automóvil, y todas las demás propiedades que pueda reivindicar como propias. Los activos financieros como acciones, bonos y la cuenta de jubilación también constarían en esta categoría. En la categoría de las deudas entrarían la hipoteca, el préstamo para la compra del automóvil, el saldo de las tarjetas de crédito y cualquier otra deuda. Por el momento, estamos evitando la cuestión de *cómo* calcular algunas de estas canti-dades: ¿cuál es el valor de la casa de la persona, lo que pagó por ella o el dinero que podría ganar si la vendiese hoy? ¿Y cuál es el valor del coche o el televisor? Puedes ver el arte de las finanzas asomar por de-trás de la cortina...; pronto lo abordaremos.

Ahora, traslademos el caso de un individuo al caso de una em-presa. Los conceptos son los mismos, pero el lenguaje es diferente:

- Lo que una empresa posee es su *activo*.
- Lo que una empresa debe es su *pasivo*.
- La diferencia entre una cosa y la otra es el *patrimonio neto*.

Ahora, la ecuación básica es esta:

$$activo - pasivo = patrimonio\ neto$$

O esta:

$$activo = pasivo + patrimonio\ neto$$

Tal vez reconozcas esta última fórmula porque fue la que te ense-ñaron en el curso básico de contabilidad que hiciste unos años atrás... Es la ecuación clásica del balance general. Tu profesor dijo, probable-mente, que es la ecuación fundamental de la contabilidad. También aprendiste que refleja los dos lados del balance general: el activo en un lado, y el pasivo y el patrimonio neto en el otro. La suma que hay en un lado tiene que ser igual a la suma que hay en el otro lado; el balan-ce, por definición, tiene que equilibrar o igualar. Sabrás por qué esto es así antes de llegar al final de esta parte del libro.

CÓMO LEER UN BALANCE GENERAL

Para empezar, consigue un balance general; puede ser el de tu empre-sa o uno que esté incluido en un informe anual (o básate en la muestra que incluimos en el apéndice). Puesto que el balance general muestra la situación financiera de la empresa en un momento dado, debería haber una fecha en la parte de arriba. Esta fecha suele ser el final de un mes, un trimestre, un año o un año fiscal. Cuando se examinan estados financieros conjuntamente, lo habitual es querer ver el estado de resultados correspondiente a un mes, un trimestre o un año, junto con el balance general correspondiente al final del período en cuestión. A diferencia de los estados de resultados, los balances generales casi siempre hacen referencia a una organización en su conjunto. A veces, una gran empresa dispone que haya balances generales para sus divisiones operativas, pero raramente lo dispone para un solo establecimiento. Como veremos, los contables tienen que realizar algunas estimaciones para el balance general, igual que las hacen para el estado de resultados. ¿Te acuerdas de la empresa de reparto de la que hablábamos cuando tratábamos el tema de la depreciación en el capítulo ocho? La forma de depreciar el camión no afecta al estado de resultados solamente, sino también al valor del activo que se muestra en el balance general. Y es que la mayoría de los supuestos y sesgos que contiene el estado de resultados van a parar al balance general de una forma u otra.

Hay dos formatos típicos para el balance general. El modelo tradicional muestra el activo en el lado izquierdo de la página y el pasivo

Año fiscal

Un año fiscal es cualquier período de doce meses utilizado por una empresa con fines contables. Muchas empresas se basan en el año del calendario, pero algunas determinan otros períodos (por ejemplo, del 1 de octubre al 30 de septiembre). Algunos minoristas eligen un determinado fin de semana, como puede ser el último domingo del año, como final de su año fiscal. Es necesario que sepas cuál es el año fiscal de la empresa que estás examinando para comprobar hasta qué punto es reciente la información que estás mirando.

y el patrimonio neto en el lado derecho, estando el pasivo en la parte superior. El formato menos tradicional pone el activo arriba, el pasivo en medio y el patrimonio neto en la parte inferior. Sea cual sea el formato, el «equilibrio» es siempre el mismo: el activo debe ser igual a la suma del pasivo más el patrimonio neto. Es habitual que el balance general contenga figuras de tipo comparativo; por ejemplo, para que se puedan ver los datos correspondientes al 31 de diciembre del año más reciente en relación con los datos del 31 de diciembre del año anterior (fíjate en los encabezamientos de las columnas para ver qué puntos en el tiempo se están comparando).

Como ocurre con los estados de resultados, algunas organizaciones tienen en el balance general líneas con partidas de las que no hablaremos en este libro. Recuerda que muchas de estas partidas pueden estar explicadas en las notas al pie. De hecho, los balances generales suelen contener muchas notas. Por ejemplo, el informe anual de 2010 de Coca-Cola contenía sesenta y una páginas de notas, muchas de las cuales pertenecían al balance general. Es habitual que las empresas incluyan un descargo de responsabilidad convencional en las notas cuyo contenido esté en la línea de lo que estamos exponiendo en este libro sobre el arte de las finanzas. Por ejemplo, Coca-Cola manifestó lo siguiente:

La dirección de la compañía es responsable de la preparación e integridad de los estados financieros consolidados que aparecen en nuestro informe anual del formulario 10-K. Los estados financieros fueron preparados de conformidad con principios de contabilidad generalmente aceptados adecuados a las circunstancias y, por consiguiente, incluyen ciertas cantidades basadas en nuestros mejores criterios y estimaciones. La información financiera que consta en este informe anual del formulario 10-K es coherente con la que consta en los estados financieros.

Si las notas no son lo bastante esclarecedoras, puedes dejar esas partidas a los profesionales de las finanzas. (De todos modos, si algo que te intriga es significativo, sería razonable que le preguntaras a alguien del departamento de finanzas de tu organización sobre esa partida y la cifra correspondiente a dicha partida).

Puesto que la mayoría de los gerentes no están familiarizados con el balance general, vamos a explicarte los elementos más importantes que contiene. Algunos te parecerán extraños al principio tal vez, pero no te preocupes; tan solo recuerda el concepto de *poseer* frente al de *adeudar*. Como hicimos con el estado de resultados, nos detendremos por el camino para ver qué partidas son más fáciles de manipular.

11

Activo

Más estimaciones y supuestos (excepto para el efectivo)

E L ACTIVO ES LO QUE posee la empresa: efectivo y valores, maquinaria y equipamiento, edificios y terrenos..., lo que sea. El *activo circulante* o *activo corriente*, que suele estar en primer lugar en los balances generales, incluye todo aquello que pueda convertirse en efectivo en menos de un año. El *activo a largo plazo* incluye los activos físicos cuya vida útil es de más de un año; habitualmente, son todos aquellos que están sujetos a depreciación o amortización. También pueden incluir terrenos, fondos de comercio e inversiones a largo plazo; nada de esto se deprecia.

TIPOS DE ACTIVO

Dentro de estas grandes categorías hay muchas partidas, por supuesto. Vamos a referirnos a las más comunes, es decir, a aquellas que vamos a encontrar en los balances generales de la inmensa mayoría de las empresas.

Efectivo y equivalentes al efectivo

Aquí tenemos el dinero que está en el banco. El dinero que está en cuentas del mercado monetario. También las acciones y bonos que se pueden comprar y vender en la bolsa, del tipo que se puede convertir en efectivo en un día o menos si es necesario. Otro nombre para esta categoría es *activos líquidos*. Esta es una de las pocas partidas que no están sujetas a la discreción de los contables. Cuando Microsoft dice que tiene cincuenta y seis mil millones de dólares en efectivo e inversiones a corto plazo, por ejemplo, esto significa que realmente tiene esta cantidad en bancos, fondos monetarios y valores que se negocian en la bolsa. Por supuesto, las empresas pueden mentir. En 2003, la gigantesca empresa italiana Parmalat hizo constar en su balance general que tenía miles de millones en una cuenta en el Bank of America. No era así. En 2009, el director ejecutivo de una gran empresa de subcontratación india, Satyam Computer Services, reconoció que había «inflado la cantidad de efectivo en el balance general [...] en casi mil millones de dólares».[1]

Cuentas por cobrar

Esta es la cantidad que los clientes deben a la empresa. Recuerda que los ingresos son una promesa de pago, por lo que las cuentas por cobrar incluyen todas las promesas que no se han cobrado todavía. ¿Por qué es un activo este concepto? Porque todos o la mayor parte de estos compromisos se convertirán en efectivo y pertenecerán a la empresa muy pronto. Es como un préstamo de la empresa a sus clientes, en que la empresa posee la obligación de los clientes. Las cuentas por cobrar son una partida a la que los directivos y gerentes deben prestar mucha atención, sobre todo porque los inversores, analistas y acreedores también se fijarán en ella, probablemente. Diremos más sobre la gestión de las cuentas por cobrar en la séptima parte, cuando hablemos del capital circulante.

A veces el balance general incluye una partida llamada *provisión para cuentas incobrables*, cuyo importe se resta del de las cuentas por

«Suavizar» las ganancias

Podrías pensar que a la bolsa le gusta ver grandes picos en los beneficios de las empresas, ya que esto implica más dinero para los accionistas... Pero si el pico es inesperado y no se explica, y sobre todo si toma a la bolsa por sorpresa, es probable que los inversores reaccionen de forma negativa, al tomarlo como una señal de que la dirección no tiene el control de la compañía. Por este motivo, a las empresas les gusta «suavizar» sus ganancias y presentar un crecimiento constante y predecible.

cobrar. Esta es la estimación que efectúan los contables (normalmente, a partir de experiencias pasadas) del dinero que deben los clientes que no están pagando sus facturas. En muchas empresas, el hecho de restar una provisión para las cuentas que no se van a cobrar refleja de forma más precisa el valor de las cuentas por cobrar. Ahora bien, fíjate en que estamos hablando de estimaciones. De hecho, muchas empresas utilizan la reserva para cuentas incobrables como herramienta para «suavizar» sus ganancias. Cuando se incrementa la reserva para cuentas incobrables en el balance general, hay que registrar un gasto contra el beneficio en el estado de resultados. Esto reduce el beneficio que se hace constar. E, igualmente, cuando se *reduce* la reserva para cuentas incobrables, esta modificación hace que conste un beneficio mayor en el estado de resultados. Puesto que la reserva para cuentas incobrables es siempre una estimación, hay margen para la subjetividad.

Inventario

Por lo general, las empresas de servicios no tienen mucho en concepto de inventario,* pero casi todas las demás (fabricantes, mayoristas,

---

* N. del T.: En sentido estricto, y según la definición del *Diccionario de la Real Academia Española*, el término *inventario* designa el «*asiento* de los bienes y demás cosas pertenecientes a una persona o comunidad» (la cursiva es nuestra), pero como partida incluida

minoristas) sí lo tienen. Una parte de la cifra del inventario corresponde al valor de los productos que están listos para venderse (a las existencias); esta parte del inventario es conocida como *inventario de productos terminados*. Una segunda parte, que en general solo es relevante para los fabricantes, corresponde al valor de los productos que están en proceso de fabricación. Los contables denominan *inventario de trabajo en proceso* (WIP, por sus siglas en inglés) a esta parte del inventario. Luego, por supuesto, está el inventario de las materias primas que se utilizarán para fabricar los productos; su nombre es muy explícito: *inventario de materias primas*.

Los contables pueden pasarse días enteros hablando de maneras de valorar el inventario. Nosotros no vamos a dedicarle nada de tiempo a este asunto, porque no afecta al trabajo de la mayoría de los gerentes. (Por supuesto, si te dedicas a la gestión de inventarios, lo que hablen los contables te afecta muy mucho, y deberías encontrar un libro sobre el tema). En cualquier caso, hay distintos métodos de valoración del inventario; según cuál se aplique, es fácil que haya una diferencia significativa en las cantidades correspondientes a los activos. Si la empresa cambia su método de valoración del inventario en el curso de un año dado, este hecho debería constar en una nota al pie en el balance general. Muchas empresas detallan cómo han contabilizado el inventario en una nota al pie, como hizo Barnes & Noble en un informe anual:

Los inventarios de mercancías se expresan al menor coste o mercado. El coste se determina principalmente por el método de inventario minorista, tanto bajo la base de primero en entrar, primero en salir (FIFO) como bajo la base de último en entrar, primero en salir (LIFO). La compañía utiliza el método de inventario minorista para

---

en el balance general, el *inventario* hace referencia a los productos terminados y tal como se encuentran en cualquier momento de su proceso de fabricación; también incluye las materias primas necesarias para fabricarlos. En definitiva, el inventario hace referencia a todo lo que ha entrado en el sistema de producción y deberá salir de él en forma de productos destinados a la venta.

el 97% de sus inventarios de mercancías. El 30 de abril de 2011 y el 1 de mayo de 2010, el 87% del inventario de la compañía establecido según el método de inventario minorista se valoró a partir de la base FIFO. En el libro de texto y los inventarios contables de operaciones del B&N College se emplea el método LIFO para las valoraciones; con este método, la reserva relacionada no era relevante para el monto registrado de los inventarios de la compañía o los resultados de las operaciones.

Lo que sí debes saber como gerente es que *todo* inventario cuesta dinero. Se crea a expensas del efectivo. (Tal vez hayas oído la frase «todo nuestro efectivo está inmovilizado en el inventario», aunque esperamos que no la oigas muy a menudo). De hecho, esta es una de las maneras en que las empresas pueden incrementar su posición de efectivo. Si se reduce el inventario y todo lo demás permanece igual, el efectivo de la empresa aumenta. Las empresas quieren tener el menor inventario posible, siempre que cuenten con los materiales necesarios para sus procesos de fabricación y con productos terminados cuando los clientes hagan sus pedidos. Retomaremos este tema más adelante.

Propiedades, planta y equipo (PPE)

Esta partida del balance general incluye los edificios, la maquinaria, los camiones, los ordenadores y todos los otros activos físicos que posee la empresa. La cantidad que consta en esta partida corresponde a lo que tuvo que pagar la empresa por todas las instalaciones y todo el equipamiento que utiliza para llevar a cabo sus actividades. Aquí, el coste relevante es el *precio de compra*. Si no se efectúan evaluaciones constantes, nadie sabe realmente cuánto podrían valer los bienes raíces o el equipamiento de una empresa en el mercado abierto. Los contables, rigiéndose por el principio de conservadurismo, deciden regirse por lo que saben, que es el dinero que costó adquirir esos activos.

Otra razón por la que utilizar el precio de compra es evitar más oportunidades de distorsionar los números a causa de los sesgos. Supongamos que un activo, por ejemplo un terreno, ha aumentado de valor. Si quisiésemos reflejar esto en el balance general, tendríamos que registrar un beneficio en el estado de resultados. Pero este beneficio solo tendría como base la opinión de alguien acerca del valor actual del terreno. Esta no es una buena idea. Algunas empresas llegan al extremo de crear empresas fantasma, que suelen ser propiedad de un ejecutivo de la compañía o alguna otra persona que pertenece a la organización, y venden activos a estas empresas fantasma. Esto les permite registrar ganancias, como harían si estuviesen vendiendo activos. Pero este no es el tipo de beneficio que le gusta ver a un inversor o a la bolsa.

Más adelante en este capítulo hablaremos de la *contabilidad de valor razonable*, un método que requiere que la empresa valore ciertos tipos de activos según el valor de mercado que tienen en ese momento. Por ahora, recuerda que la base para valorar la mayoría de los activos es el precio que se pagó por ellos. Por supuesto, el hecho de que las empresas se basen en el precio de compra para valorar sus activos puede dar lugar a algunas anomalías importantes. Tal vez trabajes para una empresa del sector del entretenimiento que compró un terreno en la zona de Los Ángeles por medio millón de dólares hace treinta años. Este terreno podría muy bien valer cinco millones de dólares en la actualidad, pero constará que vale medio millón en el balance general… A los inversores inteligentes les gusta hurgar en los balances generales de las empresas con la esperanza de encontrar este tipo de activos infravalorados.

Depreciación acumulada

Los terrenos no se desgastan, por lo que los contables no registran ninguna depreciación anual por este concepto. Pero los edificios y el equipamiento sí se desgastan. Ahora bien, el objetivo de registrar la depreciación no es estimar cuánto valen los edificios y el equipamiento en la actualidad; el objetivo es distribuir la inversión en el activo a lo largo del tiempo en que es utilizado para generar ingresos y ganancias (recuerda el principio de congruencia del que hablábamos en el capítulo cinco). El cargo por depreciación es una forma de asegurarse de que el estado de resultados refleje correctamente lo que cuesta en realidad producir los bienes o prestar los servicios. Para calcular la depreciación *acumulada* de un activo, los contables no hacen otra cosa que sumar todos los cargos por depreciación que han registrado desde el día en que se compró ese activo.

En el capítulo ocho veíamos cómo una empresa podía pasar de no ser rentable a serlo «por arte de magia», solo al cambiar la forma de depreciar sus activos. La magia del arte de las finanzas también se extiende al balance general. Si una empresa decide que sus camiones pueden durar seis años en lugar de tres, registrará un cargo un 50% menor en sus estados de resultados año tras año. Esto implica una menor depreciación acumulada en el balance general, una cantidad mayor para la partida PPE neta y, por lo tanto, una cifra más elevada para el activo. Según la ecuación básica de la contabilidad, un activo mayor se traduce en un patrimonio neto mayor, en forma de ganancias retenidas.

Fondo de comercio

El fondo de comercio se encuentra en los balances generales de empresas que han adquirido otras empresas. Es la diferencia entre lo

Adquisiciones

Una adquisición tiene lugar cuando una empresa compra otra. En los periódicos es habitual encontrar las palabras *fusión* o *consolidación*. No dejes que te confundan; también significan que una empresa ha comprado otra. Se emplean estos términos porque suenan más neutros y transmiten la impresión de un buen acuerdo.

que una compañía pagó por otra y lo que valen los activos físicos de la compañía adquirida.

De acuerdo, esto solo ha sido un aperitivo. Pero el tema no es tan complejo como puede parecer. Supongamos que eres el director ejecutivo de una compañía, has salido de compras y ves una empresa de almacenaje llamada MJQ Storage que se ajusta perfectamente a tus necesidades. Llegas a un acuerdo para adquirir MJQ por cinco millones de dólares. Según las reglas de la contabilidad, si pagas en efectivo, el activo llamado *efectivo* del balance general se reducirá en cinco millones de dólares. Esto implica que otros activos tendrán que aumentar por valor de cinco millones de dólares. Después de todo, el balance general tiene que mostrar un equilibrio, y hasta ahora no has hecho nada que haya supuesto un cambio en el pasivo o en el patrimonio neto.

Pero observemos de cerca esta cuestión. Puesto que estás comprando un conjunto de activos físicos (entre otras cosas), evaluarás el valor de estos activos como lo haría cualquier comprador. Quizá descubras que los edificios, las estanterías, las carretillas elevadoras y los ordenadores de MJQ valen dos millones de dólares. Esto no significa que hayas hecho un mal trato: has comprado una empresa en funcionamiento que tiene un nombre, empleados talentosos y con conocimientos, etc. Son los denominados *intangibles*, los cuales pueden,

Los intangibles

Los activos intangibles de una empresa incluyen todo lo que tiene valor pero no se puede tocar o gastar: las aptitudes de los empleados, las listas de clientes, los conocimientos exclusivos, las patentes, los nombres de marcas, la reputación, los puntos fuertes estratégicos, etc. La mayor parte de estos activos no constan en el balance general a menos que una empresa adquirente pague por ellos y los registre como fondo de comercio. La excepción es la propiedad intelectual, como las patentes y los derechos de autor; estos sí pueden estar presentes en el balance general, y se van amortizando a lo largo de su tiempo de vigencia.

en algunos casos, ser *mucho más* valiosos que los activos tangibles. (¿Cuánto pagarías por la marca Coca-Cola? ¿O por la lista de clientes de Dell Computer?). En nuestro ejemplo, has comprado intangibles por valor de tres millones de dólares. Pues bien, los contables denominan *fondo de comercio* a estos tres millones de dólares. Los tres millones del fondo de comercio más los dos millones correspondientes a los activos físicos suman los cinco millones que has pagado, y se reflejan como un incremento de cinco millones de dólares en la categoría del activo del balance general.

Ahora queremos contar una pequeña historia sobre el fondo de comercio en la que verás el arte de las finanzas en acción.

Hace unos años, el fondo de comercio se amortizaba. (Recuerda que la amortización es lo mismo que la depreciación, solo que aplicada a los activos intangibles). Normalmente, los activos se amortizaban en un plazo de dos a cinco años, y el fondo de comercio a lo largo de treinta años. Esta era la regla.

Pero la regla cambió. Quienes redactan los principios de contabilidad generalmente aceptados en Estados Unidos (la Financial Accounting Standards Board o FASB) decidieron que si el fondo de comercio está compuesto por la reputación, la base de clientes, etc., de la empresa adquirida, estos activos no pierden valor con el tiempo. De hecho, pueden volverse *más* valiosos con el tiempo. En definitiva, el fondo de comercio se parece más a los terrenos que a los equipamientos. El hecho de no amortizarlo ayuda a los contables a reflejar la realidad de una forma más precisa.[*]

Pero observemos los efectos de todo esto. Cuando compraste MJQ Storage, incluiste tres millones de dólares en concepto de fondo de comercio en el balance general. Antes del cambio de regla, amortizarías el fondo de comercio a lo largo de treinta años, restando cien mil dólares al año. Es decir, restarías cien mil dólares anuales de los

---

[*] N. del T.: Deberás informarte de lo que indica la legislación de tu país a este respecto. Por ejemplo, en España, en el momento de realizarse esta traducción, el fondo de comercio sí debe amortizarse, a lo largo de un período de diez años por regla general.

ingresos, y los beneficios de tu empresa se reducirían en esta cantidad. Al mismo tiempo, depreciarías los activos físicos de MJQ (valorados en dos millones de dólares) a lo largo de un período de cuatro años pongamos por caso, lo cual implicaría restar quinientos mil dólares al año de los ingresos por este concepto con el fin de determinar el beneficio.

¿Cuál es la consecuencia? Antes del cambio de regla, y siendo igual todo lo demás, interesaba tener *más* en concepto de fondo de comercio y *menos* en concepto de activos físicos, por el simple hecho de que el fondo de comercio se amortizaba a lo largo de más tiempo, y como consecuencia la cantidad que se restaba de los ingresos para determinar el beneficio era menor; por lo tanto, el beneficio era mayor. Esto constituía un incentivo para adquirir empresas en las que lo que se compraba sobre todo eran intangibles y para estimar por debajo de su valor los activos físicos de dichas empresas. (Recuerda que la valoración de estos activos suele efectuarla la compañía adquirente, no la adquirida).

Actualmente, el fondo de comercio consta en los libros y no es amortizado. No se resta ninguna cantidad por este concepto de los ingresos y, por tanto, el beneficio es más elevado. El incentivo para buscar empresas que no tengan muchos activos físicos es mayor todavía, como lo es la motivación para infravalorar estos activos. A Tyco se la acusó de aprovecharse de esta regla. Como decíamos anteriormente, hace un tiempo Tyco estaba comprando otras empresas a velocidad de vértigo; adquirió más de seiscientas en dos años. Muchos analistas pensaron que subvaloraba los activos de todas esas empresas por sistema, lo cual debía de tener el efecto de incrementar el valor del fondo de comercio correspondiente a esas adquisiciones y rebajar la depreciación que Tyco debía hacer constar cada año. A la vez, ello repercutiría en un beneficio mayor y, en teoría, haría subir el precio de sus acciones.

Pero con el tiempo los analistas e inversores advirtieron un hecho al que aludíamos en la primera parte: que, en términos relativos,

Tyco tenía demasiado en concepto de fondo de comercio en sus libros y demasiado poco en concepto de activos físicos. Esta empresa empezó a enfocarse en un parámetro llamado *valor neto tangible*, que se determina tomando la cantidad total correspondiente al activo y restándole la cantidad correspondiente a los activos intangibles y la correspondiente al pasivo. Cuando este parámetro tiene un valor negativo, los inversores tienden a ponerse nerviosos y es habitual que vendan sus acciones.

Propiedad intelectual, patentes y otros intangibles

¿Cómo contabilizar el coste correspondiente a la creación de un nuevo programa de *software* que, cabe esperar, reportará ingresos durante años? ¿Y el coste de desarrollar un nuevo medicamento maravilloso protegido por una patente de veinte años (desde el momento de la solicitud)? Evidentemente, no tendría sentido registrar la totalidad del coste como gasto en el estado de resultados correspondiente a cualquier período dado, como no se hace cuando se compra un camión. Como en el caso del camión, el *software* y la patente contribuirán a los ingresos obtenidos en futuros períodos contables. Estas inversiones se consideran activos intangibles y deben amortizarse a lo largo de la vida de la corriente de ingresos que contribuyan a generar. Por la misma razón, sin embargo, los desembolsos en I + D que no culminen en un activo generador de ingresos deberían registrarse como gasto en el estado de resultados.

Todo esto es terreno abonado para la subjetividad. Se sabe que algunas compañías de *software*, por ejemplo, gastan sumas considerables en I + D y amortizan estas cantidades en el transcurso del tiempo, por lo que su beneficio parece mayor. En cambio, otras empresas eligen reflejar los gastos en I + D en el momento en que se producen, lo cual constituye un enfoque más conservador. Aplicar la amortización es correcto si se espera que la I + D dé lugar a ingresos, pero no es correcto si no se tiene esta expectativa. La empresa Computer Associates se metió en problemas por amortizar la I + D de productos

145

cuyo futuro era dudoso. Pero incluso cuando no hay fraude, es importante saber si las políticas y prácticas de la propia empresa en cuanto a la amortización son de tipo agresivo o conservador. Como ocurre con la depreciación, es habitual que las decisiones relativas a la amortización tengan un efecto considerable sobre la rentabilidad y el patrimonio neto.

Devengos y activos pagados por adelantado

Para explicar esta categoría, pondremos un ejemplo hipotético. Pongamos por caso que creas una empresa de fabricación de bicicletas y que alquilas el espacio en el que fabricarlas por sesenta mil dólares, importe que cubrirá el alquiler de todo un año. Puesto que tu empresa está considerada de alto riesgo crediticio (a nadie le gusta hacer tratos con una empresa emergente por este motivo), el propietario ha insistido en cobrar el año de alquiler por adelantado.

Pero, como sabemos, según el principio de congruencia no tiene sentido registrar los sesenta mil dólares en enero como gasto en el estado de resultados. Esta cantidad corresponde al alquiler de todo un año, y debe repartirse a lo largo de los doce meses. Por lo tanto, en enero anotas cinco mil dólares en el estado de resultados para el alquiler. Pero ¿dónde se registran los otros cincuenta y cinco mil dólares? Tienes que hacer el seguimiento de alguna manera… Bien, pues el pago del alquiler por adelantado constituye un ejemplo de activo pagado por adelantado. Has comprado algo (posees los derechos sobre ese espacio durante un año), por lo que eso es un activo. Y el seguimiento de los activos se efectúa en el balance general.

Por supuesto, cada mes deberás quitar cinco mil dólares de la categoría de los activos pagados por adelantado incluida en el balance general y poner esa cantidad en el estado de resultados como gasto para el alquiler. Esto se llama *devengo*, y la partida del balance general en la que se registra lo que aún no se ha gastado se llama *activos devengados*. Los términos pueden confundirte un poco, pero la práctica es conservadora: estamos haciendo el seguimiento de todos los gastos que sabemos que tenemos, y también de lo que hemos pagado por adelantado.

Pero el arte de las finanzas puede hacer acto de presencia aquí también, porque hay margen para decidir qué acumular y qué cargar en cualquier período dado. Supongamos, por ejemplo, que tu empresa está desarrollando una gran campaña publicitaria. Todo el trabajo a este respecto se lleva a cabo en enero, y su coste asciende a un millón de dólares. Los contables podrían decidir que esta campaña beneficiará a la empresa durante dos años, y a partir de ahí registrarían el millón de dólares como activo pagado por adelantado y cargarían una veinticuatroava parte del coste cada mes en el estado de resultados. Si la empresa está afrontando un mes difícil, probablemente decidirá que este es el mejor curso de acción, pues es preferible deducir una veinticuatroava parte de un millón de dólares de los beneficios que todo el millón. Pero ¿y si enero es un mes fantástico? Entonces la empresa podría decidir cargar toda la campaña como gasto contra los ingresos de este mes, porque al fin y al cabo no tiene la *seguridad* de que la campaña publicitaria ayudará a generar ingresos durante los próximos dos años. En caso de tomarse esta decisión, la empresa cuenta con una campaña publicitaria completamente costeada, y el beneficio será mayor en los meses siguientes. En un mundo perfecto, los chicos y chicas del departamento de contabilidad tendrían una bola de cristal que les diría exactamente durante cuánto tiempo les reportaría ingresos la campaña publicitaria. Pero como no la tienen, deben basarse en estimaciones.

LA VALORACIÓN DE LOS ACTIVOS: LA REGLA DEL VALOR DE MERCADO

La mayoría de los activos se valoran según su precio de compra menos la depreciación acumulada, pero este enfoque presenta una excepción. Se conoce como *regla del valor de mercado*, y su aplicación suele denominarse *contabilidad de valor razonable* o *contabilidad de valor de mercado*. Esta regla permite, y en algunos casos exige, que ciertos tipos de activos sean incluidos según el valor de mercado que tienen en el momento. Para poder recibir este tratamiento, los activos deben cumplir dos requisitos. El primero es que su valor debe poder determinarse sin necesidad de efectuar una tasación. El segundo es que la empresa debe tenerlos como inversión a corto plazo.

Los activos financieros con los que se comercia en el mercado de valores, como las acciones y los bonos, cuyo valor queda determinado cada día en la bolsa, cumplen estos dos criterios. Imagina, por ejemplo, que Amalgamated Services tiene cien millones de dólares en efectivo, de los que puede disponer libremente, en su balance general, y que elige comprar un millón de acciones de IBM a cien dólares la acción. Amalgamated registra su nuevo activo en el balance general como «acciones, cien millones de dólares». Tres meses después, las acciones de IBM cotizan a ciento diez dólares. Ahora, Amalgamated hace constar que el millón de acciones corresponde a ciento diez millones de dólares y registra una ganancia de diez millones de dólares en el estado de resultados (normalmente, en la partida correspondiente a «otros ingresos»). Por supuesto, si las acciones cotizan a noventa y cinco dólares al cabo de tres meses, debe hacerse constar que el conjunto de las acciones vale ahora noventa y cinco millones de dólares, y deberá registrarse una pérdida de cinco millones de dólares en el estado de resultados. A diferencia de como se hace en la contabilidad convencional, Amalgamated registra estas ganancias o pérdidas mientras aún mantiene las acciones. Por lo tanto, en la contabilidad de valor razonable, las ganancias o pérdidas solo tienen lugar sobre el papel.

La crisis financiera de 2008 puso de manifiesto dos cuestiones en relación con esta regla que pueden tener consecuencias importantes en los mercados de capitales. En primer lugar, ¿cómo se determina si cierto conjunto de activos se mantiene para venderlos o como una inversión a largo plazo? Dos empresas podrían tener los mismos activos y una de ellas establecer que son de compra y venta, e incluirlos así en la contabilidad de valor razonable, mientras que la otra podría tener previsto mantener esos activos y, por lo tanto, valorarlos al coste. Parece raro que los mismos activos se puedan presentar de manera diferente, según las intenciones de la organización... En segundo lugar, ¿qué ocurre cuando el mercado casi colapsa o se hunde por completo? En la caja de herramientas que se incluye al final de esta parte del libro, veremos qué ocurrió cuando cientos de instituciones financieras fueron obligadas a incluir en la contabilidad de valor de mercado sus activos crediticios. La crisis financiera fue en muchos sentidos una crisis del valor de mercado, como explicamos en la caja de herramientas. Pero si la crisis se mitiga y la institución elige conservar los activos hasta que el mercado se recupere, ¿debe registrar las pérdidas igualmente, como se hace en la contabilidad de valor razonable? Esta cuestión aún es objeto de debate.

Todo esto en cuanto al activo. Al sumarse todos los activos, incluidas las cifras correspondientes a cualquier partida extraña que pueda haber, se obtiene el «total activo» que se encuentra en la parte inferior del lado izquierdo del balance general. Ahora ya podemos examinar el otro lado, aquel en el que constan el pasivo y el patrimonio neto.

12

En el otro lado

El pasivo y el patrimonio neto

IJIMOS ANTERIORMENTE QUE EL PASIVO es lo que debe la empresa y que su patrimonio neto es su valor neto. Hay otra forma de mirar este lado del balance general, solo un poco diferente de lo que acabamos de expresar, y es la siguiente: este lado *muestra cómo se ha obtenido el activo*. Si una empresa toma prestado cualquier tipo de fondo, de la manera que sea, para obtener un activo, este préstamo aparecerá en alguna de las partidas correspondientes al pasivo. Si vende acciones para obtener un activo, esto se reflejará en una de las partidas correspondientes al patrimonio neto.

TIPOS DE PASIVO

Pero empecemos por el principio, lo cual, en este lado del balance general, es el pasivo, constituido por las obligaciones financieras que una empresa ha contraído con otras entidades. El pasivo aparece siempre dividido en dos categorías principales. El pasivo *corriente* o *circulante* es el que debe saldarse en menos de un año. El pasivo *a largo plazo* es aquel que vence al cabo de más tiempo. En el balance general, las partidas correspondientes al pasivo suelen aparecer por orden, desde la fecha de vencimiento más cercana hasta la más alejada, por lo que la misma disposición de los elementos ya nos dice algo sobre lo que se debe y cuándo debe saldarse.

Porción actual de la deuda a largo plazo

Si tu empresa le debe cien mil dólares a un banco por un préstamo a largo plazo, tal vez diez mil de estos dólares venzan este año. Por lo tanto, esta es la cantidad que aparece en la categoría del pasivo corriente del balance general. El nombre de la partida será *porción actual de la deuda a largo plazo* o algo por el estilo. Los otros noventa mil dólares figuran en la categoría del pasivo a largo plazo.

Préstamos a corto plazo

Esta partida hace referencia a líneas de crédito y préstamos renovables a corto plazo. Estas líneas de crédito a corto plazo suelen estar respaldadas por activos corrientes como las cuentas por cobrar y el inventario. Aquí se muestra el saldo total pendiente.

Cuentas por pagar

Aquí aparece la cantidad que la empresa debe a sus proveedores. La empresa recibe bienes y servicios por parte de los proveedores todos los días y, por lo general, no paga sus facturas durante treinta días por lo menos. Este procedimiento significa que los proveedores han prestado dinero a la empresa. Esta partida muestra cuánto se adeuda en la fecha del balance. Cualquier saldo que haya en las tarjetas de crédito de la empresa suele incluirse aquí.

Gastos devengados y otros pasivos a corto plazo

Esta es una categoría general que incluye todo lo demás que debe la empresa. Un ejemplo son las nóminas. Supongamos que te pagan el 1 de octubre. ¿Tiene sentido cargar tu paga como gasto en el estado de resultados en octubre? Probablemente no, ya que tu sueldo de octubre es por el trabajo realizado en septiembre. Por lo tanto, los contables calcularán o estimarán cuánto te deberá la empresa el 1 de octubre por el trabajo de septiembre, y cargarán ese gasto a septiembre. Esto es un *pasivo devengado*; es como una factura interna emitida en septiembre para que se efectúe un pago en octubre. El pasivo devengado obedece al principio de congruencia, pues es una forma de hacer que los gastos se correspondan con los ingresos que ayudan a generar cada mes.

Ingresos diferidos

Algunas empresas tienen una partida llamada *ingresos diferidos* en sus balances generales. Esto es desconcertante para la persona que se está iniciando en las finanzas: ¿cómo pueden los ingresos ser un pasivo? Debes tener en cuenta que un pasivo es un compromiso financiero que la empresa tiene con otros. Los ingresos diferidos representan el dinero recibido por productos o servicios que aún no se han entregado. Entonces, la empresa tiene un compromiso por cumplir. Una vez entregado el producto o servicio, los ingresos correspondientes se incluirán en la línea superior del estado de resultados y saldrán del balance general. Entre las empresas en cuyo balance general se puede encontrar la partida de los ingresos diferidos tenemos las aerolíneas (los clientes pagan antes de volar) y las empresas basadas en proyectos (el cliente generalmente efectúa un pago inicial antes del comienzo del trabajo). Esta forma de lidiar con los ingresos que la empresa aún «no se ha ganado» es coherente con el principio de conservadurismo: no hay que reconocer las ganancias hasta que se hayan obtenido realmente.

Pasivo a largo plazo

En general, el pasivo a largo plazo corresponde a préstamos, pero también pueden encontrarse otros tipos de pasivo en esta categoría, como bonificaciones o compensaciones diferidas, impuestos diferidos y pasivos por pensiones. Si estos otros pasivos son sustanciales, hay que examinar atentamente esta parte del balance general.

EL PATRIMONIO NETO

¡Por fin! ¿Recuerdas la ecuación? El patrimonio neto es lo que queda una vez que hemos restado el pasivo del activo. Incluye el capital proporcionado por los inversores y los beneficios retenidos por la empresa a lo largo del tiempo. Como vimos anteriormente, el patrimonio neto recibe muchos nombres, entre ellos *patrimonio* (sin más), *capital contable* y *capital neto*. Las partidas incluidas en esta categoría pueden ser bastante detalladas y liosas en el caso de algunas empresas. Estas son las más frecuentes:

Acciones preferentes

Las personas que poseen acciones preferentes suelen percibir los dividendos correspondientes a su inversión antes de que aquellas que tienen acciones comunes vean un centavo. Pero el dividendo asociado a estas acciones suele ser fijo. Esto hace que el precio de estas acciones no fluctúe tanto como el precio de las acciones ordinarias. Es posible que los inversores que poseen acciones preferentes no reciban el beneficio completo del aumento de valor de la empresa. Cuando una empresa emite acciones preferentes, las vende a los inversores a un precio inicial determinado. El valor que se muestra en el balance general refleja este precio.

Capital

La palabra *capital* significa varias cosas en el ámbito empresarial y financiero. El capital *físico* son las instalaciones, el equipamiento, los vehículos y similares. El capital *financiero*, desde el punto de vista de un inversor, son las acciones y los bonos que posee; desde el punto de vista de una empresa, es la inversión de capital de los accionistas más los fondos que la empresa haya tomado prestados. En un informe anual, la categoría *fuentes de capital* muestra de dónde obtuvo la empresa su dinero. *Usos del capital* muestra cómo utilizó su dinero.

La mayoría de las acciones preferentes no conllevan derecho a voto. En cierto modo, se parecen más a los bonos que a las acciones ordinarias. La diferencia es que con los bonos el propietario recibe un cupón fijo (es decir, unos intereses fijos), mientras que con las acciones preferentes el propietario recibe un dividendo fijo. Las empresas utilizan las acciones preferentes para recaudar dinero porque no conllevan las mismas implicaciones legales que la deuda. Si una empresa no puede pagar el cupón de un bono, los tenedores de bonos pueden obligarla a declararse en quiebra. Los tenedores de acciones preferentes normalmente no pueden hacerlo.

Acciones comunes

A diferencia de la mayoría de las acciones preferentes, las acciones comunes suelen estar ligadas al derecho a voto. Las personas que las poseen pueden votar en la elección de miembros de la junta directiva (normalmente, una acción equivale a un voto) y en relación con cualquier otro asunto que sea sometido a votación entre los accionistas. Las acciones ordinarias pueden estar asociadas al pago de dividendos o no. El valor que figura en el balance general está basado en el precio de emisión de las acciones; se muestra como *valor nominal* y *capital desembolsado* (o *capital pagado*).

Ganancias retenidas

Las *ganancias retenidas* o *ganancias acumuladas* son los beneficios que se han reinvertido en el negocio en lugar de pagarse en dividendos. La cantidad que consta por este concepto representa los ingresos *totales*

Dividendos

Los dividendos son fondos distribuidos entre los accionistas tomados del patrimonio neto de la empresa. En las empresas que cotizan en bolsa, los dividendos suelen distribuirse al final del trimestre o del año.

después de impuestos que se han reinvertido o retenido durante la vida de la empresa. A veces, una compañía que tiene una gran cantidad de ganancias retenidas en forma de efectivo (Microsoft es un ejemplo) es objeto de presiones para que reparta parte del dinero entre los accionistas, en forma de dividendos. Después de todo, ¿qué accionista quiere ver su dinero metido en las arcas de la empresa en lugar de que se reinvierta en activos productivos? Por supuesto, es posible que veas un déficit acumulado (un número negativo), lo cual es indicativo de que la empresa ha perdido dinero con el tiempo.

Entonces, el patrimonio neto es lo que recibirían los accionistas si se vendiera la empresa, ¿verdad? ¡Por supuesto que no! Recuerda todas esas reglas, estimaciones y supuestos que afectan al balance general. Los activos se registran al precio en que fueron adquiridos menos la depreciación acumulada. El fondo de comercio se acumula con cada adquisición que efectúa la empresa y nunca se amortiza.* Y, por supuesto, la empresa tiene sus propios activos intangibles, como el nombre de su marca y la lista de clientes, que no aparecen en el balance general. Moraleja: el valor de mercado de una empresa casi nunca coincide con el patrimonio neto que consta en el balance general. El verdadero valor de mercado de una empresa es lo que pagaría un comprador dispuesto a pagar por ella. En el caso de una que cotiza en bolsa, este valor se estima calculando la capitalización de mercado de la empresa, o el número de acciones en circulación multiplicado por el precio de la acción en un día determinado. En el caso de las empresas de propiedad privada, el valor de mercado puede estimarse mediante uno de los métodos de valoración que se describen en la primera parte.

---

* N. del T.: Los autores se ciñen al ámbito estadounidense; deberás averiguar si en tu país el fondo de comercio está sujeto a amortización o no.

13

El equilibrio reflejado en el balance general

S I TE EXPLICARON LA ECUACIÓN fundamental de la contabilidad en un curso o asignatura de contabilidad básica, el profesor debió de decir algo como esto: «Se lo *llama balance* general porque *equilibra*.* El activo *siempre* equivale al pasivo más el patrimonio neto». Pero aunque escribieses, correctamente, esta respuesta en el examen, es muy posible que no acabases de tener clara la razón por la que el balance general equilibra (o, lo que es lo mismo, iguala). Vamos a examinar esta cuestión.

¿POR QUÉ EQUILIBRA EL BALANCE GENERAL?

Para empezar, fijémonos en lo que ocurre a escala individual. Podemos considerar que el balance general de una empresa equivale al valor neto en el caso de un individuo. El valor neto, por definición, *tiene* que corresponder a lo que posee la persona menos lo que debe. En el capítulo diez presentábamos esta ecuación para los individuos: *posesiones − deudas = valor neto*. En el ámbito empresarial, la relación es la misma; por definición, el patrimonio neto es el activo menos el pasivo.

---

* N. del T.: La relación es mucho más evidente en inglés, idioma en que *the balance sheet balances* ('el balance general equilibra').

Seguidamente, observemos lo que muestra el balance general. En un lado está el activo, que es lo que posee la empresa. En el otro lado encontramos el pasivo y el patrimonio neto, que muestran cómo ha obtenido sus posesiones la empresa. Puesto que no es posible obtener algo a partir de nada, el lado de las «posesiones» y el lado que muestra cómo se han obtenido estas están siempre en equilibrio; es decir, la suma de las cantidades de ambos lados tiene que coincidir. No puede ser de otra manera.

Finalmente, veamos qué ocurre con el balance general a lo largo del tiempo. Esto te ayudará a ver por qué *permanece* siempre en equilibrio.

Imagina una empresa que está empezando. Su dueño ha invertido cincuenta mil dólares en ella, por lo que tiene cincuenta mil dólares en concepto de efectivo en el lado del activo del balance general. Aún no tiene pasivo, por lo que hace constar esos cincuenta mil dólares, también, como patrimonio neto. Las cantidades coinciden.

Lo primero que hace la empresa es comprar un camión, para lo cual desembolsa treinta y seis mil dólares en efectivo. Si no hay ningún otro cambio (y si se elabora un balance general justo después de la operación de compra del camión), el lado del balance general correspondiente al activo mostrará lo siguiente:

Activo

Efectivo	14.000 $
Propiedades, planta y equipo	36.000 $

La suma de las dos cantidades sigue dando un total de cincuenta mil dólares; mientras tanto, en el otro lado del documento, siguen constando cincuenta mil dólares como patrimonio neto. Las cantidades siguen coincidiendo.

Ahora, imagina que el dueño decide que necesita más efectivo, por lo que acude al banco y pide prestados diez mil dólares, de tal manera que ahora dispone de veinticuatro mil dólares en efectivo. Esto será lo que mostrará la columna del balance general correspondiente al activo:

Activo

Efectivo	24.000 $
Propiedades, planta y equipo	36.000 $

La suma de las dos cantidades da un total de sesenta mil dólares. El activo ha aumentado, pero, por supuesto, también lo ha hecho el pasivo. Ahora, el otro lado del balance general muestra lo siguiente:

Pasivo y patrimonio neto

Préstamo bancario	10.000 $
Patrimonio neto	50.000 $

La suma de estas dos cantidades también da un total de sesenta mil dólares.

Observa que el patrimonio neto no cambia en el transcurso de todas estas operaciones. El patrimonio neto *solo* se ve afectado cuando una empresa recibe fondos de sus propietarios, paga dinero a sus propietarios o registra una ganancia o una pérdida.

El caso es que *toda operación que afecta a un lado del balance general afecta también al otro*. Por ejemplo:

- Una empresa gasta cien mil dólares en efectivo para saldar un préstamo. La partida del efectivo (dentro del activo) mostrará cien mil dólares menos, y la partida correspondiente dentro del pasivo mostrará cien mil dólares menos también. El balance general seguirá presentando un equilibrio.
- Una empresa compra una máquina que cuesta cien mil dólares; paga cincuenta mil de estos dólares al contado, y le quedarán cincuenta mil por pagar. Ahora, en el balance general hay cincuenta mil dólares menos en concepto de efectivo; también dentro del

activo, se hace constar la nueva máquina como un asiento contable de cien mil dólares. Ahora, en total, hay cincuenta mil dólares más en el lado del activo. A la vez, los cincuenta mil dólares adeudados por la máquina aparecen como un asiento en el lado del pasivo. El equilibrio nunca se rompe.

Mientras recuerdes el hecho fundamental de que toda operación afecta a los dos lados del balance general, no tendrás problemas. Ahora ya sabes por qué el balance general tiene la virtud de equilibrar o igualar. Tener claro esto es básico para gozar de inteligencia financiera. Recuerda que si el activo no es igual al pasivo más el patrimonio neto, eso no es un balance general.

14

El estado de resultados afecta al balance general

ASTA AHORA HEMOS EXAMINADO EL balance general en sí mismo. Pero aquí tienes uno de los secretos mejor guardados en el ámbito de los estados financieros: *un cambio en un estado casi siempre tiene un impacto en los otros estados*. Por lo tanto, cuando se altera algo en el estado de resultados, esto tiene un efecto en el balance general.

EL BENEFICIO Y EL PATRIMONIO NETO

Vamos a desarrollar un par de ejemplos para ver la relación que hay entre el beneficio, registrado en el estado de resultados, y el patrimonio neto, registrado en el balance general. Este es un balance general muy simplificado de una empresa recién creada (¡y muy pequeña!):

Activo	
Efectivo	25 $
Cuentas por cobrar	0 $
Total activo	25 $

Pasivo y patrimonio neto	
Cuentas por pagar	0 $
Patrimonio neto	25 $

Supongamos que, en el transcurso de un mes de actividad, compramos piezas y materiales por valor de cincuenta dólares, que utilizamos para producir y vender productos terminados por valor de cien dólares. También gastamos veinticinco dólares por otros conceptos. El estado de resultados del mes muestra lo siguiente:

Ventas	100 $
Coste de los bienes vendidos	50 $
Beneficio bruto	50 $
Gastos totales	25 $
Beneficio neto	25 $

Veamos, ahora, qué ha cambiado en el balance general:

- En primer lugar, hemos gastado todo nuestro efectivo para cubrir los gastos.
- En segundo lugar, tenemos cien dólares en cuentas por cobrar de nuestros clientes.
- En tercer lugar, adeudamos cincuenta dólares a nuestros proveedores.

Por todo ello, este es el balance general al final del mes:

Activo	
Efectivo	0 $
Cuentas por cobrar	100 $
Total activo	100 $

Pasivo y patrimonio neto	
Cuentas por pagar	50 $
Patrimonio neto	50 $
Pasivo y patrimonio neto	100 $

Como puedes ver, esos veinticinco dólares correspondientes a ingresos netos pasan a constar como patrimonio neto. En un balance general más detallado, esta cantidad aparecería dentro de la categoría del patrimonio neto como ganancias retenidas. Esto es así en todos los tipos de empresa: el beneficio neto hace subir el patrimonio neto a menos que se pague como dividendos. Por la misma razón, una pérdida neta reduce el patrimonio neto. Si una empresa pierde dinero cada mes, el pasivo acabará por ser superior al activo, y entonces el patrimonio neto será negativo. En este caso, la empresa estará muy bien encaminada hacia la bancarrota.

Date cuenta de algo en relación con el ejemplo simple que hemos puesto: ¡la empresa terminó el mes sin efectivo! Estaba ganando dinero y el patrimonio neto estaba aumentando, pero no tenía nada en el banco. Un buen directivo tiene que tomar nota de cómo interactúan el efectivo y el beneficio en el balance general. Regresaremos a este tema en la cuarta parte, cuando nos ocupemos del estado de flujo de efectivo.

Y MUCHOS OTROS EFECTOS

La relación entre el beneficio y el patrimonio neto no es el único vínculo que hay entre los cambios que se registran en el estado de resultados y los que se anotan en el balance general. Ni mucho menos. Toda venta registrada en el estado de resultados genera un incremento en una de dos partidas: en el efectivo (si se trata de una venta en efectivo) o en las cuentas por cobrar. Cada dólar destinado a pagar las nóminas registrado en la categoría COGS o en la de los gastos operativos representa un dólar menos en la partida correspondiente al efectivo o un dólar más en la partida correspondiente a los gastos devengados del balance general. Una compra de materiales supondrá un incremento en la partida de las cuentas por pagar, etc. Por supuesto, todos estos cambios tienen un efecto en el activo total y el pasivo total.

En general, si la función de los directivos y gerentes es incrementar la rentabilidad, pueden tener un efecto positivo en el balance general, por el solo hecho de que las ganancias hacen subir el patrimonio neto. Pero las cosas no son tan simples, porque es relevante la forma en que adquiere sus ganancias la empresa, y también es relevante lo que ocurre con los otros componentes del activo y el pasivo incluidos en el balance general. Por ejemplo:

- Un gerente de fábrica se entera de una buena oferta sobre una materia prima importante y le pide al departamento de compras que adquiera una gran cantidad. Tiene sentido, ¿verdad? No necesariamente. La cantidad que consta en la partida del balance general correspondiente al inventario va a aumentar. Lo mismo ocurrirá con la cantidad que consta en la partida de las cuentas por pagar. Al final, la empresa tendrá que recurrir al efectivo para cubrir las cuentas por pagar, posiblemente mucho antes de que ese material se utilice para generar ingresos. Mientras tanto, tendrá que pagar para almacenar el inventario, y tal vez deberá pedir dinero prestado para cubrir la disminución de efectivo. Como ves, hay que analizar la situación con detalle para decidir si conviene aprovechar la oferta; asegúrate de tomar en consideración todos los aspectos financieros cuando te enfrentes a este tipo de decisiones.

- Un gerente de ventas está buscando la forma de incrementar los ingresos y el beneficio y decide tratar de conseguir como clientes a empresas más pequeñas. ¿Es una buena idea? Tal vez no. El riesgo crediticio puede ser mayor con los clientes pequeños que con los más grandes. La cantidad correspondiente a las cuentas por cobrar puede aumentar desproporcionadamente a causa de las demoras de los clientes en pagar. Los contables pueden tener que aumentar la provisión para cuentas incobrables, lo cual reduce el beneficio, el activo y, por tanto, el patrimonio neto. El gerente de ventas con inteligencia financiera investigará las posibilidades a la hora de determinar los precios de venta: ¿puede incrementar el margen bruto para compensar el mayor riesgo que conlleva vender a clientes pequeños?

- El jefe de un departamento de informática decide comprar un nuevo sistema informático, pensando que dicho sistema incrementará la productividad y que, por tanto, contribuirá a la rentabilidad. Pero ¿cómo se pagará el nuevo equipo? Si la empresa tiene un apalancamiento excesivo (es decir, si tiene una carga de deuda elevada en comparación con su patrimonio neto), puede que no sea una buena idea pedir prestado el dinero para pagar el sistema. Tal vez será necesario emitir nuevas acciones y aumentar así la inversión de capital. La toma de decisiones sobre cómo obtener el capital necesario para llevar una empresa es tarea del director financiero y del tesorero, no del jefe del departamento de informática. Pero si este jefe conoce la situación de la empresa en cuanto al efectivo y la deuda, tendrá elementos con los que decidir cuándo será un buen momento para comprar el nuevo equipo.

En resumen: es conveniente que todo jefe de área se detenga de vez en cuando a contemplar el panorama general. No te fijes en la partida del estado de resultados que te interesa solamente; examina el balance general también, así como el estado de flujo de efectivo (que abordaremos en breve). Si lo haces, tus pensamientos, tu trabajo y tus decisiones serán «más profundos», es decir, tendrán en cuenta más factores, y podrás hablar sobre la repercusión de estos factores mejor y con mayor conocimiento de causa. Además, imagina que le hablas al director financiero del efecto del beneficio en el patrimonio neto: probablemente quedará impresionado, incluso impactado.

LA EVALUACIÓN DE LA SALUD FINANCIERA DE UNA EMPRESA

Recuerda que al comienzo de esta parte dijimos que los inversores inteligentes suelen estudiar minuciosamente los balances generales de las empresas en primer lugar. La razón es que el balance general responde a muchas preguntas, como las siguientes:

- *¿Es solvente esta empresa?* Es decir, ¿su activo es superior a su pasivo, de tal manera que el número correspondiente al patrimonio neto es positivo?
- *¿Puede pagar sus facturas la empresa?* En relación con esto, los números importantes son los correspondientes al activo circulante, el efectivo sobre todo, en comparación con los números del pasivo circulante. Abundaremos en este tema en la quinta parte, cuando tratemos el tema de las ratios.
- *¿Ha ido aumentando con el tiempo el patrimonio neto?* La comparación de varios balances generales a lo largo de un período de tiempo mostrará si la empresa ha estado avanzando en la buena dirección.

Naturalmente, estas cuestiones son simples, básicas. Los inversores obtienen mucha más información del análisis detallado de los balances generales y sus notas al pie y de las comparaciones entre el balance general y otros estados financieros. ¿Cuál es la importancia del fondo de comercio para el ítem de línea «total activo»? ¿De qué supuestos se ha partido para determinar la depreciación y qué relevancia tiene esto? (Recuerda el caso de Waste Management). ¿Está aumentando la cifra correspondiente al efectivo a lo largo del tiempo, lo cual suele ser un buen síntoma, o está disminuyendo? Si el patrimonio neto está aumentando, ¿se debe a que la empresa ha necesitado una inyección de capital o a que ha estado ganando dinero?

En resumidas cuentas: el balance general ayuda a ver si una empresa goza de salud financiera. Todos los estados financieros son útiles para hacerse una idea al respecto, pero el balance general, que viene a ser el «promedio de calificaciones» acumulado de la empresa, tal vez sea el más importante de todos.

Caja de herramientas

¿ES UN GASTO O UN GASTO DE CAPITAL?

Cuando una empresa compra un bien de capital,[*] ese coste no se registra en el estado de resultados, sino en el balance general; solo la depreciación se anota en el estado de resultados, como cargo contra el beneficio. Podrías pensar que la distinción entre *gasto* (que consta en el estado de resultados) y *gasto de capital* (que consta en el balance general) es clara y simple. Pero no lo es. De hecho, es un magnífico «lienzo» para el arte de las finanzas.

Sacar un gran elemento del estado de resultados y meterlo en el balance general, de tal manera que solo figure la depreciación como cargo contra el beneficio, puede tener el efecto de incrementar el beneficio en un grado considerable. El caso de WorldCom, empresa mencionada en el capítulo uno, constituye un ejemplo clásico. Una gran parte de los gastos de WorldCom correspondían a los llamados *costes de línea*. Se trataba de cuotas que pagaba a las compañías telefónicas locales por usar sus líneas telefónicas. Los costes de línea normalmente se trataban como gastos operativos ordinarios, pero se podría argumentar que algunos de ellos eran en realidad inversiones en nuevos mercados que tardarían años en dar frutos. Este enfoque es incorrecto, pero fue el que adoptó el director financiero Scott Sullivan

---

[*] N. del T.: Un bien de capital es un bien duradero que forma parte del patrimonio de la empresa y que es utilizado en la fabricación de los productos o la prestación de los servicios.

de todos modos: empezó a «capitalizar» los costes de línea de su empresa. ¡Maravilloso!, esos gastos desaparecieron del estado de resultados, y las ganancias aumentaron en miles de millones de dólares. Wall Street vio que WorldCom de repente estaba generando muchos más beneficios que antes, y nadie se enteró de la estratagema hasta más tarde, cuando todo el castillo de naipes se vino abajo.

WorldCom adoptó un enfoque superagresivo en cuanto a la capitalización de sus costes y acabó escaldado. Pero algunas empresas tratan los elementos dudosos que aparecen de vez en cuando como gastos de capital con el único fin de estimular un poco sus ganancias. ¿Lo hace la tuya?

EL IMPACTO DE LA CONTABILIDAD DE VALOR RAZONABLE

Como explicábamos en el capítulo once, la contabilidad de valor razonable o contabilidad de valor de mercado consiste en valorar ciertos activos financieros a su precio actual en lugar de hacerlo según su coste histórico. La contabilidad de valor razonable tuvo mucho que ver con la crisis financiera que se desencadenó en 2008. Veamos por qué.

Primero, piensa en lo que sería una contabilidad simplificada del activo y el pasivo de un banco. El activo incluye los préstamos otorgados a terceros más el efectivo. El pasivo incluye depósitos de clientes tales como saldos de cuentas corrientes y de ahorro. Básicamente, un banco gana dinero tomando depósitos y prestando ese dinero a un interés más alto del que debe pagar a los titulares de los depósitos.

En la década de 1980, sin embargo, muchas instituciones de ahorro y crédito (pequeños bancos que se especializaron en hipotecas de viviendas) se encontraron en un aprieto. Su activo consistía principalmente en hipotecas a largo plazo, que tenían asociada una tasa de interés relativamente baja. Mientras tanto, los depositantes exigían altas tasas de interés sobre sus depósitos, porque la inflación en ese momento era muy alta. Para evitar que los depositantes retiraran sus fondos, las instituciones de ahorro y crédito tuvieron que pagar más en intereses de lo que ganaban por su activo. En cuestión de meses, cientos de ellas se declararon insolventes.

De resultas de esta situación, el Gobierno estadounidense comenzó a exigir a las instituciones financieras que mantuvieran un equilibrio entre la duración de sus préstamos y la de sus depósitos. Eso implicó que los bancos dejaron de poder ofrecer hipotecas a largo plazo, porque los depositantes no querían inmovilizar su dinero durante tanto tiempo. Para resolver el problema, el Gobierno encargó a dos empresas conocidas como Fannie Mae y Freddie Mac que compraran hipotecas a los bancos, las agruparan en valores y vendieran esos valores a inversores. Estos nuevos instrumentos, conocidos como *valores respaldados por hipotecas*, se volvieron muy populares. Tenían una buena tasa de interés asociada y parecían seguros. Los préstamos que Freddie y Fannie podían comprar tenían que reunir ciertos requisitos y se conocieron como *préstamos preferenciales*.

Al cabo de unos años, otras entidades financieras empezaron a comprar hipotecas que no se sujetaban a los requisitos establecidos para los préstamos preferenciales. Empaquetaron esos préstamos subpreferenciales (*subprime*) más arriesgados en valores y los pusieron a disposición de los inversores. Al cabo de poco tiempo, incluso Freddie y Fannie pudieron comprar hipotecas de alto riesgo, ya que el Gobierno creyó que eso ayudaría a más personas a convertirse en propietarias de viviendas. Todo esto dio lugar a un contexto en el que casi cualquiera podía obtener una hipoteca. Eso impulsó la demanda de viviendas, lo cual hizo subir el precio de estas y pareció brindar a los inversores aún más seguridad: como los precios estaban aumentando, cualquier incumplimiento estaría siempre cubierto por el valor cada vez más alto de la vivienda.

Puesto que los bancos estaban creando estas hipotecas y vendiéndolas en el plazo de una semana a un mercado ávido, consideraron que eran activos que debían estar sujetos a la contabilidad de valor de mercado, y así los registraron en sus balances generales. Muchos bancos tenían hipotecas por valor de miles de millones de dólares que planeaban revender para obtener ganancias. Pero entonces el mercado de la vivienda empezó a colapsar. Los precios bajaron. Muchos propietarios incumplieron sus pagos. La mayoría de los inversores dejaron de comprar los valores respaldados por hipotecas y los intermediarios que los crearon dejaron de comprar hipotecas a los bancos. Sin compradores a la vista, el valor de las hipotecas que estaban en poder de los bancos se desplomó.

Regresemos ahora a la regla del valor de mercado, según la cual los bancos debían registrar la cuantía de esas hipotecas según el valor de mercado que tenían en el momento. Si un banco tuviese diez mil millones de dólares en hipotecas y el mercado cayese un 10%, tendría que registrar una pérdida de mil millones de dólares. Eso podría acabar con todo su patrimonio neto y el banco entraría en bancarrota.

En el cuarto trimestre de 2008, cientos de bancos de Estados Unidos se encontraron con un escenario muy similar al descrito. Nuevos informes hicieron que la gente se enterase de que los bancos tenían activos «tóxicos» que no podían vender. El Gobierno respondió con el Programa de Alivio de Activos en Problemas (TARP, por sus siglas en inglés), consistente en una aportación de ochocientos mil millones de dólares destinados a rescatar a muchos de los bancos que tenían dificultades. En muchos casos, sin embargo, los bancos no eran realmente insolventes: los prestatarios seguían pagando y los bancos podían confiar en el diferencial de los tipos de interés para satisfacer las necesidades de los depositantes. Pero la regla del valor de mercado los puso de rodillas.

A raíz de la crisis, la Financial Accounting Standards Board modificó la regla del valor de mercado para las instituciones financieras y se limitaron las pérdidas que deben registrar los bancos en estas circunstancias. Pero estas medidas fueron demasiado poco importantes y vinieron demasiado tarde para poder tener un impacto en la crisis.

El efectivo es el rey

15

El efectivo es una medida de la realidad

UCHOS DIRECTORES Y GERENTES ESTÁN demasiado ocupados preocupándose por números del estado de resultados como el BAIIDA para hacer mucho caso al efectivo. Las juntas directivas y los analistas externos a veces se enfocan demasiado en el balance general. Pero hay un inversor que se fija mucho en el efectivo: Warren Buffett.

Warren Buffett tal vez sea el mejor individuo inversor de todos los tiempos. Su empresa, Berkshire Hathaway, ha invertido en decenas de empresas y ha obtenido unos resultados asombrosos. Desde 2006 hasta 2010, el valor contable de Berkshire Hathaway (un indicador conservador de su valor) aumentó a una tasa anual promedio del 10%, mientras que el S&P 500 (un indicador amplio de acciones que cotizan en bolsa) solo subió un 2,3 %. Esta fue la continuación de un desempeño excepcional en el campo de las inversiones que se remonta a 1965.

¿Cómo lo hace Buffett? Muchas personas han escrito libros en los que intentan explicar su filosofía de inversión y su enfoque analítico. Pero en nuestra opinión, todo se reduce a tres preceptos simples. El primero es que Buffett evalúa las empresas según su horizonte a largo plazo en lugar de contemplar el corto plazo. El segundo es que siempre busca ámbitos de negocio que comprenda (esto lo llevó a evitar muchas inversiones relacionadas con Internet). El tercero es que, cuando examina estados financieros, se fija sobre todo en un parámetro del flujo de efectivo que llama *ganancias del propietario*. Warren Buffett ha llevado la inteligencia financiera a un nivel completamente nuevo, y su valor neto lo refleja. Es muy interesante el hecho de que, para él, el efectivo es el rey.

¿POR QUÉ EL EFECTIVO ES EL REY?

Veamos el tercer elemento de los estados financieros, el efectivo, con mayor detalle. ¿Por qué deberíamos fijarnos en el efectivo como indicador clave del desempeño de una empresa? ¿Por qué no fijarnos en el beneficio que consta en el estado de resultados? ¿Por qué no en el activo o el patrimonio neto, reflejados en el balance general?

Por un lado, el beneficio no es lo mismo que el efectivo, como explicaremos en el capítulo dieciséis. El beneficio está basado en promesas, no en el dinero entrante. Por lo tanto, si quieres saber si tu empresa tiene efectivo para pagar a los empleados, pagar las facturas e incluso invertir en equipamiento, debes examinar el flujo de efectivo.

El estado de resultados y el balance general, por útiles que sean, pueden contener todo tipo de sesgos, de resultados de los supuestos y

Ganancias del propietario

Las ganancias del propietario son un indicador de la capacidad que tiene la empresa para generar efectivo a lo largo de un período de tiempo. Nos gusta decir que este concepto corresponde al dinero que un propietario podría sacar de la empresa y gastar en su propio beneficio. Las ganancias del propietario son un indicador importante porque permiten los gastos de capital continuos que son necesarios para la salud de la empresa. El beneficio e incluso el flujo de caja operativo no son indicadores que permitan esto. Ofrecemos más información sobre las ganancias del propietario en la caja de herramientas que encontrarás al final de esta parte.

estimaciones que incluyen. Con el efectivo no ocurre esto. Mira el estado de flujo de efectivo de una empresa, e indirectamente estarás mirando su cuenta bancaria. En la actualidad, después de todos los desbarajustes financieros de los últimos quince años, el flujo de efectivo o flujo de caja es el parámetro favorito de Wall Street. Ha pasado a ser un indicador en el que se fijan mucho los analistas para evaluar las empresas. Pero Warren Buffett siempre ha prestado atención al efectivo, porque sabe que es el número menos afectado por el lado artístico de las finanzas.

¿Por qué hay gerentes que no toman en consideración el efectivo? Hay varios motivos. En el pasado, nadie les pidió que lo hicieran (aunque esto está empezando a cambiar), ya que el personal del departamento de finanzas suele creer que el efectivo es cosa suya y de nadie más. Pero muchas veces el motivo no es otro que la falta de inteligencia financiera. Los gerentes desconocen las reglas contables que determinan el beneficio, por lo que suponen que el beneficio es lo mismo que el dinero entrante. Algunos no creen que sus actos tengan un impacto en el efectivo de su empresa; otros tal vez sí lo crean, pero no saben de qué manera.

Hay un motivo más, y es que el lenguaje que se emplea en el estado de flujo de efectivo es un poco misterioso. La mayoría de los estados de flujo de efectivo son difíciles de leer para quienes no son expertos en finanzas, y aún cuesta más entenderlos. Pero esta es una inversión en tiempo que vale la pena: si te ocupas de comprender el efectivo, podrás ver a través de la cortina de humo creada por los artistas financieros de tu empresa. Podrás comprobar si tu organización está haciendo un buen trabajo a la hora de convertir las ganancias en efectivo. Podrás detectar los primeros indicios de problemas y sabrás cómo manejarlos para conseguir que el flujo de efectivo sea saludable. El efectivo es un indicador de la realidad.

Uno de nosotros, Joe, aprendió lo importante que es el efectivo cuando era analista financiero en una pequeña empresa, al principio de su carrera. La empresa tenía dificultades y todo el mundo lo sabía.

Un día, el director financiero y el controlador estaban ausentes, jugando al golf, y no había manera de poder localizarlos. (Esos tiempos eran anteriores a estos en los que todo el mundo tiene su teléfono móvil, por lo que está claro que Joe tiene sus años). El banquero llamó a la empresa y habló con el director ejecutivo. Evidentemente, al director ejecutivo no le gustó lo que escuchó de boca del banquero, y pensó que lo mejor sería que hablase directamente con alguien del departamento de contabilidad o el de finanzas. Por lo tanto, le pasó la llamada a Joe. Joe se enteró por el banquero de que la línea de crédito de la empresa estaba agotada.

—Dado que mañana es día de pago —dijo el banquero—, tenemos curiosidad por saber cuál es su plan para cubrir las nóminas.

Pensando rápidamente (como siempre), Joe respondió:

—Hum, ¿puedo devolverle la llamada?

Se puso a investigar un poco y descubrió que un cliente importante le debía a la empresa una gran cantidad de dinero y que el cheque ya estaba en camino, por correo. Le dijo esto al banquero y este aceptó cubrir las nóminas, siempre que Joe llevara el cheque del cliente al banco en el momento en que llegase.

El cheque llegó ese mismo día, pero el banco ya había cerrado. Por lo tanto, lo primero que hizo Joe al día siguiente fue conducir hasta el banco, con el cheque en la mano. Llegó unos minutos antes de que el banco abriese las puertas y vio que ya había cola. De hecho, en ella había varios empleados de su empresa, con sus cheques de pago. Uno de ellos lo abordó y le dijo:

—Así que tú también te has enterado, ¿eh?

—¿Enterarme de qué? —preguntó Joe.

El tipo lo miró con algo parecido a la lástima:

—De *eso*. Llevamos nuestros cheques al banco todos los viernes en el primer descanso que tenemos. Los cobramos y luego depositamos el efectivo en nuestros propios bancos. De esta manera nos aseguramos de que los cheques no reboten. Si llega el día en que el banco no los paga, podremos pasarnos el resto del día buscando trabajo.

Ese día, la inteligencia financiera de Joe aumentó mucho de golpe. Pasó a saber algo que Warren Buffett ya sabía: es el efectivo lo que mantiene viva a una empresa, y el flujo de efectivo es un indicador determinante de su salud financiera. Hacen falta personas para que cualquier tipo de empresa desarrolle su actividad, igual que hacen falta teléfonos, electricidad, ordenadores, suministros y más cosas. Y no se puede pagar todo esto con las ganancias, pues estas no son verdadero dinero. El efectivo sí lo es.

16

Beneficio ≠ efectivo

(y se necesitan ambos)

¿P OR QUÉ NO ES EL beneficio lo mismo que el efectivo que entra? Algunas razones son muy evidentes: puede ser que haya efectivo procedente de préstamos o inversores, y este efectivo no aparece en el estado de resultados. Pero ni siquiera el flujo de caja operativo, del que hablaremos en detalle en el capítulo diecisiete, es lo mismo que el beneficio neto. Esto es así por tres motivos principalmente:

• *Los ingresos se registran en el momento en que se efectúa la venta.* Una razón de ello es el hecho fundamental que exponíamos al hablar del estado de resultados. Una venta se registra siempre que la empresa entrega un producto o servicio. Ace Printing Company entrega folletos por valor de mil dólares a un cliente, registra esos mil dólares como ingreso y en teoría podría registrar una ganancia tras restar sus costes y gastos de ese ingreso. Pero ninguna cantidad de efectivo ha cambiado de manos, porque el cliente de Ace normalmente dispone de treinta días o más para pagar. Dado que el beneficio empieza con los ingresos, siempre refleja las promesas de pago de los clientes. El flujo de efectivo, por el contrario, siempre refleja los movimientos de efectivo.

• *Los gastos se emparejan con los ingresos.* El propósito del estado de resultados es totalizar los costes y gastos asociados con la generación de los ingresos durante un período determinado. Como vimos en la segunda parte, sin embargo, esos gastos pueden no ser los mismos que se pagaron durante ese período. Algunos pudieron pagarse antes (como ocurría con la empresa emergente que tenía que pagar un año de alquiler por adelantado), pero la mayoría se pagarán después, cuando venzan las facturas de los proveedores. Por lo tanto, los gastos que constan en el estado de resultados no reflejan el efectivo saliente. En cambio, el estado de flujo de efectivo siempre refleja el efectivo que entra y sale durante un período en concreto.

• *Los gastos de capital no se contabilizan contra el beneficio.* ¿Recuerdas la caja de herramientas del final de la tercera parte? Un gasto de capital no aparece en el estado de resultados cuando se produce; solo se carga el coste de la depreciación contra los ingresos. Por lo tanto una empresa puede comprar camiones, maquinaria, sistemas informáticos, etc., y el gasto solo aparecerá gradualmente en el estado de resultados, a lo largo de la vida útil de cada artículo. Con el efectivo, por supuesto, ocurre algo muy distinto: lo habitual es que todos estos artículos se hayan pagado o acabado de pagar mucho antes de que se hayan depreciado completamente, y el efectivo empleado para pagarlos se reflejará en el estado de flujo de efectivo.

Acaso estés pensando que, a la larga, el flujo de efectivo se corresponderá con el beneficio neto. Las cuentas por cobrar se cobrarán, por lo que las ventas se convertirán en efectivo. Las cuentas por pagar se pagarán, por lo que los gastos se equilibrarán más o menos de un período al siguiente. Y los gastos de capital se depreciarán, de modo que con el tiempo los cargos contra los ingresos por depreciación serán más o menos iguales al efectivo desembolsado para adquirir nuevos activos. Todo esto es así, hasta cierto punto, al menos para una empresa madura y bien gestionada. Pero la diferencia entre el beneficio y el efectivo puede provocar todo tipo de daños mientras tanto.

BENEFICIO SIN EFECTIVO

Ilustraremos este punto comparando dos empresas simples con dos posiciones de beneficio y efectivo radicalmente diferentes.

Sweet Dreams Bakery ('panadería dulces sueños') es un nuevo fabricante de galletas y pasteles que abastece a tiendas de comestibles especializadas. La fundadora ha acumulado pedidos basados en sus recetas únicas de estilo casero, y está lista para iniciar la actividad el 1 de enero. Vamos a suponer que tiene diez mil dólares en efectivo en el banco, y también que en los primeros tres meses sus ventas son por valor de veinte mil, treinta mil y cuarenta y cinco mil dólares. El coste de los bienes vendidos corresponde al 60% de los ingresos por ventas y sus gastos operativos mensuales son de diez mil dólares.

Con solo mirar estos números se puede ver que no tardará en obtener ganancias. Los estados de resultados simplificados correspondientes a los primeros tres meses muestran lo siguiente (las cantidades corresponden a dólares estadounidenses):

	Enero	Febrero	Marzo
Ventas	20.000	30.000	45.000
COGS	12.000	18.000	27.000
Beneficio bruto	8.000	12.000	18.000
Gastos	10.000	10.000	10.000
Beneficio neto	(2.000)	2.000	8.000

Unos estados de flujo de efectivo simplificados, sin embargo, contarían otra historia. Sweet Dreams Bakery tiene un acuerdo con sus proveedores para pagar por los ingredientes y otros suministros a

treinta días. Y ¿qué ocurre con las tiendas de comestibles especializadas a las que vende la empresa? Se encuentran en una situación algo
precaria y tardan sesenta días en pagar sus facturas. Por lo tanto, esto
es lo que ocurre con el efectivo de Sweet Dreams:

- En enero, Sweet Dreams no percibe nada de sus clientes. Al final
  del mes, todo lo que tiene son veinte mil dólares en cuentas por
  cobrar, derivados de las ventas. Por suerte, no tiene que pagar
  nada por los ingredientes que utiliza, puesto que sus proveedores
  esperan cobrar en treinta días. (Estamos suponiendo que toda la
  cantidad de la categoría COGS corresponde a los ingredientes, ya
  que la misma dueña hace todo el trabajo). Pero la empresa tiene
  que pagar gastos: el alquiler, el agua, la electricidad, etc. Por lo
  tanto, *la totalidad* de los diez mil dólares iniciales de los que disponía la empresa en concepto de efectivo se destinan a pagar los
  gastos, y Sweet Dreams se queda sin efectivo en el banco.
- En febrero, Sweet Dreams aún no ha cobrado nada. (Recuerda
  que los clientes pagan a sesenta días). Al final del mes, tiene cincuenta mil dólares en cuentas por cobrar (los veinte mil de enero más los treinta mil de febrero), pero sigue sin tener efectivo.
  Mientras tanto, tiene que pagar los ingredientes y suministros
  correspondientes a enero (doce mil dólares) y debe afrontar los
  gastos varios de otro mes (diez mil dólares). Por lo tanto, ahora
  se encuentra con un agujero de veintidós mil dólares.

¿Podrá dar la vuelta a la situación la propietaria? ¡Sin duda, en
marzo las ganancias, cada vez mayores, harán que la situación en
cuanto al efectivo sea mucho mejor! Pero no.

- En marzo, Sweet Dreams cobra por fin por sus ventas de enero,
  por lo que entran veinte mil dólares en concepto de efectivo.
  Ahora, el agujero solo es de dos mil dólares respecto a la posición de efectivo de final de febrero. Sin embargo, ahora tiene

que pagar los dieciocho mil dólares correspondientes al COGS de febrero, más los diez mil dólares de los gastos varios de marzo. Por lo tanto, al final de marzo el agujero es de treinta mil dólares; la posición de efectivo es peor que al final del mes anterior.

¿Qué está pasando? La respuesta es que Sweet Dreams está creciendo. Sus ventas aumentan cada mes, lo que significa que cada mes debe pagar más por los ingredientes. Con el tiempo, sus gastos operativos también aumentarán, ya que la propietaria tendrá que contratar más personal. El otro problema es la disparidad entre el hecho de que Sweet Dreams debe pagar a sus proveedores a treinta días mientras que tiene que esperar sesenta días para recibir los pagos de sus clientes. En la práctica, tiene que adelantar el efectivo durante treinta días, y *mientras las ventas estén aumentando, nunca podrá ponerse al día, a menos que encuentre fuentes adicionales de efectivo*. Por más ficticio y simplificado que pueda ser el caso de Sweet Dreams, así es precisamente como empresas rentables quiebran. Es una de las razones por las que tantas pequeñas empresas fracasan en su primer año. Simplemente, se quedan sin efectivo.

EFECTIVO SIN BENEFICIO

Examinemos ahora otro tipo de discrepancia entre el beneficio y el efectivo.

Fine Apparel ('ropa fina') es otra empresa emergente. Vende ropa de hombre cara y está ubicada en una parte de la ciudad frecuentada por hombres de negocios y turistas acomodados. Sus ventas durante los primeros tres meses son por valor de cincuenta mil, setenta y cinco mil y noventa y cinco mil dólares; una vez más, tenemos una tendencia de crecimiento saludable. El coste de los bienes vendidos supone el 70% de los ingresos por ventas y los gastos operativos mensuales ascienden a treinta mil dólares (¡el alquiler es caro!). A efectos comparativos, supondremos que Fine Apparel también comienza el período con diez mil dólares en el banco.

Por lo tanto, este es el estado de resultados de la empresa correspondiente a los tres primeros meses de actividad (en dólares):

	Enero	Febrero	Marzo
Ventas	50.000	75.000	95.000
COGS	35.000	52.500	66.500
Beneficio bruto	15.000	22.500	28.500
Gastos	30.000	30.000	30.000
Beneficio neto	(15.000)	(7.500)	(1.500)

Aún no ha cruzado el umbral de la rentabilidad, pero está perdiendo menos dinero cada mes. Mientras tanto, ¿cómo va de efectivo? Como minorista, por supuesto, recauda el dinero de cada venta inmediatamente. Y supondremos que Fine Apparel pudo negociar unos buenos términos con sus proveedores, de tal manera que les paga a sesenta días.

- En enero empieza con diez mil dólares, a los que se suman cincuenta mil dólares procedentes de las ventas en efectivo. Aún no tiene que afrontar ningún coste asociado a los bienes vendidos, por lo que el único efectivo que sale son esos treinta mil dólares en gastos. La empresa termina el mes con treinta mil dólares en la cuenta bancaria.
- En febrero incorpora setenta y cinco mil dólares más por las ventas en efectivo y aún no paga nada por el coste de los bienes vendidos. Por lo tanto, el efectivo neto al final del mes después de los treinta mil dólares en gastos es de cuarenta y cinco mil dólares. ¡Ahora, el saldo de la cuenta bancaria es de setenta y cinco mil dólares!
- En marzo incorpora noventa y cinco mil dólares más derivados de las ventas en efectivo y paga los suministros de enero (treinta y cinco mil dólares) más los gastos de marzo (treinta mil dólares).

El efectivo neto que entra este mes es de treinta mil dólares, y hay ciento cinco mil dólares en la cuenta bancaria.

Como vemos, los negocios basados en el efectivo, como las tiendas y restaurantes, también pueden tener una idea distorsionada de su situación. En este caso, el saldo de la cuenta bancaria de Fine Apparel aumenta cada mes aunque la empresa no sea rentable. Esto está bien por un tiempo, y seguirá estando bien mientras la empresa contenga los gastos para poder cruzar el umbral de la rentabilidad. Pero el propietario tiene que andarse con cuidado: si se deja llevar por el pensamiento de que su negocio va muy bien y opta por aumentar los gastos, es probable que la empresa siga sin ser rentable. Si no logra alcanzar la rentabilidad, *acabará por quedarse sin efectivo*.

Fine Apparel también tiene sus equivalentes en el mundo real. Todos los negocios basados en el efectivo, desde las pequeñas tiendas hasta gigantes como Amazon.com y Dell, gozan del lujo de tomar el dinero de los clientes antes de tener que pagar sus costes y gastos. Disfrutan de *flotación*, y si están creciendo, esa flotación aumentará cada vez más. Pero en última instancia las empresas tienen que ser rentables según los criterios del estado de resultados; a largo plazo, el flujo de efectivo no protege contra la falta de rentabilidad. En el ejemplo de Fine Apparel, las pérdidas que reflejan los libros acabarán por conducir a un flujo de efectivo negativo; así como las ganancias llevan a tener efectivo con el tiempo, las pérdidas acaban por consumirlo. Son los *tiempos* de los flujos de efectivo lo que estamos tratando de comprender aquí.

Entender la diferencia entre beneficio y efectivo es una de las claves para incrementar la inteligencia financiera. Es un concepto fundamental, que muchas personas que ocupan cargos de responsabilidad no han tenido ocasión de aprender. Un concepto que da lugar a nuevas oportunidades de hacer preguntas y tomar decisiones inteligentes. Por ejemplo:

- *Encontrar el tipo de experto apropiado.* Las dos situaciones que hemos descrito en este capítulo requieren habilidades diferentes. Si una empresa es rentable pero va mal de efectivo, necesita un experto en finanzas, alguien capaz de conseguir fuentes de financiación adicionales. Si una empresa tiene efectivo pero no es rentable, necesita a un experto en operaciones, es decir, alguien capaz de reducir los costes o de incrementar los ingresos sin que aumenten los costes. Por lo tanto, los estados financieros no solo nos dicen cómo va la empresa, sino, también, qué tipo de experto conviene contratar.

- *Tomar buenas decisiones sobre los tiempos.* Las decisiones fundamentadas relativas a *cuándo* realizar una acción pueden aumentar la eficacia de una empresa. Tomemos Setpoint como ejemplo. Cuando Joe no está impartiendo formación en alfabetización empresarial, ejerce como director financiero de Setpoint, una empresa que construye sistemas de automatización industrial y otros productos. Los directivos de la empresa saben que el primer trimestre del año, en que entran muchos pedidos de sistemas de automatización, es el más rentable. Pero el efectivo siempre es escaso, porque Setpoint debe pagar en efectivo para comprar componentes y pagar a los contratistas. En el siguiente trimestre, el flujo de efectivo de Setpoint suele mejorar, porque se perciben los importes correspondientes a las cuentas por cobrar del trimestre anterior, pero las ganancias se ralentizan. Los directivos han aprendido que es mejor comprar los bienes de capital en el segundo trimestre que hacerlo en el primero, aunque el segundo trimestre sea tradicionalmente menos lucrativo, por el solo hecho de que hay más efectivo disponible para pagarlos.

La lección final es que las empresas necesitan tener tanto beneficios como efectivo. Son dos cosas diferentes, y una empresa saludable debe tener ambas.

17

El lenguaje del flujo de efectivo

ODRÍAS PENSAR QUE UN ESTADO de flujo de efectivo tiene que ser fácil de leer. Como el efectivo es el dinero real, los números no incluyen supuestos ni estimaciones. El efectivo que entra es un número positivo, el efectivo que sale es un número negativo, y el efectivo neto resulta de sumar ambos. Pero nos hemos encontrado con que la mayoría de los gerentes que no son directores de finanzas (e incluso algunas de las personas que trabajan en los departamentos de finanzas, como sabemos por experiencia) necesitan un poco de tiempo para descifrar un estado de flujo de efectivo. Una de las razones es que los nombres de las categorías de este estado pueden llevar a confusión. Una segunda razón es que no siempre está claro si los números son positivos o negativos. (Una partida típica puede ser «(incremento)/disminución en cuentas por cobrar», a lo que sigue un número positivo o negativo. ¿Se trata de un incremento o de una reducción?). La última razón es que puede ser difícil ver la relación existente entre el estado de flujo de efectivo y los otros dos estados financieros.

Nos ocuparemos de esto último en el capítulo dieciocho. Por el momento, sentémonos con un estado de flujo de efectivo y aprendamos el vocabulario básico.

TIPOS DE FLUJO DE EFECTIVO

Este documento muestra el efectivo que entra en la empresa y el que sale de la empresa. El primero son las *entradas*; el segundo, las *salidas*. Ambos están divididos en tres categorías principales.

Efectivo procedente de actividades de operación o utilizado en ellas

Puedes encontrar pequeñas variaciones en esta denominación; por ejemplo, *efectivo generado por (utilizado para) actividades de operación* (o puedes encontrar *actividades de explotación* en lugar de *actividades de operación*). Sea cual sea el nombre de esta categoría exactamente, incluye todo el flujo de efectivo, entrante y saliente, relacionado con las operaciones reales de la empresa. Incluye el efectivo que envían los clientes cuando pagan sus facturas, así como el efectivo que la empresa paga en sueldos, a los proveedores y al arrendador, junto con todo el otro efectivo que debe desembolsar para mantener las puertas abiertas y el negocio en funcionamiento.

Efectivo procedente de actividades de inversión o utilizado en ellas

Esta es una de las denominaciones que pueden llevar a confusión. En este contexto, *actividades de inversión* hace referencia a inversiones efectuadas por la empresa, no por sus propietarios. Una subcategoría clave dentro de esta es *efectivo gastado en inversiones de capital*, en decir, en la compra de activos. Si la empresa compra un camión o una máquina, el efectivo que paga se muestra en esta parte del estado. Y, a la

La financiación de una empresa

La financiación de una empresa hace referencia a la forma en que obtiene el efectivo que necesita para iniciar su actividad o expandirse. Habitualmente, una empresa se financia por medio de la deuda (dinero prestado por bancos, familiares u otros acreedores), la emisión de acciones (para que las compren personas dispuestas a invertir) o ambas cosas.

inversa: si la empresa vende un camión o una máquina (o cualquier otro activo), el efectivo que recibe también se anota aquí. Este apartado también incluye la inversión en adquisiciones o valores financieros... En resumen, todo aquello que implica la compra o venta de activos de la empresa.

Efectivo procedente de actividades de financiación o utilizado en ellas

Financiación hace referencia a la contratación de préstamos y su devolución; también a las transacciones entre la empresa y sus accionistas. Por lo tanto, si una empresa recibe un préstamo, el ingreso se muestra en esta categoría. Si obtiene una inversión de capital por parte de un accionista, también se muestra aquí. Si liquida el capital de un préstamo, recompra sus propias acciones o paga un dividendo a sus accionistas, estos gastos de efectivo también aparecerán en esta categoría. Nuevamente, el nombre de la categoría puede prestarse a confusiones: si un accionista invierte más dinero en una empresa, este efectivo constará dentro de las actividades de financiación, no las actividades de inversión.

EL MENSAJE DE CADA CATEGORÍA

Como puedes ver, el estado de flujo de efectivo contiene mucha información útil. La primera categoría muestra el flujo de caja operativo; la cifra correspondiente a esta categoría es, en muchos sentidos, la más relevante para determinar el estado de salud de la empresa. Una compañía cuyo flujo de caja operativo se mantenga saludable de forma constante es, *probablemente*, rentable, y probablemente se está manejando bien para convertir sus ganancias en efectivo. Además, el hecho de que el flujo de caja operativo sea saludable significa que la empresa puede financiar en mayor medida su crecimiento internamente, sin pedir dinero prestado ni poner más acciones a la venta.

La segunda categoría muestra cuánto efectivo está gastando la empresa en inversiones en su futuro. Si el número correspondiente a esta categoría es bajo en relación con el tamaño de la empresa, puede ser que esta esté invirtiendo muy poco; la dirección puede estar tratando a la empresa como una «vaca de efectivo», la cual ordeña por el efectivo que puede generar, sin invertir en el crecimiento futuro. Si el número es alto en relación con el tamaño de la empresa, ello puede ser indicativo de que la dirección tiene grandes esperanzas en el futuro de la organización. Por supuesto, lo que se considere un número alto o bajo dependerá del tipo de empresa de que se trate. Una empresa de servicios, por ejemplo, normalmente invierte menos en activos que una empresa manufacturera. Por lo tanto, para efectuar un buen análisis debes tener una visión general de la empresa que estás evaluando.

La tercera categoría muestra hasta qué punto depende de financiación externa la empresa. Observa este apartado a lo largo del tiempo para ver si la empresa es un prestatario neto (si está tomando más dinero prestado del que está liquidando). También podrás ver si ha estado vendiendo nuevas acciones a inversores externos o si ha estado recomprando sus propias acciones.

Finalmente, el estado de flujo de efectivo te permite calcular el famoso parámetro de Warren Buffett, las ganancias del propietario, que en el ámbito de la bolsa se conoce como *flujo de caja libre*. (Consulta la caja de herramientas, al final de esta parte).

En los últimos años, Wall Street se ha ido enfocando cada vez más en el estado de flujo de efectivo. Por ejemplo, muchos analistas han empezado a comparar partes del estado de resultados con partes

Recomprar las propias acciones

Si una empresa tiene dinero extra y cree que sus acciones cotizan a un precio más bajo del que debería, puede ser que recompre algunas de sus propias acciones. El efecto que se persigue es reducir la cantidad de acciones en circulación y, por lo tanto, aumentar la posibilidad de que el precio de la acción suba.

del estado de flujo de efectivo para asegurarse de que la empresa que están examinando está convirtiendo en efectivo su beneficio. Además, como bien sabe Buffet, es mucho más difícil manipular los números del estado de flujo de efectivo que los números de los otros estados financieros. Lo cual no significa que no se pueda hacer. Por ejemplo, si una empresa quiere mostrar un buen flujo de caja en un trimestre en particular, puede ser que retrase el pago de bonificaciones a proveedores o empleados hasta el trimestre siguiente. De todos modos, a menos que la empresa retrase los pagos una y otra vez (y los proveedores que no cobran acaban por dejar de proporcionar sus bienes o servicios), los efectos solo son significativos a corto plazo.

18

Las conexiones del efectivo con todo lo demás

A HORA QUE YA SABES LEER el estado de flujo de efectivo, solo debes agarrarlo tal como venga e inspeccionarlo para ver qué te dice sobre la situación de tu empresa en cuanto al dinero contante y sonante. Entonces podrás averiguar cómo influir al respecto, es decir, de qué manera, como jefe, podrías ayudar a mejorar la posición de efectivo de la empresa. Hablaremos de algunas de estas oportunidades en el capítulo diecinueve.

Pero si eres una de esas personas a las que les gusta entender la lógica que hay detrás de lo que están mirando, permanece con nosotros a lo largo de este capítulo. De hecho, tal vez ya se te ha ocurrido: *se pueden calcular las cifras del estado de flujo de efectivo mirando el estado de resultados y dos balances generales.*

Los cálculos no son difíciles de realizar: solo hay que sumar y restar. Pero es fácil perderse en el proceso. La razón de ello es que los contables no solo utilizan un lenguaje especial y un conjunto de herramientas y técnicas específicos, sino que, además, tienen una manera de pensar diferenciada. Saben que el beneficio que consta en el estado de resultados deriva de ciertas reglas, supuestos, estimaciones y cálculos. También saben que el activo que consta en el balance general no vale lo que dice este documento, de nuevo a causa de las reglas, supuestos y estimaciones que han influido en su valoración. Pero los contables además saben que lo que aquí denominamos *arte de las finanzas* no existe de forma abstracta. En última instancia, todas estas reglas, supuestos y estimaciones tienen que proporcionarnos información útil sobre la realidad. Y como en el ámbito de las finanzas la realidad está representada por el efectivo, el balance general y el estado de resultados deben presentar algún tipo de relación lógica con el estado de flujo de efectivo.

Las conexiones pueden verse en transacciones comunes. Pongamos como ejemplo una venta a crédito por valor de cien dólares. Se reflejará de la siguiente manera:

- Un incremento de cien dólares en las cuentas por cobrar en el balance general.
- Un incremento de cien dólares en concepto de ventas en el estado de resultados.

Cuando el cliente paga la factura, ocurre lo siguiente:

- La cantidad que consta en las cuentas por cobrar se reduce en cien dólares.
- El efectivo aumenta en cien dólares.

Estas dos variaciones aparecen en el balance general. Pero como ahora entra en escena el efectivo, la transacción también afecta al estado de flujo de efectivo.

Podemos contemplar así el efecto de todo tipo de transacciones. Pongamos por caso que una empresa compra inventario por valor de cien dólares. El balance general registra dos variaciones: las cuentas por pagar aumentan en cien dólares y el inventario se incrementa en cien dólares. Cuando la empresa paga la factura, las cuentas por pagar se reducen en cien dólares y el efectivo se reduce en cien dólares; de nuevo, ambos movimientos se registran en el balance general. Cuando este inventario se vende (intacto si la empresa vende al detalle, incorporado en un producto si la empresa se dedica a la fabricación), este coste de cien dólares asociado a los bienes vendidos es registrado en el estado de resultados. El efectivo implicado en estas transacciones (el desembolso inicial para cubrir los cien dólares de la cuenta por pagar y la posterior recepción de efectivo por la venta de los bienes acabados) aparecerá reflejado en el estado de flujo de efectivo.

Por lo tanto todas estas transacciones acaban por tener un efecto en el estado de resultados, el balance general y el estado de flujo de efectivo. De hecho, la mayoría de las transacciones terminan por verse reflejadas en estos tres estados financieros. Para que puedas ver con mayor concreción qué conexiones se producen, vamos a examinar cómo utilizan los contables el estado de resultados y dos balances generales para calcular el flujo de efectivo.

RECONCILIAR EL BENEFICIO CON EL EFECTIVO

El primer ejercicio en este proceso consiste la reconciliación del *beneficio* con el *efectivo*. La pregunta que hay que responder en este caso es muy simple: dado que tenemos X dólares como beneficio neto, ¿qué efecto tiene esto en nuestro flujo de caja?

Empezamos con el beneficio neto por este motivo: si toda operación fuese absolutamente en efectivo, y si no hubiese gastos distintos de los que se pagan con dinero, como la depreciación, ocurriría

Reconciliación

En el contexto financiero, *reconciliación* significa hacer que la cantidad que consta en la partida correspondiente al efectivo en el balance general de una empresa dada coincida con el efectivo que esta tiene en el banco. Se parece a cuando una persona cuadra su talonario de cheques, pero a una escala mayor.

que el beneficio neto y el flujo de caja operativo serían idénticos. Pero como en la mayoría de las empresas no todo son transacciones en efectivo, es necesario que determinemos qué partidas del estado de resultados y del balance general tienen el efecto de incrementar o reducir el efectivo; es decir, tenemos que distinguir entre el flujo de caja operativo y el beneficio neto. Como dicen los contables, tenemos que encontrar «ajustes» al beneficio neto que, sumados, nos permitan llegar a la variación del flujo de efectivo.

Uno de estos ajustes se produce en las cuentas por cobrar. En cualquier período, una empresa dada obtiene algo de efectivo de las cuentas por cobrar. Esto hace que se reduzca la cifra correspondiente a esta partida en el balance general. De todos modos, la empresa sigue realizando ventas a crédito, las cuales hacen subir esta cifra. Podemos averiguar el número correspondiente al efectivo, a partir de estos dos tipos de operaciones, mirando la *variación* que se ha producido en las cuentas por cobrar de un balance general al siguiente. (Recuerda que el balance general hace referencia a la situación en un día en concreto, por lo que pueden apreciarse las variaciones cuando se comparan dos balances generales).

Imagina, por ejemplo, que tu empresa tiene cien dólares en las cuentas por cobrar del balance general al principio de un mes dado. Recibe setenta y cinco dólares en concepto de efectivo a lo largo del mes, y efectúa ventas a crédito por valor de cien dólares. Así es como se calcula la cifra de la partida de las cuentas por cobrar al final del mes:

$$100\,\$ - 75\,\$ + 100\,\$ = 125\,\$$$

Como tu empresa empezó el mes con cien dólares en la línea de las cuentas por cobrar, la variación por este concepto desde el principio hasta el final del período es de veinticinco dólares. Date cuenta de que la variación también es igual a las nuevas ventas (por valor de cien dólares) menos el efectivo recibido (setenta y cinco dólares).

Para expresarlo de otra manera, el efectivo recibido es igual a las nuevas ventas menos la variación que se ha producido en las cuentas por cobrar.

Otro ajuste atañe a la depreciación. Esta se resta del beneficio operativo en el proceso de calcular el beneficio neto. Pero como hemos visto, la depreciación es un gasto que no es de efectivo, y no tiene ningún efecto en el flujo de efectivo. Por lo tanto, hay que volverlo a incorporar.

UNA EMPRESA QUE ACABA DE INICIAR SU ACTIVIDAD

¿Lo tienes claro? Probablemente no. Por lo tanto, vamos a poner como ejemplo una empresa muy simple que acabe de ponerse en marcha. En el primer mes, ha tenido ventas por valor de cien dólares. El coste de los bienes vendidos durante el mes ha sido de cincuenta dólares, el conjunto de otros gastos ha sumado quince dólares y la depreciación ha sido de diez dólares. Como sabes, todo ello se reflejará de esta manera en el estado de resultados:

Estado de resultados	
Ventas	100 $
COGS	50 $
Beneficio neto	50 $
Gastos	15 $
Depreciación	10 $
Beneficio neto	25 $

Supongamos que todas las ventas están como cuentas por cobrar (aún no ha entrado nada de efectivo) y que todo el COGS está como cuentas por pagar. Con esta información, podemos hacer dos balances generales (parciales):

Activo	Principio del mes	Final del mes	Variación
Cuentas por cobrar	0 $	100 $	100 $

Pasivo			
Cuentas por pagar	0 $	50 $	50 $

Ahora podemos dar el primer paso en la elaboración del estado de resultados. La primera regla es que si el activo *aumenta*, el efectivo *disminuye*, por lo que tenemos que *restar* este incremento del beneficio neto. Con el pasivo ocurre lo contrario: si este aumenta, también lo hace el efectivo, por lo que *sumamos* este incremento a los ingresos netos.

Estos son los cálculos:

Inicio con beneficio neto	25 $
Se resta el incremento en las cuentas por cobrar	(100) $
Se suma el incremento en las cuentas por pagar	50 $
Se suma la depreciación	10 $
Igual a: la variación neta en el efectivo	(15) $

Como puedes ver, el resultado es correcto, porque el único desembolso de efectivo que tuvo la empresa a lo largo del período fue de quince dólares, en concepto de gastos varios. En el caso de una empresa real, sin embargo, no se pueden confirmar los resultados echándoles un vistazo, por lo que hay que calcular el estado de flujo de efectivo escrupulosamente, según las mismas reglas.

UN EJEMPLO REALISTA

Intentemos aclararnos, ahora, con un ejemplo más complejo. Por razones prácticas, aquí están el estado de resultados y los balances generales de la empresa imaginaria cuyos estados financieros hemos incluido como apéndice:

Estado de resultados de muestra
(en millones de dólares estadounidenses [$])

Año que finaliza el 31 de diciembre de 2012

Ventas	8.689
Coste de los bienes vendidos	6.756
Beneficio bruto	**1.933**
Gastos de ventas, generales y administrativos (SG&A)	1.061
Depreciación	239
Otros ingresos	19
BAII (EBIT)	**652**
Gastos por intereses	191
Impuestos	213
Beneficio neto	**248**

Balances generales de muestra
(en millones de dólares estadounidenses [$])

	31/12/2012	31/12/2011
Activo		
Efectivo y equivalentes al efectivo	83	72
Cuentas por cobrar	1.312	1.204
Inventario	1.270	1.514
Otros activos y devengos corrientes	85	67
Total activo corriente	2.750	2.857
Propiedades, planta y equipo (PPE)	2.230	2.264
Otros activos a largo plazo	213	233
Total activo	**5.193**	**5.354**

Pasivo

Cuentas por pagar	1.022	1.129
Línea de crédito	100	150
Porción actual de la deuda a largo plazo	52	51
Total pasivo corriente	1.174	1.330
Deuda a largo plazo	1.037	1.158
Otros pasivos a largo plazo	525	491
Total pasivo	**2.736**	**2.979**

Patrimonio neto*

Acciones ordinarias, valor nominal

1 $ (100.000.000 autorizadas,

74.000.000 en circulación en 2012 y 2011)	74	74
Capital desembolsado adicional	1.110	1.110
Ganancias retenidas**	1.273	1.191
Total patrimonio neto	**2.457**	**2.375**

Total pasivo y patrimonio neto	**5.193**	**5.354**

Notas año 2012:

Depreciación	*239*
*Cantidad de acciones ordinarias (en millones)****	*74*
Beneficio por acción	*3,35*
Dividendo por acción	*2,24*

Hay que aplicar el mismo procedimiento lógico que en el ejemplo simple anterior:

---

* N. del T.: Es habitual encontrar el encabezamiento PATRIMONIO (prescindiendo de NETO), o CAPITAL CONTABLE, en los balances generales.

** N. del T.: Denominaciones alternativas a *ganancias retenidas* son, entre otras, *utilidades retenidas* y *resultados acumulados*.

*** N. del T.: Obsérvese que la cantidad correspondiente a esta partida no hace referencia a millones de dólares, sino a millones de acciones.

- Mira cada una de las variaciones que se han producido entre los dos balances generales.
- Determina si cada variación dio lugar a un incremento o una disminución del efectivo.
- Suma la cantidad a los ingresos netos o réstala de los ingresos netos, según el caso.

Estos son los pasos:

Observación	Acción
Inicio con un beneficio neto de 248 $. La depreciación fue de 239 $.	Suma este gasto no monetario al beneficio neto.
La cantidad correspondiente a las cuentas por cobrar aumentó en 108 $.	Un activo ha aumentado. Resta este incremento del beneficio neto.
El inventario se redujo en 244 $.	Un activo se ha reducido. Suma este descenso al beneficio neto.
Otros activos corrientes aumentaron en 18 $.	Resta este incremento del beneficio neto.
La cantidad correspondiente a la partida PPE aumentó en 205 $ (tras un ajuste por depreciación de 239 $; ver la nota 1).	Resta este incremento del beneficio neto.
La cuantía correspondiente a otros activos a largo plazo se redujo en 20 $.	Suma este descenso al beneficio neto.
La cantidad correspondiente a las cuentas por pagar se redujo en 107 $.	Un pasivo se ha reducido. Resta este descenso del beneficio neto.
La cuantía de la línea de crédito disminuyó en 50 $.	Resta este descenso del beneficio neto.
La porción actual de la deuda a largo plazo aumentó en 1 $.	Un pasivo ha aumentado. Añade este aumento al beneficio neto.
La deuda a largo plazo se redujo en 121 $.	Resta esta disminución del beneficio neto.
Otros pasivos a largo plazo aumentaron en 34 $.	Suma este incremento al beneficio neto.
El patrimonio neto aumentó en 82 $.	(Ver la nota 2).

Nota 1: ¿Por qué tenemos que ajustar por depreciación cuando miramos la variación en el concepto propiedades, planta y equipo (PPE)? Recuerda que cada año la cifra de la partida PPE del balance general se reduce en función de la cantidad de depreciación cargada a los activos. Entonces, si tuvieras una flota de camiones que se adquirieron por cien mil dólares, el balance general incluiría, inmediatamente después de la adquisición, cien mil dólares correspondientes a estos camiones en la partida PPE. Si la depreciación de los camiones fuese de diez mil dólares al año, al final de los doce meses constarían noventa mil dólares en la partida PPE en relación con los camiones. Pero la depreciación es un gasto que no es en efectivo, y dado que estamos tratando de llegar a un número correspondiente al efectivo, tenemos que excluir la depreciación añadiéndola nuevamente.

Nota 2: ¿Has observado los dividendos que constan como nota al pie en el balance general? Multiplica el dividendo por la cantidad de acciones en circulación y obtendrás unos ciento sesenta y seis millones de dólares (que estamos representando como 166 $). Si restamos el dividendo de 166 $ a los ingresos netos de 248 $, obtenemos como resultado 82 $, que es la cantidad en que aumentó el patrimonio neto. Este es el beneficio que permaneció en la empresa como ganancias retenidas. Si no se pagase ningún dividendo ni se vendiesen nuevas acciones, el efectivo provisto o utilizado en concepto de financiación en forma de capital sería cero. El patrimonio neto solo aumentaría o disminuiría según la cantidad de ganancias o pérdidas que hubiese habido en el período.

Ahora podemos elaborar un estado de flujo de efectivo. Por supuesto, con un balance general completo como el que tenemos, también hay que ubicar las variaciones de efectivo en las categorías correctas. Las palabras de la derecha explican de dónde viene cada cantidad:

Estado de flujo de efectivo
(en millones de dólares estadounidenses [$])

Año finalizado el 31 de diciembre de 2012

Efectivo procedente de actividades de operación o utilizado en ellas

Beneficio neto	248	beneficio neto en el estado de resultados
Depreciación	239	depreciación, en el estado de resultados
Cuentas por cobrar	(108)	variación en las cuentas por cobrar de 2011 a 2012
Inventario	244	variación en el inventario
Otros activos corrientes	(18)	variación en otros activos corrientes
Cuentas por pagar	(107)	variación en las cuentas por pagar
Total	**498**	

Efectivo procedente de actividades de inversión o utilizado en ellas

Propiedades, planta y equipo	(205)	variación en el PPE ajustada por la depreciación
Otros activos a largo plazo	20	variación a partir del balance general
Total	**(185)**	

Efectivo procedente de actividades de financiación o utilizado en ellas

Línea de crédito	(50)	variación en el crédito a corto plazo
Porción actual de la deuda a largo plazo	1	variación en la deuda actual a largo plazo
Deuda a largo plazo	(121)	variación a partir del balance general

Otros pasivos a largo plazo	34	variación a partir del balance general
Dividendos pagados	(166)	dividendos pagados
Total	**(302)**	

Variación en cuanto al efectivo	11	resultado de sumar las cantidades finales (en negrita) de las tres grandes categorías anteriores
Efectivo inicial	72	cantidad que consta en el balance general de 2011
Efectivo final	**83**	variación en cuanto al efectivo + efectivo inicial

Por supuesto, el «efectivo final» es igual al saldo de efectivo que consta en el segundo de los balances generales.

El ejercicio es complicado pero, como puedes ver, hay un buen grado de belleza y sutileza en todas las conexiones (bueno, tal vez no dirías tanto como «belleza» y «sutileza» si no eres contable). Al escarbar un poco bajo la superficie (o, para usar otra metáfora, al leer entre líneas) puedes ver cómo se relacionan entre sí todos los números. Cada vez comprendes más el arte de las finanzas y tu inteligencia financiera está aumentando.

19

La importancia del efectivo

LEGADOS A ESTE PUNTO, TAL vez te estés diciendo a ti mismo: «¿Y qué? Todo esto es engorroso de entender, y ¿por qué me tiene que importar?».

Por si no tenías conocimientos de finanzas antes de empezar a leer este libro, vamos a ver qué revela el estado de flujo de efectivo que nos ha servido de ejemplo. En cuanto a las operaciones, esta empresa hipotética está haciendo un buen trabajo a la hora de generar efectivo; el flujo de caja operativo es considerablemente mayor que los ingresos netos. El inventario bajó, por lo que es razonable suponer que la empresa está reforzando sus operaciones. Todo esto hace que la posición de efectivo goce de mayor solidez.

Pero también podemos ver que no hay muchas inversiones nuevas. La depreciación fue superior a las nuevas inversiones, lo cual justifica que nos preguntemos si la alta dirección no le ve mucho futuro a la empresa. A la vez, la empresa está pagando un buen dividendo a sus accionistas, lo cual podría ser indicativo de que la alta dirección valora más la empresa por su potencial en la generación de efectivo que por su futuro. (Muchas empresas en crecimiento no pagan dividendos cuantiosos porque retienen las ganancias con el fin de invertir en el negocio; algunas no pagan nada en concepto de dividendos).

Por supuesto, todo esto son suposiciones sobre una empresa imaginaria. Para conocer la verdad, habría que saber mucho más sobre la empresa: cuál es su campo de actividad, y un largo etcétera (la inteligencia financiera implica conocer el panorama general). Pero si no supiésemos ninguna de estas cosas, el estado de flujo de efectivo sería muy revelador.

Todo esto nos lleva a tu situación actual como jefe y al flujo de caja de tu empresa. Pensamos que hay tres grandes razones por las que vale la pena examinar el estado de flujo de efectivo y tratar de entenderlo.

LAS GRANDES UTILIDADES QUE TIENE COMPRENDER EL FLUJO DE EFECTIVO

En primer lugar, saber cuál es la situación de tu empresa en cuanto al efectivo te ayudará a entender qué está ocurriendo en estos momentos, hacia dónde se encamina la empresa y cuáles son, probablemente, las prioridades de la alta dirección. No necesitas saber solamente si la posición de efectivo general es saludable sino también, más en concreto, de dónde viene el efectivo. ¿De las operaciones? Esta es una buena señal; significa que la empresa está generando efectivo. ¿Es un número negativo considerable el correspondiente al efectivo utilizado en inversiones? Si no es así, esto podría significar que la empresa no está invirtiendo en su futuro. Y ¿qué pasa con el efectivo procedente de la financiación? Si está entrando dinero como inversión, esta puede ser una señal optimista para el futuro, o puede significar que la empresa está vendiendo acciones desesperadamente para mantenerse a flote. Mirar el estado de flujo de efectivo puede dar lugar a muchas preguntas, pero son las preguntas pertinentes que conviene hacer. ¿Estamos liquidando los préstamos? ¿Por qué o por qué no? ¿Estamos comprando equipamiento? Las respuestas a estas preguntas dirán mucho sobre los planes de la alta dirección para la empresa.

En segundo lugar, tú influyes en el efectivo. Como hemos dicho antes, los directores y gerentes deberían enfocarse tanto en el beneficio como en el efectivo. Por supuesto, lo que hacen los jefes de área suele tener un impacto en el flujo de caja operativo solamente, pero este es uno de los indicadores más importantes. Por ejemplo:

* Las *cuentas por cobrar*. Si estás en el departamento de ventas, ¿estás vendiendo a clientes que pagan puntualmente sus facturas? ¿Tienes una relación de bastante confianza con tus clientes como para hablar con ellos sobre las condiciones de pago? Si estás en el departamento de servicio al cliente, ¿les ofreces a los clientes un tipo de servicio que los anime a pagar las facturas sin demoras? ¿Están en perfecto estado los productos? ¿Son correctas las facturas? ¿Se envían a tiempo las facturas? ¿Es atenta la recepcionista con los clientes? Todos estos factores contribuyen a determinar las sensaciones que tienen los clientes respecto a tu empresa e influyen indirectamente en la rapidez con la que probablemente van a pagar las facturas. Los clientes descontentos no se apresuran a pagar; les gusta esperar a que el problema que haya sobre la mesa se haya resuelto.

* El *inventario*. Si eres responsable de fábrica, ¿estás pidiendo productos especiales cada dos por tres? Si lo haces, puede ser que estés provocando el caos en el inventario. Si estás en el departamento de operaciones y te gusta tener lotes en *stock* por si acaso, puede ser que estés generando una situación en la que el efectivo está en los estantes, cuando se podría estar utilizando con otras finalidades. Los gerentes de producción y los jefes de almacén a menudo pueden reducir enormemente el inventario al estudiar y aplicar los principios de las empresas *lean*[*] (Toyota fue la pionera a este respecto).

* Los *gastos*. ¿Aplazas los gastos siempre que puedes? ¿Tienes en cuenta los tiempos del flujo de caja cuando efectúas compras? Evidentemente, no estamos diciendo que sea siempre una

---

[*] N. del T.: Las empresas *lean* utilizan ciertos procedimientos con el fin de mejorar la eficiencia de los procesos y la producción y reducir al mínimo los desperdicios.

medida inteligente aplazar los gastos; sencillamente, es bueno saber qué impacto tienen en el efectivo las decisiones relativas a los gastos, y tenerlo en cuenta.

* El *crédito al cliente*. ¿Das crédito a los clientes potenciales con demasiada facilidad? ¿O no das crédito cuando deberías darlo? Ambas decisiones afectan al flujo de efectivo y a las ventas de la empresa, razón por la cual el departamento de crédito siempre debe lograr un equilibrio cuidadoso.

Y podríamos seguir. Tal vez eres gerente de fábrica y estás recomendando siempre comprar más equipamiento, en previsión de que puedan entrar determinados pedidos. Tal vez estás en el departamento de informática y piensas que la empresa siempre debe tener los sistemas informáticos más recientes. Todas estas decisiones afectan al flujo de efectivo, y la alta dirección suele tenerlo muy claro. Si quieres efectuar una petición que sea atendida, debes familiarizarte con los números que examina la alta dirección.

En tercer lugar, suelen darse más responsabilidades a los encargados que entienden cómo funciona el flujo de caja que a los que tan solo se enfocan en el estado de resultados, por lo que tienden a ascender más rápido. Por ejemplo, en la siguiente parte aprenderás a calcular ratios como el *período medio de cobro* (PMC; DSO por sus siglas en inglés), que es un indicador clave de lo eficaz que es la empresa a la hora de percibir el dinero correspondiente a las cuentas por cobrar. Cuanto más rápido se cobran las cuentas pendientes, mejor es la posición de efectivo de la empresa. Podrías dirigirte a alguien del departamento de finanzas y decirle: «Por cierto, he visto que nuestro PMC ha ido en la mala dirección en los últimos meses; ¿cómo puedo ayudar a darle la vuelta a la situación?». Una alternativa a esto es que aprendas los preceptos de las empresas *lean*, que se enfocan (entre otras cosas) en mantener el inventario al mínimo. Un directivo que conduzca a su empresa a convertirse en *lean* hará que enormes cantidades de efectivo pasen a estar disponibles.

Pero lo principal que queremos poner de manifiesto es que el flujo de efectivo es un indicador clave de la salud financiera de las empresas, junto con la rentabilidad y el patrimonio neto. Es el último eslabón de la tríada, y necesitamos examinar estos tres parámetros para evaluar la salud financiera de una empresa dada. También es el último eslabón dentro del primer nivel de la inteligencia financiera. Ahora que ya conoces bien los tres estados financieros, es hora de que pasemos al siguiente nivel y veamos cómo utilizar esta información en la práctica.

Caja de herramientas

EL FLUJO DE CAJA LIBRE

Hace unos años, el indicador favorito de Wall Street era el EBITDA (en español, BAIIDA, beneficio antes de intereses, impuestos, depreciaciones y amortizaciones). A los bancos también les encantaba el EBITDA, porque creían que era un buen indicador del flujo de efectivo futuro. Pero luego vino un doble golpe. Durante el auge de las empresas puntocom de finales de la década de 1990, resultó que empresas como WorldCom habían manipulado sus libros, por lo que los números de su EBITDA no eran confiables. Cuando llegó la crisis financiera en 2008, los inversores y prestamistas se volvieron aún más cautelosos en relación con cualquier parámetro vinculado al estado de resultados. Se percataron de que las cuentas de resultados están llenas de estimaciones y supuestos, y de que el beneficio que se muestra en estos documentos no es necesariamente real.

En consecuencia, en la actualidad hay un nuevo parámetro de moda en Wall Street: el flujo de caja libre. Algunas empresas llevan años fijándose en el flujo de caja libre; Berkshire Hathaway, de Warren Buffett, es el ejemplo más conocido, aunque Buffett llama *ganancias del propietario* a este indicador.

El flujo de caja libre se puede calcular de dos maneras, pero la más habitual es una simple resta:

$$\text{flujo de caja libre} = \text{flujo de caja operativo}$$
$$\text{menos gastos de capital netos}$$

Las cifras correspondientes a estos conceptos se obtienen directamente del estado de flujo de efectivo. El flujo de caja operativo (puedes encontrarlo bajo la denominación *flujo de efectivo procedente de actividades de operación* o similares) es el total de la parte superior de este documento. Los gastos de capital netos corresponden a compras por el concepto de propiedades, planta y equipo, una partida que se encuentra en la parte dedicada a las actividades de inversión en el estado de flujo de efectivo. Hablamos de gastos de capital *netos* porque muchas empresas vuelven a sumar los ingresos por las ventas de bienes de capital (otra partida dentro de las actividades de inversión). Observa que el número correspondiente a los gastos de capital netos es casi siempre negativo. No dejes que esto te confunda; ignora el signo de menos. Limítate a restar el valor absoluto que consta en esta línea del flujo de caja operativo. Utilizando los estados financieros de muestra que incluimos como apéndice, por ejemplo, el flujo de caja libre de la empresa de muestra sería de cuatrocientos noventa y ocho dólares (el efectivo procedente de las operaciones) menos doscientos cinco dólares (la cantidad invertida en propiedades, planta y equipo), es decir, de doscientos noventa y tres millones de dólares.

Los inversores han pasado a fijarse en este parámetro porque el efectivo no está sujeto a estimaciones y supuestos. Los saldos de caja son fáciles de auditar. A menos que la empresa mienta (y este tipo de mentira saldría a la luz muy pronto, con toda probabilidad), tiene realmente el flujo de efectivo indicado en su estado. Además, siempre que los mercados de capitales están contenidos (como ha ocurrido a menudo desde 2008), las empresas más capaces de invertir en su crecimiento son las que pueden generar su propio efectivo.

Desde el punto de vista de la empresa, tener un flujo de caja libre saludable le ofrece una serie de posibilidades: puede expandir operaciones, efectuar adquisiciones, saldar deudas, recomprar sus acciones o pagar dividendos a los accionistas. Las empresas con un flujo de caja libre débil tienen que conseguir financiación externa si quieren hacer cualquiera de estas cosas. Y, por descontado, cuanto mayor es el flujo de caja libre de una empresa, con mejores ojos contempla la bolsa sus acciones.

INCLUSO LAS GRANDES CORPORACIONES PUEDEN QUEDARSE SIN EFECTIVO

En una ocasión estábamos hablando de la importancia del efectivo en el contexto de un módulo de finanzas que estábamos impartiendo a ejecutivos de una empresa incluida en la lista Fortune 100.* Una de las alumnas levantó la mano para contar una historia.

Según explicó, los hechos ocurrieron en el primer trimestre de 2009, época en que los mercados de capitales lo estaban pasando mal. Uno de sus clientes llamó. Ese cliente tenía una línea de crédito de cien millones de dólares con la división financiera de la compañía y quería retirar el monto total. Ella protestó, argumentando que el cliente parecía tener mucho efectivo en su balance general. Pero el cliente persistió.

Entonces, la ejecutiva se puso en contacto con el departamento de tesorería de su empresa y solicitó que los fondos se transfirieran a la cuenta de su cliente. Lo normal habría sido que esta solicitud se hubiese atendido dentro del funcionamiento rutinario de una empresa tan grande, pero esta vez en tesorería le dijeron que la corporación no tenía suficiente efectivo para realizar la transferencia. La ejecutiva se quedó de piedra. «¿Te he oído bien? —preguntó. Y continuó—: ¿Realmente quieres que le diga al cliente que nuestra corporación no dispone del efectivo para cubrir la línea de crédito que tiene contratada?». Finalmente, el representante de tesorería le dijo que se pusiera en contacto con el despacho del director ejecutivo para solicitar su

---

* N. del T.: Por lo tanto, esta empresa era una de las cien más grandes de Estados Unidos de capital abierto a cualquier inversor.

aprobación, y entonces él y sus colegas intentarían encontrar el efectivo (lo cual consiguieron).

¿Cómo puede una gran corporación estar cerca de quedarse sin efectivo? De hecho, el problema se encontraba entre bastidores. Durante una semana o dos a principios de 2009, la ventanilla de Wall Street en la que se atendían las solicitudes de papel comercial cerró debido a la gran incertidumbre que reinaba en los círculos financieros. El papel comercial consiste en pagarés o préstamos que se dan a corto plazo a corporaciones grandes y estables, los cuales suelen vencer a treinta, sesenta o noventa días. Muchas grandes corporaciones reinvierten miles de millones de dólares aportados por estos préstamos a bajo interés para atender sus necesidades financieras inmediatas. Esta empresa en particular estaba utilizando muchos miles de millones de dólares aportados por el papel comercial con este propósito. Cada semana vencían varios miles de millones de dólares de los pagarés, y la empresa los transfería a nuevos pagarés. Cuando el mercado se bloqueó, la corporación tenía un déficit de miles de millones de dólares y tuvo que luchar para encontrar una manera de cubrirlo.

Ratios: qué nos dicen los números

20

El poder de las ratios

L A CARA PUEDE SER O no el espejo del alma, pero está claro que las ratios son el espejo de los estados financieros de las empresas. Ofrecen una manera rápida de saber qué dicen estos.

Hay una historia clásica que lo ilustra muy bien. Corría el año 1997. Hacía poco que el célebre Albert J. Dunlap (*Al Motosierra*) había pasado a ser el director ejecutivo de Sunbeam, entonces un fabricante independiente de electrodomésticos. Cuando llegó a Sunbeam, Dunlap ya tenía una gran reputación en Wall Street y un *modus operandi* característico: llegaba a una empresa con problemas, despedía al equipo directivo, traía a su propia gente e inmediatamente comenzaba a recortar gastos cerrando o vendiendo fábricas y despidiendo a miles de empleados. La empresa en cuestión no tardaba en tener ganancias debido a todos estos recortes, aunque podía ser que no quedase bien posicionada de cara al futuro a largo plazo. A continuación, Dunlap disponía que la empresa se vendiera, generalmente con el precio de las acciones por encima de su valor nominal, lo que significaba que solía ser aclamado como un campeón del valor accionarial. Las acciones de Sunbeam subieron más del 50% con la noticia de que había sido contratado como director ejecutivo.

En Sunbeam, todo fue según el plan hasta que Dunlap comenzó a preparar la venta de la compañía. En ese momento había recortado la plantilla a la mitad (de doce mil trabajadores a seis mil) y los beneficios declarados eran muy buenos. Wall Street estaba muy impresionado por el hecho de que el precio de las acciones de Sunbeam estuviese por las nubes. Pero esto, como apuntábamos en otro capítulo, se convirtió en un gran problema. Cuando los banqueros de inversión se dispusieron a vender la empresa, el precio era tan alto que tuvieron problemas para identificar posibles compradores. La única esperanza de Dunlap era impulsar las ventas y las ganancias a un nivel que pudiera justificar el tipo de prima (sobreprecio) que un comprador tendría que ofrecer por las acciones de Sunbeam.

TRUCOS DE CONTABILIDAD

En la actualidad se sabe que Dunlap y su director financiero, Russ Kersh, utilizaron muchos trucos contables, en el cuarto trimestre, para hacer que Sunbeam pareciese una empresa mucho más sólida y rentable de como era en realidad. Uno de esos trucos fue la perversión de una técnica llamada *facturar y retener*.

Esencialmente, facturar y retener permite complacer a los minoristas que desean comprar grandes cantidades de productos para vender en el futuro, pero posponer el pago hasta que esos productos se hayan vendido. Pongamos por caso que tienes una cadena de tiendas de juguetes y quieres asegurarte de tener un suministro adecuado de muñecas Barbie para la temporada navideña. En algún momento de la primavera, podrías ir a Mattel y proponerle un trato por el cual comprarás una determinada cantidad de Barbies, las recibirás e incluso permitirás que Mattel te facture por ellas, pero no pagarás las muñecas hasta que llegue la temporada navideña y empieces a venderlas. Mientras tanto, las tendrás guardadas en un almacén. Es un buen trato para ti, ya que te aseguras de tener las Barbies para cuando las necesites, a la vez que puedes postergar el pago hasta tener un flujo de caja decente. También es un buen trato para Mattel, que puede realizar la venta y registrarla de inmediato, aunque tendrá que esperar unos meses para percibir el efectivo.

Dunlap pensó que una variación del facturar y retener era una de las respuestas a su problema. El cuarto trimestre no era un período especialmente bueno para Sunbeam, pues esta empresa fabricaba muchos productos orientados al verano (parrillas de gas, por ejemplo). Por lo tanto, Sunbeam acudió a grandes minoristas como Walmart y Kmart y se ofreció a garantizarles que tendrían todas las parrillas que quisieran para el verano siguiente, siempre que hicieran sus compras en pleno invierno. Se les facturaría de inmediato, pero no tendrían que pagar hasta la primavera, en el momento de poner los productos en las tiendas. A los minoristas les gustó la idea, si bien no tenían ningún lugar en el que guardar todo eso, ni querían asumir el coste de almacenar ese inventario durante el invierno. Sunbeam les dijo que no había problema, que se encargaría de eso por ellos. Arrendaría espacios cerca de las instalaciones de los minoristas y asumiría todos los costes del almacenamiento.

Supuestamente, los minoristas aceptaron esos términos, aunque una auditoría realizada después de que Dunlap fuera despedido no arrojó un rastro completo de ello en papel. En cualquier caso, Sunbeam salió adelante e informó de treinta y seis millones de dólares adicionales en las ventas correspondientes al cuarto trimestre sobre la base de los acuerdos de facturación y retención que había iniciado. El ardid funcionó lo suficientemente bien como para que no lo advirtieran la mayoría de los analistas, inversores e incluso la junta directiva de Sunbeam, que a principios de 1998 recompensó a Dunlap y a otros miembros del equipo ejecutivo con nuevos y lucrativos contratos de trabajo. Aunque llevaban menos de un año en la empresa, recibieron unos treinta y ocho millones de dólares en concesiones de acciones, sobre todo debido a la creencia errónea que albergaba la junta directiva de que el cuarto trimestre había sido estelar.

Pero Andrew Shore, un analista de productos de consumo de la empresa de inversión Paine Webber, había estado siguiendo a Sunbeam desde que llegó Dunlap, y examinó sus estados financieros. Advirtió algunas cosas raras, como ventas superiores a lo normal en el cuarto trimestre. Calculó una ratio llamada *período medio de cobro* (PMC) y vio que era enorme, muy superior a lo que cabría esperar. De hecho, esta ratio indicaba que las cuentas por cobrar de la empresa se habían disparado. Esa era una mala señal, por lo que llamó a un contable de Sunbeam para preguntarle qué estaba pasando. El contable le habló de la estrategia de facturar y retener. Shore se dio cuenta de que Sunbeam ya había registrado una gran parte de las ventas que normalmente aparecerían reflejadas en los trimestres primero y segundo. Tras descubrir esta jugada de facturar y retener y otras prácticas cuestionables, rebajó la calificación de las acciones de inmediato.

El resto, como suele decirse, es historia. Dunlap trató de aguantar, pero el precio de las acciones se desplomó y los inversores comenzaron a desconfiar de lo que les decían los estados financieros de Sunbeam. Finalmente, Dunlap fue despedido y Sunbeam quebró. Y todo comenzó porque Andrew Shore sabía lo suficiente como para cavar bajo la superficie y terminar averiguando qué estaba pasando realmente. Las ratios como el PMC fueron una herramienta útil para Shore, y también pueden serlo para ti.

SOBRE LAS RATIOS

Las ratios o razones indican la relación de un número con otro. Son muy utilizadas. En el caso de un jugador de béisbol, un promedio de bateo de 0,333 muestra la relación entre los *hits* y los turnos al bate oficiales: un *hit* por cada tres turnos al bate. Las probabilidades de ganar el primer premio en un sorteo, pongamos por caso que sean de uno entre seis millones, muestran la relación entre los boletos ganadores vendidos (uno) y el total de boletos vendidos (seis millones). Las ratios no requieren cálculos complejos. Para calcular una ratio, normalmente solo hay que dividir un número por otro y expresar el resultado como un decimal o un porcentaje.

Todo tipo de personas utilizan todo tipo de ratios financieras para evaluar empresas. Veamos algunos ejemplos:

- Los banqueros y otros prestamistas examinan ratios como la relación deuda-capital, la cual les da una idea acerca de si la empresa examinada será capaz de saldar un préstamo.
- Los altos directivos se fijan en ratios como el margen bruto, el cual los ayuda a detectar aumentos de costes o descuentos inapropiados.
- Los gerentes de crédito evalúan la salud financiera de los clientes potenciales examinando la ratio de liquidez inmediata, la cual constituye un indicador de la cantidad de efectivo de la que podría disponer el cliente inmediatamente en comparación con su pasivo actual.
- Los accionistas potenciales y actuales analizan ratios como la relación precio-beneficio, la cual los ayuda a decidir si una empresa cuenta con una valoración alta o baja al comparar sus acciones con las de otras empresas (y al comparar su propio valor con el que tenía en años anteriores).

En esta parte del libro te enseñaremos cómo calcular muchas de estas ratios. La habilidad de calcularlas (de leer entre las líneas de los estados financieros, por así decirlo) es un signo de inteligencia financiera que te permitirá hacer un montón de preguntas pertinentes a tu superior o al director financiero de tu empresa. Además, por supuesto, te mostraremos cómo utilizar las ratios para mejorar el rendimiento de tu empresa.

El poder de las ratios reside en el hecho de que los números que constan en los estados financieros no lo revelan todo por sí mismos. ¿Es un beneficio neto de diez millones de dólares un resultado final saludable para una empresa dada? Tal vez sí, tal vez no. Depende del tamaño de la empresa, de cuál fue el beneficio neto el año anterior, de cuál se esperaba que fuese el beneficio neto en el año actual y de muchas otras variables. Si nos preguntamos si un beneficio de diez millones es bueno o malo, la única respuesta posible es la que da una mujer en un viejo chiste. Le preguntan a la mujer cómo es su marido, y responde: «¿Comparado con qué?».

Las ratios ofrecen puntos de comparación y, por lo tanto, nos dicen más que los números a secas. El beneficio, por ejemplo, se puede comparar con las ventas, o con el activo total, o con la cantidad de capital que han invertido los accionistas en la empresa. Hay una ratio diferente para cada una de estas relaciones, y cada una nos proporciona una forma de evaluar si un beneficio de diez millones de dólares es una buena o una mala noticia. Como veremos, muchas de las partidas de los estados financieros están incorporadas en las ratios. Estas nos ayudan a saber si los números que estamos mirando son favorables o desfavorables.

Además, pueden compararse unas ratios con otras. Por ejemplo:

- *Una ratio dada puede compararse con esa misma ratio a lo largo del tiempo.* El beneficio en relación con las ventas ¿ha aumentado o se ha reducido en el año actual? Este grado de análisis puede revelar algunas tendencias muy claras (y si las ratios van en la mala dirección, esto es señal de peligro inminente).
- *Las ratios pueden compararse con lo que se proyectó.* Para ejemplificarlo con una sola de las ratios que examinaremos en esta parte, si la rotación de inventario es peor de lo esperado, debes averiguar por qué.
- *Las ratios se pueden comparar con las medias del sector.* Si ves que las ratios clave de tu empresa son peores que las de la competencia, tienes que saber cuál es el motivo. Sin duda, no todos los resultados de ratios que comentaremos son similares entre dos empresas dadas, ni siquiera aunque pertenezcan al mismo sector. En el caso de la mayoría de los resultados de ratios, existe un intervalo aceptable. Cuando las ratios se salen de este intervalo, como ocurrió con el PMC de Sunbeam, vale la pena prestarles atención.

Los directivos y otras partes interesadas suelen basarse en cuatro categorías de ratios para analizar el desempeño de la empresa: la rentabilidad, el apalancamiento, la liquidez y la eficiencia. Pondremos ejemplos de cada una de estas categorías. Ten en cuenta, sin embargo, que muchas de estas fórmulas pueden ser alteradas por los departamentos de finanzas para abordar enfoques o temas específicos. Observamos este fenómeno con frecuencia entre nuestros clientes. Por ejemplo, vimos que las fórmulas utilizadas por un cliente de Silicon Valley estaban muy adaptadas a su negocio, por lo que era difícil comparar los resultados de esa empresa con los de cualquier competidor; cada competidor, además, empleaba sus propias fórmulas. Este tipo de alteraciones no implican que se estén manipulando los libros con fines fraudulentos; ello solo es indicativo de que quienes llevan las finanzas utilizan sus conocimientos con el fin de obtener la información que les resulta más útil para abordar determinadas situaciones (sí, el arte de las finanzas se extiende también a las fórmulas). Lo que proporcionaremos aquí son las fórmulas básicas, las que debes aprender primero. Cada una de ellas ofrece una perspectiva diferente, como cuando miramos el interior de una casa a través de las ventanas que tiene en las cuatro fachadas.

UNA ADVERTENCIA

Queremos advertir de algo antes de entrar en materia. Nos hemos encontrado con que algunas empresas centran su atención en una o dos ratios mientras ignoran otras ratios clave y la situación general de la entidad. Por ejemplo, a todas las empresas que cotizan en bolsa les preocupa el beneficio por acción, que es una ratio en la que se fijan mucho los inversores. Y muchas observan el margen de beneficio neto a la vez que no prestan atención a otras ratios que podrían indicar un desempeño menos que óptimo en otras áreas.

Por ejemplo, cuando Joe trabajó en Ford a principios de la década de 1990, se le asignó la tarea de fijar el precio de una determinada categoría de piezas de repuesto. Ford deseaba un margen de beneficio predeterminado en toda la línea de repuestos y requería que los precios se fijaran conforme a ello. Resultó que la compañía tenía un almacén lleno de piezas viejas de Mustang que no se vendían. Como los precios de Ford eran altos, los posibles compradores podían obtener las piezas a un precio mucho más bajo en un depósito de chatarra o acudiendo a otros vendedores.

Joe se dio cuenta de que esas piezas le estaban costando espacio de almacenamiento a Ford y de que constaban como inventario en el balance general, el cual, como sabemos, inmoviliza el efectivo. Pero cuando sugirió hacer grandes descuentos en las piezas para liberar espacio y sacarlas del inventario, la respuesta de la dirección fue muy simple: no. Le dijeron que si hacían eso la línea de productos no alcanzaría su objetivo en cuanto al margen de beneficio. Por lo tanto, nunca se tomó en consideración rebajar el precio.

Según creemos, Ford estaba demasiado enfocada en una ratio en esos tiempos, el margen de beneficio, a la vez que ignoraba ratios que podrían haber indicado que era interesante vender esos componentes: si se hubiese rebajado el precio, el margen recibido habría estado por debajo del que se había determinado, pero el beneficio total habría aumentado, puesto que esas piezas no se estaban vendiendo en absoluto. Además, la empresa habría liberado espacio de almacenamiento y habría convertido parte de su inventario en efectivo. El retorno sobre activos, el flujo de caja libre y la rotación de activos, por nombrar solo algunas ratios, habrían aumentado.

Otra advertencia más: cuando observes las ratios, deberás tener en cuenta el valor general de los números. Si Walmart obtiene de forma constante un 3% de margen de beneficio sobre unas ventas anuales por valor de más de cuatrocientos mil millones de dólares, esto es mucho más dinero que un margen de beneficio del 30% que pueda tener una empresa cuyas ventas anuales sean por valor de cincuenta millones de dólares. Las ratios son piezas importantes del puzle financiero, pero siempre hay que contemplarlas a la luz del contexto general para ver el cuadro completo.

21

Ratios de rentabilidad

Cuanto más alto el número, mejor (la mayoría de las veces)

AS RATIOS DE RENTABILIDAD AYUDAN a evaluar lo potente que es la empresa a la hora de generar ganancias. Hay docenas de ratios de rentabilidad, lo cual contribuye a mantener ocupado al personal de los departamentos de finanzas. Aquí nos centraremos en las más importantes solamente, las únicas que la mayoría de los jefes deberían conocer y utilizar. Las ratios de rentabilidad son las más usadas; si te familiarizas con ellas, empezarás a contar con una buena base para analizar los estados financieros.

Antes que nada, recuerda que lo que vamos a examinar tiene su componente artístico incorporado. La rentabilidad es una medida que indica lo capaz que es una empresa de generar ventas y controlar sus gastos. Ninguno de estos números es totalmente objetivo. Las ventas están sujetas a reglas sobre el momento en que se pueden registrar los ingresos. Los gastos suelen estar sujetos a estimaciones, por no decir a conjeturas. Y ambos conjuntos de números contienen supuestos. Por lo tanto, el arte de las finanzas ha intervenido en la cifra correspondiente al beneficio que consta en los estados de resultados, y cualquier ratio basada en esta cifra reflejará todos estos supuestos y estimaciones. No por eso hay que subestimar las ratios, pues son muy útiles de todos modos; ahora bien, debemos tener muy presente que los supuestos y estimaciones siempre pueden cambiar.

Ahora sí, examinemos las ratios de rentabilidad, como te hemos prometido.

EL MARGEN DE BENEFICIO BRUTO

Como recordarás, el beneficio bruto son los ingresos menos el coste de los bienes vendidos. El margen de beneficio bruto, que suele denominarse *margen bruto*, es el beneficio bruto dividido por los ingresos, resultado que se expresa en forma de porcentaje. Echa un vistazo al estado de resultados de muestra que incluimos en el apéndice; partiremos de ese documento para calcular ejemplos de todas las ratios. En este caso, el cálculo es el siguiente:

$$\text{margen bruto} = \frac{\text{beneficio bruto}}{\text{ingresos}} = \frac{1.933\ \$}{8.689\ \$} = 22{,}2\%$$

El margen bruto muestra la rentabilidad básica del producto o servicio en sí, antes de tener en cuenta los gastos o los gastos generales. Suponiendo que la moneda que estemos utilizando sea el dólar estadounidense, esta ratio nos dice qué parte de cada dólar obtenido con las ventas podrá utilizar la empresa (22,2 centavos en este ejemplo) e (indirectamente) cuánto se debe pagar en costes directos (COGS o COS) solo para elaborar el producto o prestar el servicio. (El COGS o el COS es de 77,8 centavos por dólar obtenido con las ventas en este ejemplo). Por lo tanto, este es un indicador clave de la salud financiera de una empresa. Después de todo, si no se pueden entregar los productos o prestar servicios a un precio lo suficientemente superior al coste como para que se pueda mantener la empresa, no hay ninguna posibilidad de obtener una ganancia neta.

En el margen bruto, las tendencias son igualmente importantes, pues advierten de problemas potenciales. Pongamos por caso que una empresa anuncia unas cifras de ventas magníficas en un trimestre dado, mejores que las esperadas, y que a continuación sus acciones cotizan a un precio más bajo. ¿A qué podría deberse este descenso? Tal vez los analistas advirtieron que el margen bruto era progresivamente menor y supusieron que la empresa tuvo que hacer unos descuentos importantes para registrar esa cantidad de ventas. En general, una tendencia negativa en el margen bruto indica una de dos cosas (a veces las dos): o bien la empresa está recibiendo una presión importante en cuanto a los precios y sus vendedores han sido obligados a ofrecer descuentos, o bien el coste de los materiales y la mano de obra está aumentando y esto hace subir el COGS o el COS. Por lo tanto, el margen bruto puede ser una señal de advertencia temprana que indique tendencias favorables o desfavorables en el mercado.

EL MARGEN DE BENEFICIO OPERATIVO

El margen de beneficio operativo, o *margen operativo*, es un indicador más completo de la capacidad que tiene la empresa de generar ganancias. Recuerda que el beneficio operativo o BAII es el beneficio bruto menos los gastos operativos, por lo que es un indicador de lo bien o mal que está llevando su actividad la empresa en lo que a las operaciones se refiere. El margen operativo es el beneficio operativo dividido por los ingresos; una vez más, el resultado se expresa en forma de porcentaje:

$$\text{margen operativo} = \frac{\text{beneficio operativo}}{\text{ingresos}} = \frac{652\ \$}{8.689\ \$} = 7,5\%$$

El margen operativo puede ser un parámetro clave para los jefes, y no solo por el hecho de que muchas empresas vinculan el pago de bonificaciones a la consecución de unos objetivos en cuanto al margen operativo. La razón de ello es que los directores no financieros no controlan mucho los otros elementos (el interés y los impuestos) que se restan para obtener el margen de beneficio neto. Por lo tanto, el margen operativo es un buen indicador de lo bien o mal que están haciendo su trabajo los gerentes y los directivos en conjunto. Una tendencia descendente en el margen operativo debería considerarse una alerta amarilla. Muestra que los costes y los gastos están aumentando más rápido que las ventas, lo cual no suele ser buena señal. Como ocurre con el margen bruto, es más fácil ver qué tendencias muestran los resultados operativos cuando se examinan porcentajes que cuando se miran números. Un cambio de porcentaje no muestra solamente el sentido del cambio (ascendente o descendente), sino también su magnitud.

EL MARGEN DE BENEFICIO NETO

El margen de beneficio neto, o *margen neto*, le dice a una empresa qué parte de cada dólar (si esta es la moneda utilizada) obtenido con las ventas consigue conservar una vez que lo ha pagado *todo*: a las personas, a los proveedores, a los prestamistas, al gobierno, etc. También se conoce como *retorno sobre las ventas* (ROS, por sus siglas en inglés). En este caso se divide el beneficio neto por los ingresos, y el resultado, como siempre, se expresa en forma de porcentaje:

$$\text{margen neto} = \frac{\text{beneficio neto}}{\text{ingresos}} = \frac{248\ \$}{8.689\ \$} = 2{,}8\%$$

El beneficio neto es el famoso resultado final o resultado neto, por lo que el margen neto es una ratio que atañe al resultado final. Y es muy variable según el sector de actividad. Por ejemplo, en la mayoría de los sectores, las ventas al por menor están asociadas a un margen neto bajo. En algunos sectores centrados en la fabricación industrial, el margen neto puede ser relativamente elevado. Para efectuar comparaciones en cuanto al margen neto, lo mejor es ver cuál ha sido el desempeño de la empresa en períodos anteriores y cuál ha sido el desempeño de empresas similares pertenecientes al mismo sector.

Todas las ratios que hemos expuesto hasta el momento tienen como base cifras que aparecen en el estado de resultados (en ningún otro estado financiero). Ahora queremos presentar algunos otros parámetros relativos a la rentabilidad, cuya base son tanto cifras que se encuentran en el estado de resultados como cifras que se encuentran en el balance general.

EL RETORNO SOBRE ACTIVOS

El retorno sobre activos (ROA, por sus siglas en inglés) nos dice qué porcentaje de cada dólar (u otra moneda) *invertido* en la empresa regresó como beneficio. La forma de obtener este porcentaje no es tan intuitiva como las que hemos encontrado hasta ahora, pero la idea básica no es compleja. Toda empresa hace uso de su activo: el efectivo, las instalaciones, la maquinaria, el equipamiento, los vehículos, el inventario, etc. Una empresa manufacturera tal vez tenga mucho capital vinculado al concepto de planta y equipo. Una que ofrezca servicios tal vez tenga unos sistemas informáticos y de telecomunicaciones caros. Las empresas dedicadas a la venta al por menor necesitan tener mucho inventario. Todos estos activos aparecen reflejados en el balance general. La cifra que consta en la línea del «total activo» muestra cuántos dólares se están utilizando en la empresa, de diversas maneras, con el fin de generar ganancias. Pues bien, el ROA muestra el grado de efectividad de la empresa a la hora de utilizar el conjunto del activo con el fin de generar beneficios. Dentro de cualquier sector de actividad, se puede utilizar este parámetro para comparar el desempeño de empresas de distintos tamaños. La fórmula es la siguiente (los números están sacados de los estados financieros del apéndice):

$$\text{retorno sobre activos} = \frac{\text{beneficio neto}}{\text{total activo}} = \frac{248\ \$}{5.193\ \$} = 4{,}8\%$$

El ROA presenta otra diferencia respecto de las ratios basadas en el estado de resultados presentadas anteriormente. Es difícil que el margen bruto o el margen neto puedan ser excesivamente altos, porque por lo general queremos que sean lo más elevados posible. Pero el ROA sí puede ser demasiado alto. Un ROA que esté considerablemente por encima de lo que es normal en las empresas del sector puede indicar que la empresa que estamos analizando no está renovando su base de activos pensando en el futuro; más concretamente, no está invirtiendo en máquinas y equipos nuevos. Si este es el caso, sus perspectivas a largo plazo podrían no materializarse, por más aceptable que sea su ROA por el momento. (De todos modos, al evaluar el ROA recuerda que lo que se debe considerar normal varía mucho según el sector de actividad. Las empresas dedicadas a los servicios y a la venta al por menor requieren menos activos que las empresas manufactureras, y recordemos que los márgenes que obtienen suelen ser menores).

Otra posibilidad si el ROA es muy alto es que los ejecutivos estén jugando a la ligera con el balance general, utilizando varios trucos contables para reducir la base de activos y haciendo, por tanto, que el ROA presente un mejor aspecto. ¿Recuerdas a Enron, la empresa comercializadora de energía que se hundió en 2001? Enron había establecido una serie de sociedades cuyos propietarios eran, en parte, el

Retorno de la inversión

¿Por qué no incluimos el ROI en la lista de ratios de rentabilidad? La razón es que este término tiene varios significados diferentes. Tradicionalmente, el ROI era lo mismo que el ROA: retorno sobre activos. Pero actualmente también puede significar el retorno de una inversión en particular: «¿cuál es el ROI de esta máquina?», «¿cuál es el ROI de nuestro programa de formación?», «¿cuál es el ROI de nuestra nueva adquisición?». Estos cálculos serán diferentes según cómo se calculen los costos y los rendimientos. Volveremos a este tipo de cálculos del ROI en la sexta parte.

director financiero Andrew Fastow y otros ejecutivos, a las que «vendía» activos. La participación de la empresa en las ganancias de estas sociedades aparecía en su estado de resultados, pero los activos no se encontraban en ninguna parte del balance general. El ROA de Enron era excelente, pero la empresa no gozaba de buena salud.

LA RENTABILIDAD SOBRE RECURSOS PROPIOS

La rentabilidad sobre recursos propios (ROE, por sus siglas en inglés) es un parámetro un poco diferente: nos dice qué porcentaje de beneficio se obtiene por cada dólar (u otra moneda) de patrimonio neto invertido en la empresa. Recuerda la diferencia entre *activo* y *patrimonio neto* (o *capital contable*): el activo hace referencia a lo que posee la empresa, mientras que el patrimonio neto hace referencia a su valor neto, determinado por las reglas de la contabilidad.

Como ocurre con otras ratios de rentabilidad, la ROE se puede utilizar para comparar una empresa con sus competidores (y con empresas de otros sectores). De todos modos, no siempre es fácil efectuar estas comparaciones. Por ejemplo, la empresa A podría tener una ROE más alta que la empresa B de resultas de haber pedido más dinero prestado; es decir, tiene más pasivo y, proporcionalmente, menos capital propio invertido en la empresa. ¿Es positivo o negativo este hecho? La respuesta depende de si la empresa A está corriendo demasiados riesgos o si, en cambio, está utilizando el dinero prestado con sentido común para incrementar la rentabilidad. Esto nos lleva a tomar en consideración ratios como la relación deuda-capital, de la que nos ocuparemos en el capítulo veintidós.

Esta es la fórmula de la ROE, usando los números de los estados financieros de muestra:

$$\text{rentabilidad sobre recursos propios} = \frac{\text{beneficio neto}}{\text{patrimonio neto}} = \frac{248\ \$}{2.457\ \$} = 10,1\%$$

La ROE es una ratio clave para los inversores. En función de las tasas de interés, es probable que un inversor pueda ganar un 2, un 3 o un 4% con un bono del tesoro; estos porcentajes son muy similares a los que se pueden obtener con las inversiones carentes de riesgo. Por lo tanto, si alguien se plantea meter dinero en una empresa, querrá una rentabilidad sustancialmente más elevada por su aportación. La ROE no especifica cuánto dinero obtendrá el inversor, pues esto dependerá de las decisiones de la empresa en cuanto al pago de dividendos y del grado en que suba el precio de las acciones hasta el momento en que el inversor decida vender las suyas; pero la ROE sí es un buen indicador de si la empresa es capaz de generar un retorno que justifique el riesgo de invertir en ella.

VARIACIONES SOBRE UN MISMO TEMA: EL RONA, EL ROTC, EL ROIC Y EL ROCE

Muchas empresas se sirven de ratios de rentabilidad algo más complejas para evaluar su desempeño. Son el retorno sobre los activos netos (RONA, por sus siglas en inglés), el retorno sobre el capital total (ROTC), el retorno sobre el capital invertido (ROIC) y el retorno sobre el capital empleado (ROCE). Cada empresa utiliza sus fórmulas para calcular estas ratios, pero todas ellas evalúan lo mismo en esencia: qué rentabilidad obtuvo la empresa en relación con las inversiones y la financiación externas. O, lo que es lo mismo, estas ratios responden esta pregunta: ¿obtuvo suficientes ganancias la empresa como para que ello justifique la cantidad de dinero «externo» que está utilizando?

Esta sería una versión genérica de la fórmula empleada en el cálculo de estas ratios:

$$\frac{\text{beneficio neto antes de intereses sobre la deuda y después de impuestos}}{\text{capital total} + \text{deuda que devenga intereses total}}$$

El numerador se suele denominar NOPAT, siglas en inglés de *beneficio operativo neto después de impuestos*. Muestra cuánto dinero más habría ganado la empresa si (a) no tuviese deuda y por lo tanto (b) no tuviese que pagar intereses a causa de la deuda, pero tomando en consideración (c) los impuestos que debe pagar sobre la totalidad del beneficio operativo. (Los intereses de la deuda se pueden deducir de los impuestos).

En el RONA, el denominador es el activo total menos todos los activos financiados por todos los pasivos que no conlleven el pago de intereses, como las cuentas por pagar y los gastos devengados. En las ratios ROCE, ROIC y ROTC, representadas por la ecuación que acabamos de exponer, el denominador está compuesto por el patrimonio neto total más toda la deuda por la que se pagan intereses. Fundamentalmente, el concepto es siempre el mismo: se separa el pasivo por el que hay que pagar intereses del pasivo que no está sujeto a intereses. Esta separación es un reflejo del hecho de que parte de la financiación necesaria para que una empresa siga adelante proviene de elementos como el pasivo devengado, las cuentas por pagar y los impuestos diferidos. Todo esto acabará como cargos en el estado de resultados, pero aquellos a quienes se debe el dinero no esperan obtener ganancias.

Basándonos en el estado de resultados y el balance general incluidos en el apéndice, podemos calcular estas ratios tal como se muestra a continuación. Hemos prescindido de los ceros en aras de la simplicidad:

1. Calcula los ingresos de la empresa antes de impuestos. Este resultado se obtiene de restar los gastos por intereses del beneficio operativo (EBIT o BAII): 652 $ - 191 $ = 461 $.
2. Determina la tasa impositiva de la empresa. Consta un cargo de 213 $ en concepto de impuestos en el estado de resultados, y 213 $/461 $ = 46 %. Esta tasa es un poco más elevada que en el caso de la mayor parte de las empresas de Estados Unidos, que suelen pagar entre el 30 y el 40 %.

3. Determina la obligación tributaria sobre el beneficio operativo de la empresa: 652 $ x 46 % = 301 $. El NOPAT o beneficio operativo neto después de impuestos es de 652 $ - 301 $ = 351 $. *Este es el numerador de todas las ratios.*

4. Calcula el denominador. En primer lugar, suma toda la deuda por la que se paga intereses que consta en el balance general. En este caso, esta categoría incluye la línea de crédito de 100 $, la porción actual de deuda a largo plazo de 52 $ y la deuda a largo plazo de 1.037 $. El total son 1.189 $. El resto del pasivo que consta en el balance general no está sujeto al pago de intereses, aunque en el mundo real convendría que examinases bien este pasivo para asegurarte de ello. Normalmente, no hay más pasivo vinculado al pago de interés.

5. Ahora, suma esta cifra a la correspondiente al patrimonio neto total: 1.189 $ + 2.457 $ = 3.646 $. Este resultado corresponde a todo el capital que los externos han proporcionado más lo que la empresa ha retenido de las ganancias. Es el denominador de la ratio.

6. Finalmente, calcula el RONA, ROTC, ROIC o ROCE de esta empresa:

$$\frac{351\$}{3.646\$} = 9,6\%$$

¿Qué significa todo esto? Que por cada dólar invertido en esta empresa, el rendimiento en el último año fue del 9,6 %. Si la ratio es más alta de lo esperado, las partes interesadas que tienen dinero invertido en la empresa están felices. Si es más baja, es posible que prefieran invertir en otra parte. Estos índices son esenciales para saber cuál es el rendimiento del capital total de la empresa.

Debemos hacer una observación en cuanto a todas estas ratios: te habrás dado cuenta de que comparan una cifra relativa al beneficio perteneciente al estado de resultados con una cifra relativa al capital perteneciente al balance general. Esto da lugar a un problema potencial: el NOPAT representa el dinero ganado en el transcurso de todo un año, pero el denominador (el capital total) hace referencia a un solo punto en el tiempo: el final del año. Muchos financieros prefieren sacar una media de varios balances generales a lo largo del año para obtener una cifra «promedio» del capital total en lugar de utilizar solamente los números del final del año. (En la caja de herramientas correspondiente a esta parte podrás leer más sobre este tema).

Tanto si calculas ratios de rentabilidad simples como si calculas ratios más complejas, recuerda esto: el numerador es algún tipo de beneficio, el cual es siempre una estimación. Los denominadores también están basados en supuestos y estimaciones. Las ratios son útiles, sobre todo cuando se les hace un seguimiento a lo largo del tiempo; pero no debemos engañarnos y pensar que no se ven afectadas por los «esfuerzos artísticos».

22

Ratios de apalancamiento

El acto de equilibrar

L AS RATIOS DE APALANCAMIENTO NOS permiten ver de qué manera utiliza la deuda una empresa y en qué grado lo hace. La palabra *deuda* tiene bastante carga para muchas personas: las lleva a pensar en tarjetas de crédito, el pago de intereses y empresas comprometidas con el banco. Pero piensa en lo que es ser propietario de una vivienda: cuando una familia suscribe una hipoteca que puede pagar, la deuda le permite vivir en una casa que sería incapaz de poseer de otro modo. Además, el propietario se puede desgravar el interés asociado a la deuda de su renta imponible, y esto hace que aún le resulte más barato poseer esa casa. Con las empresas ocurre algo similar: la deuda les permite crecer más allá de lo que podrían hacerlo con el capital invertido solamente y obtener unas ganancias que incrementen su base de capital. Las empresas también se pueden desgravar los intereses asociados a la deuda de su renta imponible.

Los analistas financieros denominan *apalancamiento* a la deuda. Este término implica que una empresa puede servirse de una cantidad de capital modesta para obtener una cantidad mayor de activos a través de la deuda para seguir adelante, de la misma manera que una persona que utilice una palanca podrá levantar más peso del que podría desplazar si no contase con este instrumento.

Existen dos tipos de apalancamiento, el *apalancamiento operativo* y el *apalancamiento financiero*. Están relacionados, pero hacen referencia a dos cosas diferentes. El apalancamiento operativo es la relación que hay entre los costes fijos y los variables; incrementarlo significa aumentar los costes fijos con el objetivo de reducir los costes variables. Una empresa dedicada a la venta al por menor que pase a disponer de un almacén mayor y más eficiente y una empresa manufacturera que haga construir una fábrica mayor y más productiva estarán incrementando sus costes fijos, pero con la esperanza de reducir sus costes variables, al ser el nuevo conjunto de activos más eficiente que el viejo. Estos son ejemplos de apalancamiento operativo. Por otra parte, el apalancamiento financiero hace referencia a la medida en que la base de activos de la empresa es financiada por la deuda.

Ambos tipos de apalancamiento posibilitan que las empresas ganen más dinero, pero también implican un riesgo mayor. Las empresas del sector aeronáutico, por ejemplo, presentan un apalancamiento operativo elevado a causa de la gran cantidad de aviones que poseen y un apalancamiento financiero también elevado, ya que la mayoría de los aviones se financian por medio de la deuda. La combinación de ambos factores da lugar a un riesgo enorme, porque si los ingresos caen por algún motivo, las empresas no podrán reducir fácilmente esos costes fijos. Eso es más o menos lo que sucedió después del 11 de septiembre de 2001: las aerolíneas se vieron obligadas a dejar de operar durante un par de semanas y el sector perdió miles de millones de dólares en ese breve período.

Aquí vamos a enfocarnos en el apalancamiento financiero solamente y examinaremos un par de ratios: la relación deuda-capital y la cobertura de intereses.

LA RELACIÓN DEUDA-CAPITAL

La relación deuda-capital es una ratio simple y directa: nos dice cuánta deuda tiene la empresa por cada dólar de patrimonio neto. Esta es la fórmula, sobre la base del balance general de muestra del apéndice:

$$\text{relación deuda-capital} = \frac{\text{total pasivo}}{\text{patrimonio neto}} = \frac{2.736\ \$}{2.457\ \$} = 1,11$$

Como habrás observado, esta ratio no se expresa como porcentaje; esto es lo más habitual.

¿Qué resultado es una buena señal y cuál es una mala señal? Como ocurre con la mayoría de las ratios, depende del sector de actividad y el tipo de empresa. Muchísimas empresas tienen una relación deuda-capital considerablemente superior a uno, lo cual quiere decir que la deuda que tienen es superior a su patrimonio neto. Como los intereses asociados a la deuda se pueden desgravar de la renta imponible, muchas empresas utilizan la deuda como medio de financiación, entre otros. De hecho, las empresas con una relación deuda-capital particularmente baja pueden ser objeto de la denominada *compra apalancada*, que consiste en que la dirección u otros inversores utilizan la deuda para comprar las acciones de la empresa.

A los banqueros les encanta la relación deuda-capital; se sirven de ella para decidir si van a conceder o no un préstamo a una empresa dada. Saben por experiencia cuál es una relación deuda-capital razonable para una empresa de un determinado tamaño perteneciente a un determinado sector (además, por supuesto, examinan la rentabilidad, el flujo de caja y otros parámetros). Para un gerente, conocer la relación deuda-capital de su empresa y compararla con la de los competidores puede permitirle prever cómo reaccionaría la alta dirección ante una propuesta que implicase contraer más deuda. Si esta ratio es elevada, puede ser que la alta dirección esté muy poco dispuesta a incrementar el efectivo a través de un nuevo préstamo; entonces, un movimiento expansivo podría hacer necesaria una mayor inversión de capital.

LA COBERTURA DE INTERÉS

Esta es otra ratio que les encanta a los banqueros. Mide lo «expuesta» que está la empresa a los intereses (es decir, cuánto tiene que pagar cada año en intereses) en relación con lo que está ganando. Esta es la fórmula, que incluye el ejemplo de cálculo:

$$\text{cobertura de intereses} = \frac{\text{beneficio operativo}}{\text{pago de intereses anuales}} = \frac{652\ \$}{191\ \$} = 3,41$$

En otras palabras: esta ratio muestra lo fácil o difícil que le resultará a la empresa pagar los intereses. Una ratio que se acerque demasiado a uno constituirá una mala señal, porque estará indicando que la mayor parte del beneficio de la empresa tiene que ir destinada a pagar los intereses. En cambio, una ratio elevada suele ser indicativa de que la empresa puede permitirse contraer más deuda o, al menos, de que puede efectuar los pagos.

¿Qué ocurre cuando cualquiera de estas dos ratios llega demasiado lejos en la mala dirección (es decir, cuando la relación deuda-capital es demasiado alta o la cobertura de intereses es demasiado baja)? Nos gusta pensar que la respuesta de la alta dirección consistirá en procurar saldar deudas, para que ambas ratios vuelvan a situarse dentro de un intervalo razonable. Pero es habitual que los artistas de las finanzas tengan otras ideas. Por ejemplo, existe una invención maravillosa llamada *arrendamiento operativo*, que se utiliza mucho en el sector aeronáutico y otros. En lugar de comprar equipos como pueden ser aviones directamente, la empresa los alquila a un inversor. Los pagos del arrendamiento cuentan como gastos en el estado de resultados, pero no hay ningún activo ni deuda relacionados con ese activo en los libros de la empresa. Algunas empresas en las que el apalancamiento es excesivo están dispuestas a pagar de más para arrendar equipos con el único fin de mantener estas dos ratios dentro del rango que agrada a los banqueros e inversores. Si quieres hacerte una buena idea del grado de endeudamiento de tu empresa, calcula estas dos ratios, sí, y además pregúntale a alguien del departamento de finanzas si la empresa también utiliza algún instrumento similar a la deuda, como el arrendamiento operativo.

23

Ratios de liquidez

¿Podemos pagar las facturas?

L AS RATIOS DE LIQUIDEZ NOS hablan de la capacidad que tiene la empresa de cumplir con todas sus obligaciones financieras, que no solo consisten en ir pagando las deudas sino también en pagar las nóminas, los impuestos, a los proveedores, etc. Estas ratios son especialmente importantes para las empresas pequeñas (que son las que están en mayor peligro de quedarse sin efectivo), pero también son importantes para cualquier empresa grande que tenga problemas financieros. No es nuestra intención cebarnos en las aerolíneas, pero constituyen un buen ejemplo, pues algunas de las más grandes han quebrado en los últimos años. No cabe duda de que los inversores profesionales y los tenedores de bonos han estado observando cuidadosamente las ratios de liquidez de las empresas de este sector desde entonces.

De nuevo, vamos a limitarnos a dos de las ratios más utilizadas.

RATIO DE LIQUIDEZ GENERAL

La ratio de liquidez general mide el activo circulante (o corriente) de la empresa contra su pasivo circulante (o corriente). Recuerda que en los capítulos dedicados al balance general (tercera parte) veíamos que, en contabilidad, *circulante* o *corriente* suele significar un período inferior a un año. Por lo tanto, el activo circulante o corriente es el que se puede convertir en efectivo en menos de un año; normalmente, la cifra incluye las cuentas por cobrar y el inventario, así como el efectivo. Y el pasivo circulante o corriente es el que se tiene que saldar en menos de un año; en su mayor parte, son cuentas por pagar y préstamos a corto plazo.

Esta es la fórmula, que incluye el ejemplo de cálculo, correspondiente a la ratio de liquidez general:

$$\text{liquidez general} = \frac{\text{activo circulante}}{\text{pasivo circulante}} = \frac{2.750\ \$}{1.174\ \$} = 2,34$$

Esta es otra ratio que puede estar demasiado alta o demasiado baja. En la mayoría de los sectores, una ratio de liquidez general es demasiado baja cuando se acerca a uno. Llegados a este punto, apenas es posible cubrir los pasivos próximos a vencer con el efectivo que entra. La mayoría de los banqueros no prestarán dinero a una empresa cuya ratio de liquidez general se aproxime al uno. Por supuesto, si esta ratio se sitúa por debajo del uno es demasiado baja, independientemente de la cantidad de efectivo que tenga la empresa en el banco. Si la ratio de liquidez general es inferior a uno, la empresa se quedará corta de efectivo en algún momento durante el año siguiente a menos que pueda encontrar una manera de generar más efectivo o de recibir más aportaciones dinerarias por parte de inversores.

La ratio de liquidez general es demasiado alta cuando da a entender que la empresa está guardando su efectivo en lugar de invertirlo o devolverlo a los accionistas. A principios de 2012, por ejemplo, Apple había acumulado una reserva de efectivo de casi cien mil *millones* de dólares. Para deleite de la mayoría de los inversores, la compañía anunció en marzo de ese año que comenzaría a pagar dividendos a los accionistas por primera vez en muchos años. Google, en el momento de escribir estas líneas, también tiene una enorme cantidad de efectivo en el banco. En ambas empresas, la ratio de liquidez general se ha disparado hasta las nubes.

RATIO DE LIQUIDEZ INMEDIATA

La ratio de liquidez inmediata también se conoce como *prueba ácida*, con lo cual puedes hacerte una idea de lo importante que es. Esta es la fórmula y el ejemplo de cálculo:

$$\text{liquidez inmediata} = \frac{\text{activo circulante - inventario}}{\text{pasivo circulante}} = \frac{2.750\,\$ - 1.270\,\$}{1.174\,\$} = 1{,}26$$

Date cuenta de que la ratio de liquidez inmediata es la ratio de liquidez general excluyendo el inventario del cálculo. ¿Por qué es significativo no incluir el inventario? Casi todos los demás elementos que componen el activo son efectivo o se pueden convertir fácilmente en efectivo. Por ejemplo, el importe correspondiente a la mayor parte de las cuentas por cobrar será percibido en uno o dos meses, por lo que estas son casi tan buenas como el efectivo. La ratio de liquidez inmediata muestra el grado en que le resultaría fácil a la empresa saldar su deuda a corto plazo sin esperar a vender parte del inventario o a convertir el inventario en productos. Toda empresa que tenga una gran cantidad de efectivo inmovilizado como inventario debe saber que los prestamistas y los proveedores observarán su ratio de liquidez inmediata y esperarán que (en la mayoría de los casos) sea significativamente superior a uno.

24

Ratios de eficiencia

Sacar el máximo partido del activo

LAS RATIOS DE EFICIENCIA AYUDAN a evaluar con qué eficiencia se gestionan ciertos componentes clave del activo y del pasivo presentes en el balance general. Esta gestión influye en el balance general mismo.

Esto de *influir en el balance general* tal vez te suene un poco raro, sobre todo porque la mayoría de los gerentes están acostumbrados a enfocarse en el estado de resultados solamente. Pero piensa en ello: el balance general incluye los activos y pasivos, y estos están cambiando constantemente. Si puedes reducir el inventario o acelerar el cobro de las cuentas pendientes, ello tendrá un impacto directo e inmediato en la posición de efectivo de tu empresa. Las ratios de eficiencia te permiten saber cómo le está yendo a la empresa en cuanto a estos indicadores del rendimiento. (Diremos más sobre las maneras de influir en el balance general en la séptima parte).

DÍAS EN INVENTARIO Y ROTACIÓN DE INVENTARIO

Estas ratios pueden inducir cierta confusión. Se basan en el hecho de que el inventario *fluye* a través de la empresa a una velocidad que puede ser mayor o menor. Y esta velocidad es muy relevante. Si vemos el inventario como dinero inmovilizado, cuanto antes salga de la

Inteligencia financiera

empresa y regrese en forma de dinero, en mejor situación se encontrará la organización.

Comencemos con una ratio que tiene un nombre fácil, *días en inventario* (DII, por sus siglas en inglés), también llamada *días de inventario*. Esencialmente, nos dice qué cantidad de días permanece dentro del sistema el inventario. En el numerador consta el *inventario promedio*, que resulta de sumar el inventario que hay al principio y el inventario que hay al final (el que consta en el balance general para cada una de estas fechas) y dividir el resultado por dos. El denominador es el coste de los bienes vendidos (COGS) por día, cifra que nos indica cuánto inventario se utiliza a diario. Esta es la fórmula y el ejemplo de cálculo:

$$DII = \frac{\text{inventario promedio}}{\text{COGS/día}} = \frac{(1.270 \, \$ + 1.514 \, \$)/2}{6.756 \, \$ / 360} = 74,2$$

(Los financieros tienden a efectuar el cálculo teniendo en cuenta que el año tiene trescientos sesenta días, solo porque es un número redondo). En este ejemplo, el inventario permaneció 74,2 días en el sistema. Si este es un número bueno o malo depende, por supuesto, de los productos, el sector de actividad, la competencia, etc.

La *rotación de inventario*, la otra ratio relativa al inventario, indica cuántas veces se repone el inventario en un año. Si cada artículo del inventario se procesara exactamente a la misma velocidad, la rotación del inventario sería la cantidad de veces al año que se vendió el *stock* y hubo que reabastecerlo. La fórmula y el cálculo de muestra son simples:

$$\text{rotación de inventario} = \frac{360}{DII} = \frac{360}{74,2} = 4,85$$

En este ejemplo, el inventario se repone 4,85 veces al año.

248

Pero ¿qué estamos midiendo en realidad? Ambas ratios miden el grado de eficiencia con que la empresa utiliza su inventario. Cuanto más alto es el número de la rotación de inventario (o más bajo el de los días en inventario), más estricta es la gestión del inventario y mejor es la posición de efectivo. Cuanto más eficiente se pueda ser, mejor (siempre que se tenga el suficiente inventario a disposición para satisfacer los pedidos de los clientes). En los cuatro trimestres que se extendieron entre octubre de 2010 y septiembre de 2011, la rotación de inventario de Target Stores fue de 4,9, un buen número para un gran minorista. Pero la rotación de inventario de Walmart fue mucho mejor, de 7,6. En las empresas dedicadas a la venta al por menor, una diferencia en la ratio de rotación de inventario puede significar la diferencia entre el éxito y el fracaso; tanto Target como Walmart tienen éxito, aunque Walmart ciertamente va a la cabeza.

Si tus responsabilidades tienen que ver con la gestión del inventario de alguna manera, debes estar muy atento a la evolución de esta ratio. (Incluso si tus responsabilidades no tienen que ver con este ámbito, no hay nada que te impida plantear el tema: «Oye, Sally, ¿cómo es que se ha producido un aumento en los días en inventario recientemente?»). Estas dos ratios son palancas clave que los jefes financieramente inteligentes pueden usar para fomentar la eficiencia de la organización.

PERÍODO MEDIO DE COBRO

El período medio de cobro (PMC) (DSO por sus siglas en inglés) también se conoce como *días de ventas pendientes*. Esta ratio refleja cuál es el tiempo medio que se tarda en percibir el efectivo procedente de las ventas, es decir, lo que tardan en pagar sus facturas los clientes.

El numerador de esta ratio suele corresponder a las cuentas finales por cobrar, cantidad que se toma del balance general al final del período que se está examinando. (¿Por qué decimos que *«suele corresponder»*? Porque bajo determinadas circunstancias la cantidad correspondiente a las cuentas por cobrar puede tener un gran

249

incremento al final del período, y entonces los contables tal vez utilicen la cifra correspondiente al promedio de las cuentas por cobrar como numerador). El denominador son los ingresos por día (la cifra de los ingresos correspondientes a las ventas de todo el año dividida por 360). Aquí tienes la fórmula y el ejemplo de cálculo:

$$\text{período medio de cobro} = \frac{\text{cuentas finales por cobrar}}{\text{ingresos/día}} = \frac{1.312\ \$}{8.689\ \$/360} = 54,4$$

Es decir, los clientes de esta empresa tardan unos cincuenta y cuatro días, en promedio, en pagar sus facturas.

Por supuesto, ahí encontramos una vía para conseguir una rápida mejora en la posición de efectivo de la empresa. ¿Por qué tarda tanto en cobrar? ¿Están descontentos los clientes debido a defectos en los productos o a un mal servicio? ¿Son demasiado laxos los vendedores a la hora de negociar los términos? ¿Están desmoralizados o son ineficientes los empleados que se ocupan de los cobros? ¿Está todo el mundo trabajando con un *software* de gestión financiera obsoleto? El PMC tiende a presentar grandes variaciones según el sector de actividad, la región, la economía y la época del año; con todo, si esta empresa ficticia pudiera reducir su ratio a cuarenta y cinco o incluso cuarenta días, su posición de efectivo mejoraría en un grado considerable. Este es un excelente ejemplo de un fenómeno significativo, y es que una gestión cuidadosa puede mejorar el panorama financiero de una empresa incluso si no hay cambios en sus ingresos ni en sus costes.

El PMC también es una ratio clave para las personas que están realizando las diligencias oportunas con vistas a una posible adquisición. Un PMC alto puede ser una señal de alerta, ya que parece indicar que los clientes no están pagando sus facturas a tiempo. Tal vez los propios clientes tengan problemas financieros. Tal vez la gestión de las operaciones y la gestión financiera de la empresa objetivo sean deficientes. Quizá dicha empresa esté aplicando el arte de las finanzas a la ligera... Regresaremos al PMC en la séptima parte, cuando hablemos de la gestión del capital circulante; por el momento, basta con que tengas en cuenta que es, por definición, un promedio ponderado. Por lo tanto, es importante que las personas mencionadas que están realizando las diligencias oportunas observen la antigüedad de las cuentas por cobrar, es decir, de cuánto datan las facturas pendientes de cobro y cuántas hay. Podría ser que un par de facturas por cuantías inusualmente elevadas que están pendientes de cobro desde demasiado tiempo atrás estén imponiendo un sesgo en el número de la ratio PMC.

PERÍODO MEDIO DE PAGO

La ratio *período medio de pago* (PMP) muestra la cantidad de días promedio que tarda una empresa en pagar sus facturas pendientes. De algún modo, es la otra cara del PMC. La fórmula es similar: hay que tomar la cantidad correspondiente a las cuentas finales por pagar y dividirla por el COGS diario.

$$\text{período medio de pago} = \frac{\text{cuentas finales por pagar}}{\text{COGS/día}} = \frac{1.022\ \$}{6.756\ \$/\ 360} = 54,5$$

Como se puede ver, los proveedores de esta empresa tardan *mucho* tiempo en cobrar; más o menos el mismo que tarda la empresa en cobrar sus facturas emitidas.

«¿Y qué? —podrías preguntarte—. ¿No es este un problema por el que deben preocuparse los proveedores, más que los directivos de esta empresa?». Bueno, sí y no. Cuanto más alto es el PMP, mejor es la posición de efectivo de la empresa, pero menos contentos estarán los proveedores, probablemente. Una empresa que tenga la reputación de que tarda en pagar puede encontrarse con que los principales proveedores no compitan tan agresivamente por abastecerla como harían en caso contrario. Los precios pueden ser un poco más altos y los términos un poco más rígidos. En cambio, una empresa que tenga la reputación de efectuar puntualmente sus pagos a treinta días se encontrará con lo contrario. Observar el PMP es una forma de asegurarse de que la empresa se esté sujetando al equilibrio que quiera mantener entre preservar su efectivo y tener contentos a los proveedores.

ROTACIÓN DE ACTIVOS FIJOS

Esta ratio, conocida también como *rotación de PPE*, nos dice cuántos dólares (u otra moneda) se obtienen en concepto de ventas por cada dólar invertido en la categoría propiedades, planta y equipo (PPE). Nos indica lo eficiente que es la empresa a la hora de generar ingresos a partir de activos fijos como son edificios, vehículos y maquinaria. Para realizar el cálculo hay que tomar los ingresos totales (del estado de resultados) y dividirlos por el PPE final (que se encuentra en el balance general):

$$\text{rotación de activos fijos} = \frac{\text{ingresos}}{\text{PPE}} = \frac{8.689 \ \$}{2.230 \ \$} = 3,90$$

En sí misma, la cantidad resultante (3,90 dólares derivados de las ventas por cada dólar invertido en PPE, en este caso) no dice mucho. Pero la cosa cambia si se compara con el rendimiento pasado y el de los competidores. Siendo todo lo demás igual, una empresa que tenga un número menor que otra en esta ratio no está usando sus activos de una forma tan eficiente. Por lo tanto, examina las tendencias y los promedios de tu sector para ver cómo lo está haciendo tu empresa.

Ahora bien, conviene que no pases por alto que acabamos de decir «siendo todo lo demás igual». La realidad es que el arte de las finanzas puede afectar mucho a las cantidades que intervienen en la ecuación. Por ejemplo, si una empresa alquila gran parte de su equipo en lugar de poseerlo, es posible que los activos arrendados no aparezcan en el balance general. Su base de activos aparente será mucho más baja y la rotación de activos fijos mucho más alta. Algunas empresas pagan bonificaciones vinculadas a esta ratio, lo que incentiva a los gerentes a arrendar equipos en lugar de comprarlos. El arrendamiento puede tener sentido desde el punto de vista estratégico, o no tenerlo, para cualquier empresa dada; lo que no tiene sentido es tomar la decisión para cobrar una bonificación. Por cierto, un arrendamiento debe cumplir con ciertos requisitos para que se pueda considerar un arrendamiento operativo (que puede no aparecer en el balance general) y no un arrendamiento financiero (que sí debe aparecer). Consulta con tu departamento de finanzas antes de realizar cualquier tipo de contrato de arrendamiento.

ROTACIÓN DE ACTIVOS TOTALES

Esta ratio funciona como la anterior, con la diferencia de que los ingresos se comparan con la totalidad del activo, no solo con los activos fijos. (Recuerda que el activo total incluye el efectivo, las cuentas por cobrar y el inventario, así como el PPE y otros activos a largo plazo). Aquí tienes la fórmula y el ejemplo de cálculo:

$$\text{rotación de activos totales} = \frac{\text{ingresos}}{\text{total activo}} = \frac{8.689\ \$}{5.193\ \$} = 1{,}67$$

La rotación de activos totales no mide la eficiencia en el uso de los activos fijos solamente, sino en el uso de todo el activo. Si se puede reducir el inventario, esta ratio sube. Si se puede rebajar el promedio de las cuentas por cobrar, esta ratio sube. Y sube también si se pueden incrementar las ventas manteniendo constante el activo (o aumentándolo a un ritmo menor). Todos estos movimientos influyen en el balance general y suponen una mejora de la eficiencia. Observar la tendencia que muestra la rotación de activos totales indica cómo lo está haciendo la empresa a este respecto.

Existen muchas más ratios que las que hemos presentado, por supuesto. Los profesionales de las finanzas de todo tipo utilizan muchas. Los analistas de inversiones también, como veremos en el capítulo veinticinco. Es probable que tu organización use unas ratios específicas que sean apropiadas en su caso, en su sector o en ambos contextos. Te interesará saber cómo calcularlas, cómo utilizarlas y cómo afectarlas. En cualquier caso, las que hemos expuesto aquí son las que más emplean los mandos intermedios.

25

El punto de vista del inversor

Los «cinco grandes» números y el valor accionarial

OMO HEMOS MENCIONADO CON ANTERIORIDAD, hemos escrito este libro para las personas que trabajan en organizaciones, no para los inversores. Pero el punto de vista de los inversores siempre es relevante para las decisiones administrativas, ya que toda empresa debe hacer todo lo que pueda para tener contentos a los accionistas y a los tenedores de bonos. Incluso los dueños y empleados de empresas de propiedad privada pueden beneficiarse de comprender esta perspectiva, ya que proporciona algunos indicadores significativos en cuanto a la salud financiera de las empresas. Por lo tanto, este capítulo aborda la cuestión de cuáles son las ratios, y otros indicadores, que más interesan al inversor o tenedor de bonos típico.

Por nuestra experiencia, Wall Street y otros inversores externos examinan cinco parámetros clave a la hora de valorar el desempeño financiero de una empresa o si es atractiva para invertir en ella. Puedes considerar que estos parámetros son los cinco grandes. Cuando los cinco están bien encaminados en una empresa dada, puedes apostar a que los inversores favorecerán las expectativas de esa empresa.

Estos son los cinco grandes:

- El aumento de los ingresos de un año al siguiente.
- El beneficio por acción.
- El beneficio antes de intereses, impuestos, depreciaciones y amortizaciones (BAIIDA).
- El flujo de caja libre.
- El retorno sobre el capital total (ROTC) o la rentabilidad sobre recursos propios (ROE). La ROE es el parámetro en el que se fijan las empresas financieras como los bancos y las compañías de seguros.

Examinemos brevemente cada uno de estos cinco parámetros.

AUMENTO DE LOS INGRESOS DE UN AÑO AL SIGUIENTE

No todas las empresas crecen. La mayoría de las pequeñas alcanzan un determinado tamaño y se quedan ahí debido a que las oportunidades de crecimiento son limitadas. Algunas empresas de propiedad privada podrían crecer mucho si se lo propusieran, pero los dueños deciden que prefieren mantenerlas relativamente pequeñas. (Un magnífico libro titulado *Small Giants* [Pequeños gigantes], de Bo Burlingham, cuenta la historia de muchas empresas de este tipo).[1] Pero cuando una empresa empieza a cotizar en bolsa (vende acciones a inversores externos) no tiene elección en cuanto a perseguir el crecimiento. No habrá inversores que compren acciones a menos que esperen que el valor de su inversión aumente con el tiempo. Quieren ver cómo los dividendos suben o cómo sube el precio de las acciones, o ambas cosas. Para que esto sea posible, la empresa debe expandir su ámbito de negocio.

¿Qué cantidad de crecimiento es razonable? Pues depende de la empresa, el sector en el que desarrolle su actividad y la situación económica. Algunas empresas de alta tecnología, como Google, pasan por períodos de crecimiento explosivo. La mayoría de las compañías que tienen la finalidad de crecer se expanden con mucha mayor lentitud; una tasa de crecimiento del 10% anual, sostenida en el tiempo, es considerablemente buena. (Según una investigación llevada a cabo por Bain & Company, solo alrededor del 10% de las empresas internacionales mantienen una tasa de crecimiento anual, en cuanto a ingresos y ganancias, del 5,5 % por lo menos, durante diez años, a la vez que cubren su coste de capital).[2] Algunas grandes empresas vinculan sus objetivos al crecimiento del producto interior bruto (PIB) de los países en los que operan. General Electric, por ejemplo, generalmente planea expandir su negocio según la tasa de crecimiento del PIB multiplicada por dos o tres. Si el PIB aumenta un 1% y General Electric crece un 2 o un 3%, la empresa puede cantar victoria.

BENEFICIO POR ACCIÓN

El beneficio por acción suele ser el primer número que las empresas comunican a los inversores en sus declaraciones de ganancias trimestrales. Esta cifra se obtiene dividiendo los ingresos netos de la empresa correspondientes al trimestre o al año por la cantidad media de acciones en circulación durante el período.

Los inversores esperan ver incrementos en el beneficio por acción a lo largo del tiempo, de la misma manera que esperan ver crecer los ingresos. Siendo los demás factores idénticos, un beneficio por acción al alza presagia un incremento del precio de la acción. Durante una desaceleración económica, los ingresos pueden caer, pero la mayoría de las empresas se esfuerzan por mantener el beneficio por acción reduciendo costes. Los accionistas pueden aceptar que los ingresos bajen durante una recesión, pero no les gusta ver que el beneficio por acción se reduce.

BENEFICIO ANTES DE INTERESES, IMPUESTOS, DEPRECIACIONES Y AMORTIZACIONES (BAIIDA)

Ya hemos mencionado varias veces el BAIIDA en este libro. Es un parámetro importante, porque los inversores y los banqueros lo ven como un buen indicador del flujo de caja operativo futuro. A los prestamistas les gusta porque puede ayudarlos a evaluar la capacidad que tiene la empresa de pagar sus préstamos. A los accionistas les gusta porque es una medida de las ganancias en efectivo antes de que los contables hayan añadido gastos que no son en efectivo, como la depreciación. El BAIIDA puede alterarse mediante trucos contables, como señalamos anteriormente, pero no es tan fácil de manipular como el beneficio neto. El BAIIDA de una empresa fuerte y saludable debería ir aumentando con el tiempo.

Por cierto, este parámetro se usa a menudo para valorar empresas. Muchas se compran y venden a un precio que es un múltiplo acordado del BAIIDA.

FLUJO DE CAJA LIBRE

Hablamos del flujo de caja libre en la caja de herramientas de la cuarta parte. Es un elemento fundamental en el «kit de medición» de cualquier inversor. Si el flujo de caja libre de una empresa dada es saludable y va aumentando, los inversores pueden estar bastante seguros de que a esa empresa le va bien y de que el precio de sus acciones irá subiendo a lo largo del tiempo. Además, una empresa con un flujo de caja libre saludable podrá financiar su propio crecimiento incluso cuando le resulte difícil conseguir inversión externa o capital de deuda.

Aquí tienes otra información útil en relación con estos dos indicadores: en la actualidad, muchos inversores están mirando el flujo de efectivo libre *dividido* por el BAIIDA. Si esta ratio es baja, ello puede ser indicativo de que la empresa está tratando de hacer que su BAIIDA parezca fuerte a través de trucos contables, aunque su flujo de caja sea relativamente flojo. Algunas personas llaman a esta ratio *métrica de conversión de efectivo*. Otra fórmula que a veces se aplica consiste en dividir el flujo de caja operativo por el BAII (en lugar del BAIIDA). Ambas ratios muestran lo bien o mal que la empresa está convirtiendo las ganancias en efectivo.

RETORNO SOBRE EL CAPITAL TOTAL (ROTC) O RENTABILIDAD SOBRE RECURSOS PROPIOS (ROE)

El ROTC, del que hablábamos en el capítulo veintiuno, indica a los inversores si la empresa está generando un retorno lo bastante alto como para que su inversión esté justificada. La ROE se utiliza sobre todo para evaluar empresas financieras. Por ejemplo, los bancos ganan dinero tomando dinero prestado en forma de depósitos, los cuales prestan. El ROTC no es un buen indicador de su desempeño porque la deuda que tienen los bancos hacia sus depositantes es parte de su negocio, no parte de su capital. La ROE es un indicador de rendimiento mucho mejor en este caso.

CAPITALIZACIÓN DE MERCADO, RELACIÓN PRECIO-BENEFICIO Y VALOR ACCIONARIAL

Además de los cinco grandes, los inversores examinan también muchos otros indicadores y ratios. Tres de los más habituales son la capitalización de mercado, la relación precio-beneficio y lo que se suele denominar *valor accionarial* o *valor para el accionista*.

La *capitalización de mercado* de una empresa es el precio actual de sus acciones multiplicado por el número de acciones en circulación. Representa el valor total de la empresa en cualquier día dado. Si una empresa tiene diez millones de acciones en circulación y el precio de mercado de la acción es de veinte dólares en un determinado día, su capitalización de mercado es de doscientos millones de dólares ese día. La capitalización de mercado de muchas grandes empresas está muy por encima de los cien mil millones de dólares. A finales de 2011, la de Apple rondaba los trescientos setenta y cinco mil millones de dólares y la de IBM se acercaba a los doscientos veinte mil millones.

Mientras que la capitalización de mercado muestra el valor que tiene una empresa para los inversores, el valor contable o valor en libros no es más que el valor del patrimonio neto de la empresa tal como se muestra en el balance general. La capitalización de mercado de la mayoría de las compañías es significativamente más alta que su valor contable. A algunos inversores, como Warren Buffett, les gusta mirar la relación que hay entre la capitalización de mercado y el valor contable (la denominada *ratio precio-valor contable*). Buffett a menudo trata de encontrar empresas que coticen a una capitalización de mercado cercana o incluso inferior a su valor contable.

La *relación precio-beneficio* es el precio actual de las acciones dividido por el beneficio por acción del año anterior. Históricamente, la mayoría de las empresas han estado en los mercados públicos con una relación precio-beneficio de dieciséis a dieciocho aproximadamente. Se considera que las empresas que tienen una ratio alta presentan un buen potencial de crecimiento, mientras que las que tienen una ratio baja crecen con lentitud. Los inversores a menudo tratan de encontrar empresas cuya relación precio-beneficio sea más baja de lo que el inversor cree apropiado. A finales de 2011, esta ratio era de 14,6, aproximadamente, tanto en el caso de Apple como en el de IBM.

En cierto sentido, todos estos parámetros son indicadores del valor accionarial de las empresas. Pero las denominaciones *valor accionarial* o *valor para el accionista* las encontramos en varios contextos diferentes con una diversidad de significados.[*] A veces solo significan *capitalización de mercado*; otras veces hacen referencia a los flujos de efectivo futuros que se esperan de una empresa (lo cual, después de todo, es lo que los inversores están adquiriendo cuando compran acciones); en otras ocasiones indican el aumento de los dividendos o del precio de las acciones, o ambos incrementos, que los inversores esperan obtener con el tiempo. Un director ejecutivo podría escribir en su carta anual: «Nuestro objetivo es aumentar el valor para el accionista». Poco importa a qué definición se esté refiriendo, porque un incremento en cualquiera de los parámetros acabados de mencionar redundaría en beneficio de los inversores.

Aumentar el valor accionarial es importante para todos los que trabajan para la empresa, no solo para los accionistas. Un valor accionarial más alto en comparación con el pasado o con los competidores indica una solidez financiera relativa. A los prestamistas les gusta

---

[*] N. del T.: El autor se refiere a una «diversidad de significados» para la denominación que utiliza, *shareholder value*. No podemos asegurar que esta diversidad sea aplicable también en castellano.

prestar a empresas sólidas. A los inversores les gusta invertir en ellas. Las empresas fuertes tienen más probabilidades de sobrevivir que las más débiles en los tiempos difíciles desde el punto de vista económico y más probabilidades de prosperar en los buenos tiempos. Es más factible que ofrezcan a sus empleados seguridad laboral y oportunidades de ascender, además de que pagarán las nóminas puntualmente y ofrecerán aumentos de sueldo anuales. A los clientes también les gustan las empresas sólidas. Las empresas fuertes tienen más flexibilidad a la hora de fijar los precios que las débiles, y es probable que sigan existiendo el próximo mes y el próximo año.

¿Qué determina el valor accionarial? No es solo el desempeño financiero que tenga la empresa en el momento. Una empresa de biotecnología bien considerada, por ejemplo, puede tener una capitalización de mercado alta aunque no tenga ganancias, solo porque los inversores esperan que genere mucho valor en el futuro a través de los productos que lance al mercado. Por el contrario, una empresa sólidamente rentable con pocas perspectivas de crecimiento puede valer considerablemente menos que una empresa con ganancias más bajas y mejores esperanzas para el futuro.

En general, el valor accionarial depende de las percepciones que tenga el mercado, las cuales tienen como base los factores siguientes, entre muchos otros:

- El desempeño financiero actual de la empresa.
- Las perspectivas de crecimiento de la empresa en el futuro.
- El flujo de efectivo que prevé tener la empresa en el futuro.
- Lo predecible que es el rendimiento de la empresa (es decir, el grado de riesgo implicado).
- Las evaluaciones que hagan los inversores en cuanto a lo competente que es la alta dirección de la empresa y la capacitación de sus empleados.

La lista podría ser mucho más larga, e incluiría el estado general de la economía, en qué situación se encuentra el mercado de valores en general, el grado de fervor especulativo, etc. En cualquier momento dado, los inversores tienen puntos de vista divergentes sobre el «verdadero» valor de una determinada empresa, y esta es la razón por la que algunos están dispuestos a comprar acciones a un precio en particular mientras que otros están dispuestos a venderlas.

Los inversores esmerados siempre observan los tipos de indicadores contables que explicamos en este libro: las ventas, el coste de ventas, el margen operativo, etc. Observan los activos físicos de una empresa, su inventario, sus cuentas por cobrar, sus gastos generales y muchos otros indicadores. Pero además entienden que en el ámbito de la inversión no solo tiene un papel la economía, sino que también lo tiene la psicología. Como señaló una vez el economista John Maynard Keynes, comprar acciones es como tratar de adivinar quién ganará un concurso de belleza: no se trata de que elijas a la persona que crees que es más hermosa, sino a la persona que crees que *todos los demás* verán como la más hermosa. Lo mismo ocurre con las acciones: los precios suben no solo cuando una empresa obtiene un gran rendimiento, sino también cuando muchos inversores creen que el futuro traerá un rendimiento aún mejor.

Llegados a este punto, esperamos que te hayas dado cuenta de lo importantes que son las ratios, tanto desde el punto de vista de un directivo o un gerente como desde la perspectiva de un inversor. Aunque aclararse con los estados financieros es importante, este es solo el inicio del viaje hacia la conquista de la inteligencia financiera. Las ratios te llevan a la siguiente etapa; te proporcionan una manera de leer entre líneas (o tal vez bajo las líneas) para que puedas saber qué está ocurriendo en realidad. Constituyen una herramienta útil para analizar la propia empresa o cualquier otra, y para saber cuál es su historia financiera.

Caja de herramientas

¿QUÉ RATIOS SON LAS MÁS IMPORTANTES PARA *TU* EMPRESA?

Hay ratios que se consideran clave en determinados tipos de empresa. Por ejemplo, las empresas que venden al detalle se fijan mucho en la rotación de inventario. Cuanto más rápido puedan reemplazar su *stock*, más eficiente es el uso que están haciendo de sus otros activos, como el almacén en sí. Pero es habitual que a cada empresa le guste crear sus propias ratios, en función de sus circunstancias y de su capacidad competitiva. Por ejemplo, la empresa de Joe, Setpoint, es pequeña y está basada en los proyectos, y debe estar muy atenta tanto a los gastos operativos como al flujo de caja operativo. Por lo tanto, ¿cuáles son las ratios en las que se fijan más sus directivos? Una es de cosecha propia: el beneficio bruto dividido por los gastos operativos. Vigilando esta ratio se aseguran de que los gastos operativos no crucen una determinada línea en relación con el beneficio bruto que está generando la empresa. La otra es la ratio de liquidez general, que compara el activo circulante con el pasivo circulante. La ratio de liquidez general suele ser un buen indicador de si una empresa tiene suficiente efectivo para hacer frente a sus obligaciones.

Tal vez ya sepas cuáles son las ratio clave de tu empresa. Si no es así, pregúntale al director financiero o a alguien de su equipo cuáles son. Seguro que no tendrán ninguna dificultad para responder esta pregunta.

EL PODER DEL PORCENTAJE DE VENTAS

A menudo verás un tipo de ratio integrada directamente en el estado de resultados de las empresas: cada partida se expresará no solo en dólares (o en la moneda que sea) sino también como un porcentaje de los ingresos por ventas. Por ejemplo, el COGS podría corresponder al 68% de estos ingresos, los gastos operativos el 20%, etc. La finalidad es efectuar un seguimiento de la cifra del denominado *porcentaje de ventas* a lo largo del tiempo para ver tendencias. Hay empresas que realizan este análisis con cierto detalle; por ejemplo, pueden hacer el seguimiento del porcentaje de ventas que representa cada línea de productos o del porcentaje de ventas que representa cada tienda o región en una cadena minorista. El cálculo de los porcentajes de ventas les da a los directivos y gerentes mucha más información que los números brutos solos; les permite realizar un seguimiento de los gastos en relación con las ventas. De lo contrario, les resultará difícil saber si la empresa permanece dentro de los márgenes o no, ya que las ventas aumentan y disminuyen.

Si tu empresa no calcula el porcentaje de ventas, haz este ejercicio: hazte con los últimos tres estados de resultados y calcula el porcentaje de ventas para cada partida principal. Y haz un seguimiento de los resultados a lo largo del tiempo. Si ves que ciertas partidas suben mientras que otras bajan, pregúntate el motivo, y si no eres capaz de discernirlo, intenta encontrar a alguien que sepa cuál es. Este ejercicio puede enseñarte mucho sobre las presiones competitivas (u otras) a las que se ha visto sometida tu empresa.

LAS RELACIONES ENTRE RATIOS

Como ocurre con los estados financieros, las ratios encajan unas con otras desde el punto de vista matemático. No entraremos en muchos detalles, ya que este libro no está destinado a los profesionales de las finanzas. Pero vale la pena que nos refiramos a una relación entre ratios en concreto, porque muestra con mucha claridad algo en lo que hemos estado insistiendo, y es que los gerentes pueden tener un impacto en el rendimiento de la empresa de varias maneras.

Empecemos con el hecho de que uno de los objetivos clave de cualquier empresa en cuanto a la rentabilidad es tener un buen retorno sobre activos o ROA (por sus siglas en inglés). Este es un parámetro fundamental porque el capital de inversión es el combustible de las empresas, y si una empresa no puede ofrecer un ROA satisfactorio, su flujo de capital se agotará. Como hemos expuesto en esta parte del libro, el ROA es igual a los ingresos netos divididos por la totalidad del activo.

Pero otra forma de expresar el ROA es a través de dos factores diferentes que, multiplicados, equivalen a los ingresos netos divididos por la totalidad del activo:

$$\frac{\text{ingresos netos}}{\text{ingresos}} \times \frac{\text{ingresos}}{\text{activo}} = \frac{\text{ingresos netos}}{\text{activo}} = \text{ROA}$$

El primer elemento, los ingresos netos divididos por los ingresos, es obviamente el porcentaje de margen de beneficio neto, o retorno sobre las ventas (ROS). El segundo elemento, los ingresos divididos por el activo, es la rotación de activos, la cual tratamos en el capítulo veinticuatro. Entonces, el margen de beneficio neto multiplicado por la rotación de activos es igual al ROA.

La ecuación muestra explícitamente que hay dos formas de obtener un ROA más alto. Una es aumentar el margen de beneficio neto, ya sea incrementando los precios o entregando los bienes o prestando servicios de manera más eficiente. Esto puede ser difícil si el mercado en el que opera la empresa es altamente competitivo. Una segunda manera es aumentar la ratio de rotación de activos. Esta opción da lugar a otro conjunto de acciones posibles: reducir el inventario promedio, reducir el período medio de cobro y efectuar menos adquisiciones en concepto de propiedades, planta y equipo. Si no es posible mejorar el margen de beneficio neto, trabajar en estos objetivos (es decir, influir en el balance general) puede ser la mejor manera de superar a la competencia e incrementar el ROA.

EMPRESAS DIFERENTES, CÁLCULOS DISTINTOS

Tras haber leído los capítulos de esta parte, puedes haberte quedado con la idea de que las fórmulas que hemos presentado son «las» fórmulas. Por ejemplo, el retorno sobre activos es siempre los ingresos netos divididos por el activo, ¿no? Pues no necesariamente. Hemos presentado las fórmulas convencionales, pero incluso en este caso las empresas pueden tomar decisiones sobre la forma de calcular algunos de los números. Los contables necesitan mantener una coherencia de un año para otro, y las empresas que cotizan en bolsa deben revelar cómo calculan las ratios. Pero a la hora de comparar las ratios de una empresa con las de otra, hay que saber si están calculando cada ratio de la misma manera.

Donde se producen más diferencias es en los datos del balance general. Sigamos tomando como ejemplo el retorno sobre activos. El denominador, que es la totalidad de los activos, corresponde al ítem de línea «total activo» del balance general. Por supuesto, el balance general suele mostrar dos puntos en el tiempo; pongamos por caso que son el 31 de diciembre de 2011 y el 31 de diciembre de 2012. En la fórmula convencional, se utiliza la cifra correspondiente al «total activo» de la fecha más reciente, el 31 de diciembre de 2012. (*Activo final* es una denominación que se emplea para hacer referencia a este activo correspondiente al último punto en el tiempo del que se tienen datos).

Pero hay empresas que no creen que la mejor manera de valorar el activo total sea observar un único punto en el tiempo. Por lo tanto, sacan el promedio; suman la cifra de 2011 y la de 2012 y dividen el resultado por dos. O puede ser que calculen el promedio móvil utilizando los datos de tres, cuatro e incluso cinco trimestres: cuando se cierra un trimestre, sustituyen los datos más viejos por los nuevos para realizar el cálculo.

¿Son relevantes las variaciones entre estos procedimientos? Un poco sí. Los promedios móviles tienden a suavizar los resultados, mientras que basarse en el activo final suele traducirse en más altibajos. La mayoría de los analistas financieros estarían de acuerdo en que algún tipo de promedio tiene más sentido para cálculos como el ROA. Como mencionamos en el capítulo veintiuno, estamos mezclando peras con manzanas cada vez que comparamos una cifra del estado de resultados, como los ingresos netos, con una cifra del balance general, como el activo total. El estado de resultados refleja las ganancias o los ingresos que se producen durante un período de tiempo, mientras que el balance refleja el activo que hay en un momento dado. Por lo tanto, parece más razonable utilizar un promedio móvil del activo total durante todo el período que basarse en el activo que hay en un solo punto en el tiempo.

En general, sin embargo, tal vez no sea tan importante el procedimiento utilizado. Recuerda que las ratios se emplean para observar tendencias a lo largo del tiempo, y mientras la empresa que estás examinando utilice siempre los mismos métodos, puedes aprender mucho de las comparaciones.

Cómo calcular (y entender realmente) el retorno de la inversión

26

Los componentes del ROI*

ENER INTELIGENCIA FINANCIERA CONSISTE EN comprender cómo funcionan los aspectos financieros de las empresas y sobre qué base se toman las decisiones de tipo financiero. Los principios de los que vamos a hablar en este capítulo constituyen el fundamento de las decisiones relativas a la inversión de capital, entre las empresas estadounidenses por lo menos.

La mayoría de nosotros no necesitamos que se nos explique mucho el principio fundamental de las finanzas conocido como *valor temporal del dinero* o *valor del dinero en el tiempo*. La razón de ello es que sacamos partido de este principio a diario en el ámbito de nuestras finanzas personales: firmamos hipotecas y préstamos para automóviles. Acumulamos saldo en nuestras tarjetas de crédito. Mientras tanto, ponemos nuestros ahorros en cuentas corrientes o de ahorro que devengan intereses, en fondos del mercado monetario, en bonos del tesoro, en otros tipos de bonos, en acciones y probablemente en media docena de instrumentos más. Estados Unidos en particular es una nación de prestatarios (de hecho, el Gobierno estadounidense tomó tanto prestado que la calificación de su deuda fue rebajada en 2011), pero también es una nación de ahorradores, prestamistas

---

* N. del T.: Retorno sobre la inversión.

e inversores. Dado que todas estas actividades reflejan el valor del dinero en el tiempo, está claro que la mayoría de nosotros tenemos una comprensión visceral de esta idea. Es probable que quienes no tengan esta comprensión terminen en el «extremo perdedor» de este principio, lo cual les puede salir caro.

En su formulación más simple, el principio del valor temporal del dinero establece que un dólar (u otra moneda) que tengamos hoy en las manos tiene más valor que un dólar que esperemos recibir mañana (y mucho más valor que un dólar que esperemos recibir dentro de diez años). Las razones de ello son evidentes. Sabes que tienes el dólar de hoy, mientras que no está tan claro que recibirás un dólar mañana, no digamos ya al cabo de diez años: hay un riesgo. Además, hoy puedes comprar algo con el dólar que tienes; si quieres gastar el dólar que esperas tener, debes esperar a obtenerlo. Dado el valor del dinero en el tiempo, cualquiera que preste dinero a otra persona espera que le pague intereses, y cualquiera que pida dinero prestado espera pagar intereses. Cuanto más largo sea el período de tiempo y más grande sea el riesgo, mayores serán los intereses, con toda probabilidad.

Por descontado, el principio es el mismo incluso si no se emplea la palabra *interés* e incluso si no hay unas expectativas concretas en cuanto a la rentabilidad. Pongamos por caso que compras acciones de una empresa emergente de alta tecnología. No vas a obtener nada en concepto de intereses, y probablemente nunca recibirás ningún dividendo, pero esperas poder vender estas acciones por más dinero del que pagaste por ellas. De hecho, estás prestando tu dinero a la empresa con la expectativa de recibir un retorno por tu inversión. Cuando este retorno se materialice (en caso de que lo haga), podrás calcularlo como un porcentaje, como si fuese un interés que has recibido.

Este es el principio básico que subyace a las decisiones empresariales sobre las inversiones de capital, que serán la materia de esta parte del libro. Una empresa dada tiene que gastar efectivo del que dispone en este momento con la esperanza de obtener un rendimiento en alguna fecha futura. Si recibes el encargo de preparar una propuesta financiera para comprar una máquina nueva o abrir una nueva sucursal (lo cual te enseñaremos a hacer en las páginas siguientes), deberás basarte en cálculos en los que tendrá un papel el valor temporal del dinero.

Si bien el valor del dinero en el tiempo es el principio básico, los tres conceptos clave de los que nos vamos a servir para analizar los gastos de capital son el *valor futuro*, el *valor actual* y la *tasa de rendimiento requerida*. Puede que los encuentres confusos al principio, pero ninguno de ellos es demasiado complicado; no son más que formas de calcular el valor temporal del dinero. Si puedes comprender estos conceptos y utilizarlos en la toma de decisiones, verás que piensas de manera más creativa (quizá deberíamos decir más artística) sobre los asuntos financieros, tal como hacen los profesionales.

EL VALOR FUTURO

El valor futuro es lo que valdrá una determinada cantidad de efectivo en el futuro si es prestada o invertida. En el ámbito de las finanzas personales, es un concepto que se suele utilizar a la hora de planificar la jubilación. Tal vez tengas cincuenta mil dólares en el banco a los treinta y cinco años de edad y quieras saber qué valor tendrán cuando cumplas los sesenta y cinco. Este es el valor futuro de los cincuenta mil dólares. En el ámbito empresarial, un analista de inversiones podría proyectar el valor de las acciones de una empresa al cabo de dos años si las ganancias aumentasen en un determinado porcentaje cada año. Este cálculo del valor futuro podría ayudarlo a aconsejar a sus clientes en cuanto a si es o no una buena idea invertir en esa empresa.

Anticipar cuál será el valor futuro ofrece muchas posibilidades a los artistas de las finanzas. Observemos los planes de jubilación, por ejemplo. ¿Vas a suponer una rentabilidad media del 3% a lo largo de los próximos treinta años o vas a suponer una rentabilidad media del 6%? La diferencia es sustancial: con un rendimiento del 3%, tus cincuenta mil dólares crecerán hasta convertirse en algo más de ciento veintiún mil dólares; mientras tanto, por supuesto, la inflación afectará al valor del dólar. Con un rendimiento del 6%, la cantidad inicial ascenderá hasta más de doscientos ochenta y siete mil dólares, y también habrá que tener en cuenta el efecto de la inflación. Es difícil decidir qué tasa de interés utilizar para el cálculo: ¿quién puede saber qué tasas de interés prevalecerán a lo largo de los próximos treinta años? En el mejor de los casos, calcular un valor futuro tan alejado es una conjetura fundamentada o, lo que es lo mismo, un ejercicio artístico.

El analista de inversiones se encuentra en una posición algo mejor, porque solo hace pronósticos sobre los dos próximos años. En cambio, tiene más variables que considerar. *¿Por qué* piensa que las ganancias podrían aumentar en un 3, un 5, un 7% o cualquier otro porcentaje? Y ¿qué ocurre si suben en el porcentaje estimado? Si el beneficio se incrementase en un 3% solamente, por ejemplo, los inversores podrían perder interés y vender sus acciones; entonces, la relación precio-beneficio de las acciones podría descender. En cambio, si el beneficio se incrementase en un 7% los inversores podrían emocionarse, comprar más acciones e impulsar esta ratio. Por otra parte, el mercado mismo tendrá un efecto en el precio de las acciones, y no hay nadie que pueda predecir con seguridad hacia dónde irá el mercado. De nuevo, estamos en el terreno de las conjeturas fundamentadas.

De hecho, todo cálculo del valor futuro implica una serie de suposiciones sobre lo que ocurrirá entre el momento presente y el momento que se está contemplando. Si cambiamos las suposiciones, obtenemos un valor futuro diferente. La variación en las tasas de retorno es un tipo de riesgo financiero. Cuanto más larga es la perspectiva de la inversión, más necesario es basarse en estimaciones y mayor es el riesgo.

EL VALOR ACTUAL

El *valor actual* o *valor presente* es el concepto más utilizado en el análisis de los gastos de capital. Es el valor futuro tomado a la inversa. Pongamos por caso que piensas que una determinada inversión generará cien mil dólares anuales en flujo de efectivo a lo largo de los tres próximos años. Si quieres saber si vale la pena dedicar dinero a esta inversión, debes estar al tanto de a qué equivalen estos trescientos mil dólares en el momento presente. Entonces, así como te basas en una determinada tasa de interés para suponer el valor futuro, también debes aplicar una tasa de interés para rebajar el valor futuro y determinar el valor actual. Para poner un ejemplo muy simple, el valor actual de lo que serán ciento seis mil dólares dentro de un año a un interés del 6% son cien mil dólares. Volvemos a encontrarnos con la idea de que un dólar hoy vale más que un dólar mañana. En este ejemplo, ciento seis mil dólares al cabo de doce meses equivalen a cien mil dólares en el día de hoy.

El valor actual se utiliza ampliamente para evaluar inversiones en equipos, bienes raíces, oportunidades comerciales, incluso fusiones y adquisiciones de empresas. Pero aquí también se puede ver claramente el arte de las finanzas en acción. Para calcular el valor actual, hay que hacer suposiciones sobre dos aspectos: el efectivo que generará la inversión en el futuro y qué tipo de tasa de interés se debe usar para rebajar ese valor futuro.

LA TASA DE RENDIMIENTO REQUERIDA

A la hora de determinar qué tasa de interés vas a utilizar para calcular el valor actual, recuerda que estás yendo hacia atrás. Estás suponiendo que tu inversión te va a rendir cierta cantidad en el futuro, y quieres saber cuánto vale la pena invertir ahora con el fin de obtener esta cantidad en una fecha futura. Por lo tanto, tu decisión sobre la tasa de interés o de descuento es esencialmente una decisión sobre la tasa de interés que *necesitas* para decidirte a invertir. Tal vez no invertirías cien mil dólares ahora para obtener ciento dos mil dólares en un año (la tasa de interés sería de un 2% solamente), pero podrías estar muy dispuesto a invertir cien mil dólares ahora para conseguir ciento veinte mil dólares al cabo de un año (en este caso, la tasa de interés sería del 20%). Cada empresa pone el listón en un punto, y lo habitual es ponerlo más alto para los proyectos que entrañan más riesgo que para los menos arriesgados. La tasa que requieren las empresas antes de realizar una inversión se denomina *tasa de rendimiento requerida* o *tasa crítica de rentabilidad*.

Siempre hay un componente de valoración subjetiva implícito en el establecimiento de la tasa de rendimiento requerida, pero esta valoración no es totalmente arbitraria, sino que se basa en dos factores. Uno de ellos es el *coste de oportunidad*. La empresa solo tiene cierta cantidad de efectivo, y debe valorar cuál es el mejor uso que puede dar a sus fondos. Ese 2% de rentabilidad no es atractivo porque a la empresa probablemente le iría mejor comprando letras del tesoro, que pueden generar un 3 o un 4% de interés sin correr prácticamente ningún riesgo. La rentabilidad del 20% puede ser muy atractiva (es difícil conseguir un rendimiento así con la mayoría de las inversiones), pero esto depende, obviamente, de lo arriesgada que sea la aventura. El segundo factor es el *coste de capital* de la empresa. Si pide dinero prestado, tiene que abonar intereses. Si utiliza capital procedente de accionistas, estos esperarán un retorno. La inversión propuesta debe añadir suficiente valor a la empresa como para que los acreedores puedan cobrar y los accionistas puedan estar satisfechos. Una inversión que rinda menos que el coste de capital de la empresa no cumplirá con estos dos objetivos, por lo que la tasa de rendimiento requerida siempre debe ser mayor que el coste de capital. (Consulta

El coste de oportunidad

En lenguaje llano, el *coste de oportunidad* es aquello a lo que se tuvo que renunciar para seguir cierto curso de acción. Si te gastas todo el dinero en unas vacaciones de lujo, el coste de oportunidad es que no podrás comprar un automóvil. En el ámbito empresarial, el coste de oportunidad suele ser el beneficio potencial perdido por no haberse seguido el curso de acción óptimo desde el punto de vista financiero.

la caja de herramientas de esta parte para leer una explicación detallada sobre el coste de capital).

Dicho esto, las decisiones relativas a las tasas de rendimiento requeridas raramente son el resultado de aplicar una fórmula. El director financiero o el tesorero de la empresa evaluará lo arriesgada que es una inversión dada, cómo se podría financiar y cuál es la situación general de la entidad. Sabe que los accionistas esperan que la empresa invierta pensando en el futuro. También sabe que los accionistas esperan que estas inversiones generen un rendimiento comparable, por lo menos, con el que podrían obtener en otras partes con un grado de riesgo parecido. Y sabe, o al menos esperas que este sea el caso, cuál es la posición de efectivo de la empresa, con qué grado de riesgo se sienten cómodos el director ejecutivo y la junta directiva, y qué está sucediendo en el mercado en el que opera la empresa. A partir de ahí efectúa valoraciones, es decir, suposiciones, sobre qué tipo de tasas de rendimiento requeridas son sensatas. Las empresas que crecen mucho suelen utilizar unas tasas críticas de rentabilidad altas, porque deben invertir su dinero allí donde piensen que generará el grado de crecimiento que necesitan. Por el contrario, las empresas más estables y que crecen poco suelen usar unas tasas críticas de rentabilidad más bajas. Si aún no sabes cuál es la tasa de rendimiento requerida que utiliza tu empresa para el tipo de proyectos en los que estás implicado, alguien del departamento de finanzas podrá decirte cuál es.

Es oportuno que digamos unas palabras sobre los cálculos implícitos en estos conceptos. En el capítulo veintisiete te mostraremos alguna fórmula. Pero no tienes por qué efectuar todos estos cálculos manualmente; puedes usar una calculadora financiera o un libro de tablas, o buscar en Internet. Por ejemplo, escribe «calculadora de valor futuro» en Google y se te presentarán varios sitios en los que poder calcular valores futuros simples. Sin duda, los cálculos no siempre son tan fáciles en el mundo real. Tal vez pienses que la inversión que te estás planteando generará cien mil dólares en efectivo en el primer año y un 3% más en cada uno de los años subsiguientes. Debes calcular el incremento, hacer suposiciones acerca de si la tasa de descuento adecuada debe cambiar de un año al siguiente, etc. Por lo general, los directivos y gerentes no financieros no tienen que preocuparse por efectuar estos cálculos más complejos; el personal del departamento de finanzas los hace por ellos. Lo habitual es que los directivos o gerentes no financieros dispongan de una hoja de cálculo o una plantilla con las fórmulas apropiadas integradas, por lo que solo tienen que introducir los números. Pero debes ser consciente de los conceptos y supuestos manejados en el proceso. Si te limitas a introducir números sin comprender la lógica que se les aplica, no entenderás por qué los resultados son los que son y no sabrás cómo hacer que sean diferentes a partir de otros supuestos.

Bien, veamos entonces estos conceptos en la práctica.

27

Cómo calcular el ROI

Los aspectos esenciales

ASTOS DE CAPITAL O GASTOS en capital. Capex o CAPEX. In-versiones de capital. Presupuesto de capital. Y, por supuesto, *retorno de la inversión*, también llamado *retorno sobre la inversión* (ROI, por sus siglas en inglés). Muchas empresas usan estas denominaciones de forma poco precisa e incluso indistintamente, pero por lo general hacen referencia a lo mismo: al proceso de decidir qué inversiones de capital efectuar con el fin de incrementar el valor de la empresa.

ANÁLISIS DE LOS GASTOS DE CAPITAL

Los gastos de capital corresponden a grandes proyectos que requieren una inversión de efectivo significativa. *Significativa* quiere decir algo distinto para cada organización; algunas ponen el límite en mil dólares, mientras que otras lo ponen en cinco mil dólares o más. Los gastos de capital van destinados a operaciones y proyectos que se espera que contribuyan a generar ingresos durante más de un año. Esta categoría es amplia; incluye la compra de equipos, las expansiones de la empresa, las adquisiciones y el desarrollo de nuevos productos. Una nueva campaña de *marketing* puede considerarse un gasto de capital; también la restauración de un edificio, la actualización de un sistema informático y la compra de un coche nuevo.

Las empresas tratan este tipo de gastos de una manera diferente de las compras ordinarias de inventario y suministros, y del pago por los servicios de agua, electricidad y análogos, debido a tres razones por lo menos. Una de ellas es que estos gastos implican un desembolso de efectivo cuantioso, y a veces indeterminado. Una segunda razón es que habitualmente se espera que generen rendimientos durante varios años, por lo que entra en escena el valor temporal del dinero. Una tercera razón es que siempre conllevan cierto riesgo. Es posible que la empresa no sepa si el gasto va a «funcionar», es decir, si va a ofrecer los resultados esperados. Incluso si, en general, «funciona» según lo previsto, la empresa no puede saber exactamente qué cantidad de efectivo ayudará a generar esa inversión.

Vamos a tratar por encima los aspectos básicos del análisis de los gastos de capital, y a continuación expondremos los tres métodos que suelen utilizar los financieros para calcular si vale la pena incurrir en determinados gastos. Pero recuerda que el arte de las finanzas tiene un gran papel en este ámbito también. De hecho, ocurre algo bastante sorprendente: los profesionales de las finanzas pueden analizar, y analizan, proyectos que están sobre la mesa y hacen recomendaciones a partir de varios supuestos y estimaciones, y los resultados son positivos. Incluso les gusta el reto de tomar las variables desconocidas y cuantificarlas de una manera que dé a entender que la empresa tiene un grado de éxito mayor.

Si tienes un poco de inteligencia financiera, podrás contribuir a este proceso con tu propio conocimiento especializado. Conocemos una empresa cuyo director financiero implica a ingenieros y técnicos en el proceso del presupuesto de capital, porque es probable que sepan más sobre lo que rendirá realmente una determinada inversión en una planta siderúrgica, por ejemplo. Este director financiero dice que prefiere enseñar un poco de finanzas a estas personas que aprender metalurgia él.

Esta es la manera de proceder:

- El primer paso a la hora de analizar un gasto de capital consiste en *determinar el desembolso inicial de efectivo.* Incluso este paso requiere realizar estimaciones y suposiciones: hay que valorar el coste probable de una máquina o proyecto antes de que empiece a generar ingresos. Los costes pueden incluir comprar equipos, instalarlos, dar tiempo al personal para que aprenda a usarlos, etc. La mayoría de los costes tienen lugar durante el primer año, pero algunos se extienden al segundo año, e incluso al tercero. Todos estos cálculos deberían realizarse partiendo de la base de que se desembolsa efectivo en lugar de considerar que estos gastos constituyen una mengua del beneficio.

- El segundo paso consiste en *proyectar flujos de efectivo futuros* a partir de la inversión. (De nuevo, interesa conocer las entradas de efectivo, no el beneficio. Diremos más sobre esta distinción más adelante en este mismo capítulo). Este es un paso complicado en el que el arte de las finanzas entra en acción, tanto porque es muy difícil predecir el futuro como porque hay que tener en cuenta muchos factores. (Consulta la caja de herramientas de esta parte). Los directivos y los gerentes tienen que ser conservadores, incluso precavidos, a la hora de proyectar flujos de efectivo futuros derivados de una inversión. Si la inversión rinde más de lo proyectado, todo el mundo estará contento, pero si rinde significativamente menos de lo esperado, nadie estará contento, y podrá muy bien ser que la empresa haya tirado el dinero.

- El tercer y último paso consiste en *evaluar los flujos de efectivo futuros*, es decir, estimar cuál será el retorno de la inversión. ¿Serán lo suficientemente sustanciales estos flujos como para que la inversión valga la pena? ¿Sobre qué base podemos determinar esta cuestión? Los profesionales de las finanzas suelen utilizar tres métodos diferentes, solos o en combinación, para decidir si un determinado gasto vale la pena: el método del plazo de recuperación de la inversión, el método del valor actual neto (VAN) (o valor presente neto, VPN) y el método de la tasa interna de retorno (TIR). Cada uno proporciona información diferente, y cada uno tiene sus puntos fuertes y débiles característicos.

Es fácil ver que la mayor parte del trabajo que hay que realizar y la inteligencia que hay que aplicar para hacer un buen presupuesto de capital tienen que ver con las estimaciones de costes y rendimientos. Hay que recopilar y analizar una gran cantidad de datos, un trabajo difícil en sí mismo. A continuación, hay que traducir los datos en proyecciones sobre el futuro. Los directivos con conocimientos financieros comprenderán que ambos son procesos difíciles, harán preguntas y cuestionarán las suposiciones.

LOS TRES MÉTODOS

Con el fin de ayudarte a ver estos pasos en acción y a comprender cómo funcionan, pondremos un ejemplo muy simple. Tu empresa se está planteando comprar un aparato que cuesta tres mil dólares; supongamos que se trata de un ordenador especial que ayudará a uno de tus empleados a ofrecer un servicio a los clientes en menos tiempo. El tiempo de vida estimado de este ordenador es de tres años, y se ha calculado que el flujo de efectivo atribuible al uso de este aparato al final de cada uno de los tres años será de mil trescientos dólares. La tasa de rendimiento requerida de tu empresa (la tasa crítica de rentabilidad) es del 8%. ¿Vas a autorizar la compra del aparato?

El método del plazo de recuperación de la inversión

Este método es probablemente la manera más simple de evaluar el flujo de efectivo futuro derivado de un gasto de capital. Mide el tiempo requerido para que el flujo de caja derivado del proyecto en cuestión sea igual a la inversión original. En otras palabras: nos dice cuánto tardará la empresa en recuperar el dinero. Naturalmente, el período de recuperación tiene que ser más corto que la vida del proyecto; en caso contrario, no hay ningún motivo para realizar la inversión. En nuestro ejemplo, tomamos la inversión inicial de tres mil dólares y la dividimos por el flujo de efectivo anual para obtener el plazo de recuperación de la inversión:

$$\frac{3.000\ \$}{1.300\ \$\ /año} = 2,31\ años$$

Puesto que sabemos que la máquina va a durar tres años, el período de recuperación supera la primera prueba: es más corto que la vida del proyecto. Lo que no hemos calculado todavía es cuánto efectivo producirá el proyecto a lo largo de toda su vida útil.

Los puntos fuertes y débiles de este método saltan a la vista. En el lado positivo, es fácil de calcular y de explicar. Proporciona una manera rápida y sencilla de ver cuál es la realidad. Si un proyecto que se está valorando tiene un plazo de recuperación manifiestamente más largo que la vida del proyecto, es probable que no haga falta tomar en consideración más aspectos. Si el período de recuperación es menor que el tiempo de vida del proyecto, probablemente esté justificado investigar más. Este es el método que se suele emplear en las reuniones para decidir con rapidez si vale la pena explorar un determinado proyecto.

En el lado negativo, el método de recuperación no nos dice mucho. Después de todo, una empresa no solo quiere alcanzar el punto de equilibrio de una inversión; quiere obtener una rentabilidad. Este método no se ocupa del flujo de efectivo más allá del punto de equilibrio y no dice cuál va a ser el rendimiento general. Tampoco toma en consideración el valor temporal del dinero. Este método compara el desembolso de efectivo de hoy con los flujos de efectivo proyectados para el día de mañana, pero en realidad está comparando melones con repollos, porque los dólares de hoy tienen un valor diferente del que tendrán los dólares del futuro.

Por estas razones, el método del plazo de recuperación de la inversión solo debería utilizarse para *comparar* proyectos (con el fin de saber con cuál de ellos se recuperará antes la inversión inicial) o para *rechazar* proyectos (aquellos con los que nunca se recuperará la inversión inicial). Pero recuerda que los dos números que se emplean para realizar el cálculo son estimaciones. En este caso, el arte consiste en juntar los números: ¿con qué grado de precisión se puede cuantificar lo desconocido?

Por lo tanto, el método que aquí hemos tratado es una regla general aproximada; no constituye un análisis financiero sólido. Si el resultado que ofrece parece prometedor, continúa con la siguiente técnica para ver si realmente vale la pena realizar la inversión.

El método del valor actual neto

Este método es más complejo que el del plazo de recuperación, pero también más potente; de hecho, suele ser la primera opción a la que acuden los profesionales de las finanzas para analizar los gastos de capital. ¿Los motivos? En primer lugar, tiene en cuenta el valor temporal del dinero: rebaja los flujos de efectivo futuros para obtener el valor que tienen ahora. En segundo lugar, toma en consideración el coste de capital de la empresa u otra tasa crítica de rentabilidad. En tercer lugar, proporciona la respuesta según el valor actual del dólar (o la moneda que sea), lo que permite comparar el desembolso de efectivo inicial con el valor actual del retorno.

¿Cómo se calcula el valor actual o presente? Como mencionábamos, esta operación se puede realizar con una calculadora financiera, con la hoja de cálculo del departamento de finanzas de la empresa u *online*, con una de las muchas herramientas disponibles en Internet. También se puede buscar la respuesta en las tablas de valor actual y futuro que se encuentran en los manuales de finanzas. Pero ahora te vamos a mostrar la fórmula, llamada *ecuación de descuento*, para que puedas mirar «debajo» del resultado y saber lo que significa en realidad.

Esta es la ecuación de descuento:

$$VA = \frac{FV_1}{(1+i)} + \frac{FV_2}{(1+i)^2} + \ldots \frac{FVn}{(1+i)n}$$

En la cual:

VA = valor actual
FV = flujo de caja proyectado por cada período de tiempo
i = tasa de descuento o tasa crítica de rentabilidad
n = cantidad de períodos de tiempo que estamos contemplando

El valor actual *neto* es igual al valor actual menos el desembolso de efectivo inicial.

En el ejemplo que poníamos, el cálculo sería este:

$$VA = \frac{1.300\ \$}{1,08} + \frac{1.300\ \$}{(1,08)^2} + \frac{1.300\ \$}{(1,08)^3} = 3.350\ \$$$

y

$$VAN = 3.350\ \$ - 3.000\ \$ = 350\ \$$$

Expresado con palabras, el flujo total de efectivo esperado de tres mil novecientos dólares equivale solamente a tres mil trescientos cincuenta dólares actuales cuando se aplica una tasa de descuento del 8%. Si se le resta el efectivo de partida (tres mil dólares) a esta cantidad, el VAN que obtenemos es de trescientos cincuenta dólares.

¿Cómo hay que interpretar este dato? Si el VAN de un proyecto es mayor que cero, debería aceptarse, ya que el rendimiento es superior a la tasa crítica de rentabilidad de la empresa. En este caso, el retorno de trescientos cincuenta dólares muestra que el rendimiento del proyecto es superior al 8%.

Es posible que algunas empresas esperen que calcules el VAN utilizando más de una tasa de descuento. Si lo haces, verás esta relación:

• Cuando la tasa de interés aumenta, el VAN desciende.
• Cuando la tasa de interés baja, el VAN aumenta.

Esta relación es así porque unas tasas de interés más altas significan un coste de oportunidad más alto para los fondos. Si un tesorero establece la tasa crítica de rentabilidad en el 20%, ello significa que está bastante seguro de poder obtener un porcentaje de rentabilidad casi igual a este en otro lugar con un grado de riesgo similar. La nueva inversión tendrá que ser bastante buena para que la empresa le dedique fondos. Por el contrario, si el tesorero puede obtener el 4% solamente en otro lugar, será más probable que vea con buenos ojos muchas inversiones nuevas. De la misma manera que, en Estados Unidos, la Reserva Federal estimula la economía nacional bajando las tasas de interés, una empresa puede estimular la inversión interna reduciendo su tasa crítica de rentabilidad. (Por supuesto, es posible que esta no sea una decisión inteligente).

Un inconveniente que presenta el método del valor actual neto es que puede ser difícil de exponer y explicar. El concepto de plazo de recuperación de la inversión es fácil de entender, pero el valor actual neto es una cifra que se basa en el *valor descontado de los flujos de efectivo futuros*, lo cual es lenguaje financiero puro y duro. Aun así, un gerente que quiera hacer una presentación sobre el VAN debe persistir. Suponiendo que la tasa crítica de rentabilidad coincida con el coste de capital de la empresa o sea superior a este, cualquier inversión que pase la prueba del valor actual neto incrementará el valor accionarial, y *cualquier* inversión que no pase esta prueba (si se efectúa de todos modos) perjudicará a la empresa y a sus accionistas.

Otro inconveniente potencial son todas las estimaciones y suposiciones que están en la base del cálculo del VAN. Las proyecciones en cuanto al flujo de efectivo solo pueden ser estimaciones. El coste inicial de un proyecto puede ser difícil de precisar. Y, por supuesto, unas tasas de descuento distintas pueden dar lugar a unos resultados radicalmente diferentes con respecto al VAN. De todos modos, cuanto más entiendas el método del valor actual neto más podrás cuestionar las suposiciones de los demás y más fácil te resultará preparar tus propias propuestas, sobre la base de supuestos que puedas defender.

Por si fuera poco, los demás (tu jefe, el director ejecutivo o quien sea) verán que gozas de inteligencia financiera cuando presentes y expliques el VAN en una reunión en la que se debata un gasto de capital. Al comprender el análisis, podrás explicar sin mostrarte dubitativo por qué debería efectuarse la inversión o por qué no debería realizarse.

El método de la tasa interna de retorno (TIR)

El cálculo de la tasa interna de retorno es similar al cálculo del valor actual neto, pero la variable es diferente. En lugar de suponer una determinada tasa de descuento y examinar a continuación el valor actual de la inversión, el método TIR calcula el rendimiento proporcionado por los flujos de efectivo proyectados. A continuación, esta tasa de retorno se puede comparar con la tasa crítica de rentabilidad de la empresa para ver si la inversión supera la prueba.

En nuestro ejemplo, la empresa propone invertir tres mil dólares, y recibirá mil trescientos como flujo de efectivo al final de cada uno de los tres años siguientes. No podemos limitarnos a tomar en consideración el flujo de efectivo bruto total de tres mil novecientos dólares para establecer la tasa de retorno, dado que este se extiende a lo largo de tres años. Por lo tanto, debemos efectuar algunos cálculos.

Para empezar, esta es otra manera de contemplar la TIR: es la tasa crítica de rentabilidad que hace que el valor actual neto sea igual a cero. ¿Recuerdas que dijimos que cuando suben las tasas de descuento baja el valor actual neto? Si efectuases cálculos sobre el VAN utilizando una tasa de interés cada vez mayor, te encontrarías con que el VAN se reduciría cada vez más, hasta volverse negativo, lo cual significaría que el proyecto dejaría de superar la prueba de la tasa crítica de rentabilidad. En el ejemplo anterior, con una tasa crítica de rentabilidad del 10% el VAN sería de unos doscientos doce dólares. Si esta tasa fuese del 20%, el VAN sería negativo, de menos doscientos dieciocho dólares. Por lo tanto, el punto de inflexión (aquel en que el VAN es igual a cero) es un determinado porcentaje situado entre el 10 y el 20%. En teoría, podríamos ir probando con distintos porcentajes hasta dar con él. En la práctica, podemos utilizar una calculadora financiera o alguna herramienta disponible en Internet, que nos revelarían que el punto en que el VAN es igual a cero es el 14,36%. Esta es la tasa interna de retorno de la inversión.

El método TIR es fácil de presentar y explicar, porque permite comparar rápidamente el rendimiento de un proyecto con la tasa crítica de rentabilidad. En el lado negativo, no cuantifica la contribución del proyecto al valor total de la empresa, como sí hace el método VAN. Tampoco cuantifica los efectos de una variable importante, que es durante cuánto tiempo espera disfrutar la empresa de la tasa de retorno dada. Cuando se están tomando en consideración dos proyectos con duraciones diferentes, basarse en la TIR exclusivamente podría conducir a favorecer aquel cuyo plazo de recuperación de la inversión fuese menor y cuyo porcentaje de retorno fuese más elevado, aunque en realidad podría ser mejor invertir en el proyecto cuyo plazo de recuperación de la inversión fuese mayor y cuyo porcentaje de retorno fuese más bajo. El método TIR tampoco aborda la cuestión de la *escala*. Por ejemplo, una TIR del 20% no nos dice nada sobre la envergadura del rendimiento. Podría ser tanto el 20% de un dólar como el 20% de un millón de dólares. En cambio, con el método VAN sí sabemos de qué cantidad de dinero estamos hablando. En definitiva: cuando hay mucho en juego, puede tener sentido utilizar ambos métodos.

COMPARATIVA ENTRE LOS TRES MÉTODOS

De todo lo expuesto se desprenden dos lecciones. Una es que los tres métodos que hemos visto pueden conducir a decisiones diferentes, según cuál sea aquel en el que nos basemos. La otra es que el método VAN es la mejor opción cuando los métodos entran en conflicto. Veamos cómo se manifiestan las diferencias por medio de otro ejemplo.

Volvamos a suponer que tu empresa tiene tres mil dólares para invertir (utilizar cifras pequeñas hace que sea más fácil seguir los cálculos). Y tiene sobre la mesa tres posibilidades de inversión, en tres tipos de sistemas informáticos diferentes:

- *Inversión A:* retorno de efectivo de mil dólares anuales a lo largo de tres años.
- *Inversión B:* retorno de efectivo de tres mil seiscientos dólares al final del primer año.
- *Inversión C:* retorno de efectivo de cuatro mil seiscientos dólares al final del tercer año.

La tasa de rendimiento requerida por tu empresa (la tasa crítica de rentabilidad) es del 9%, y las tres inversiones tienen un riesgo similar asociado. Si solo pudieses elegir una de estas inversiones, ¿cuál sería?

El método del plazo de recuperación de la inversión nos dice cuánto tardaremos en recuperar el dinero invertido inicialmente. Suponiendo que este plazo coincida con el final de cada año, el panorama es el siguiente:

- *Inversión A:* tres años.
- *Inversión B:* un año.
- *Inversión C:* tres años.

Si solo nos basásemos en este método, la inversión B sería la clara ganadora. Pero si efectuamos los cálculos correspondientes al valor actual neto, estos son los resultados:

Inversión A: -469 $ (¡negativa!).
Inversión B: 303 $.
Inversión C: 552 $.

Ahora la inversión A queda descartada, y la inversión C parece la mejor opción. ¿Qué dice el método de la tasa interna de retorno?

- *Inversión A:* 0 %.
- *Inversión B:* 20 %.
- *Inversión C:* 15,3 %.

El tema se ha puesto interesante: si nos basáramos en el método TIR exclusivamente, elegiríamos la inversión B. Pero el cálculo del VAN favorece la inversión C, y lo correcto sería optar por ella. Como nos muestra el VAN, la inversión C rinde más en términos de dólares actuales que la inversión B.

¿A qué se debe? Pues a que si bien la opción B ofrece un rendimiento mayor que la C, solo lo hace durante un año. Con la opción C obtenemos un rendimiento menor, pero a lo largo de tres años. Y obtener un retorno del 15,3% durante tres años es mejor que obtener un retorno del 20% durante un año. Por supuesto, si pudieses seguir invirtiendo ese dinero al 20% la opción B sería la mejor, pero el método VAN no puede tener en cuenta inversiones futuras hipotéticas. Lo que hace es suponer que la empresa puede seguir ganando el 9% sobre su efectivo. Aun así, si tomamos los tres mil seiscientos dólares que proporciona la inversión B al final del primer año y los reinvertimos al 9%, al final del tercer año habremos obtenido un rendimiento menor del que habríamos obtenido con la inversión C.

Por lo tanto, siempre es sensato basarse en los cálculos relativos al VAN a la hora de decidir acerca de inversiones, aunque a veces pueda utilizarse alguno de los otros métodos para realizar presentaciones y generar debate.

EL ÍNDICE DE RENTABILIDAD

El índice de rentabilidad (IR) es una herramienta que se emplea para comparar inversiones de capital. Al fin y al cabo, todas las empresas cuentan con un capital limitado. Muchas tienen la opción de invertir este capital de varias maneras, y cada una de estas posibilidades requeriría, seguramente, una cantidad de dinero diferente. Calcular el IR nos ayuda a ver qué inversiones son, con toda probabilidad, las más interesantes para la empresa.

Para calcular el IR, antes debemos calcular el VAN para cada una de las inversiones. A continuación debemos tomar el valor actual *neto* y volver a añadir el dinero invertido inicialmente para obtener el valor actual. En nuestros tres ejemplos, cada uno requirió una inversión inicial de tres mil dólares. La inversión A presentaba un valor actual neto de menos cuatrocientos sesenta y nueve dolares y un valor actual de dos mil quinientos treinta y un dólares. El VAN de la inversión B era de trescientos tres dólares, y su valor actual era de tres mil trescientos tres dólares. Las cifras de la inversión C eran quinientos cincuenta y dos y tres mil quinientos cincuenta y dos dólares, respectivamente. Para convertir estos resultados en un índice de rentabilidad, toma el valor actual y divídelo por la inversión inicial. Estos son los cálculos:

- El IR correspondiente a la inversión A es 0,84, resultado de dividir 2.531 $ por 3.000 $.
- El IR correspondiente a la inversión B es 1,10, resultado de dividir 3.303 $ por 3.000 $.
- El IR correspondiente a la inversión C es 1,18, resultado de dividir 3.552 $ por 3.000 $.

En otras palabras: la inversión A rinde 0,84 $, en dólares actuales, por cada dólar invertido. La inversión B rinde 1,10 $ y la C 1,18 $. El índice posibilita clasificar por orden las inversiones según el valor de su IR, lo cual es especialmente útil cuando se están buscando oportunidades que requieran grados distintos de inversión. Una inversión puede presentar un VAN más alto que otra, pero si cuesta más que la alternativa, la comparación no es precisa. El IR resuelve este problema.

LA PARTE DIFÍCIL

La clave para efectuar análisis del ROI que sean útiles, y la parte más difícil de cualquier método, es realizar buenas estimaciones de los beneficios futuros de la inversión que se está explorando. Este es el verdadero reto, y es aquí donde se incurre en los errores más habituales. Incluso las grandes compañías tienen dificultades a este respecto;

basta con observar la cantidad de adquisiciones y otras grandes inversiones que no salen a cuenta. Estas malas inversiones casi siempre son el resultado de proyecciones no realistas en cuanto a los futuros beneficios económicos que reportará el proyecto.

¿Cómo puedes evitar cometer este tipo de errores? Lo más importante que debes recordar es que conviene que te centres en el flujo de efectivo, no en los beneficios futuros. No salirse de ahí requiere un paso analítico adicional cuando se están efectuando proyecciones, pero este esfuerzo extra vale la pena.

Vamos a desarrollar un ejemplo. Como ahora estás más familiarizado con el análisis de los gastos de capital, utilizaremos unos números más parecidos a los que podemos encontrar en el mundo real (de todos modos, seguirán siendo cantidades simplificadas). Vamos allá.

Tienes la oportunidad de construir una nueva instalación industrial que incrementará la capacidad de producción de tu empresa durante tres años. El coste de la instalación es de treinta millones de dólares, y durará cuatro años (seguiremos manteniendo unos períodos de tiempo cortos para ponértelo más fácil). En esta instalación se fabricarán suficientes productos nuevos como para que se generen sesenta millones de dólares en concepto de ingresos adicionales en cada uno de los tres años siguientes.

El estado de resultados proyectado en relación con esta iniciativa podría tener este aspecto:

	1.er año	2.º año	3.er año
Ingresos	60.000.000 $	60.000.000 $	60.000.000 $
Material y mano de obra	30.000.000 $	30.000.000 $	30.000.000 $
Depreciación	10.000.000 $	10.000.000 $	10.000.000 $
Beneficio operativo	20.000.000 $	20.000.000 $	20.000.000 $
Impuestos	5.000.000 $	5.000.000 $	5.000.000 $
Beneficio neto	15.000.000 $	15.000.000 $	15.000.000 $

Parece un buen proyecto, ¿verdad? Inviertes treinta millones de dólares y obtienes un beneficio de cuarenta y cinco millones a lo largo de tres años. Pero hemos omitido un punto fundamental a propósito: el ejemplo compara el *beneficio* obtenido con el proyecto con el *efectivo* invertido. Y como recordarás de capítulos anteriores, el beneficio no es lo mismo que el efectivo. Comparar el beneficio obtenido con las ventas con la inversión de efectivo es como comparar plátanos con nectarinas.

Habitualmente hacen falta dos pasos para llegar al efectivo a partir del beneficio operativo. En primer lugar, hay que volver a añadir el importe correspondiente a cualquier gasto que no sea de efectivo. La depreciación, por ejemplo, es un gasto que no es de efectivo que reduce el beneficio pero no afecta al flujo de caja. En segundo lugar, hay que tomar en consideración el capital circulante adicional. Más ventas requerirán más inventario y conducirán a más cuentas por cobrar (dos elementos clave del capital circulante). Estas dos inversiones se tendrán que financiar con efectivo.

Por lo tanto, supongamos que este nuevo incremento de las ventas requiere vender a clientes nuevos cuya calificación crediticia es peor que la de los clientes actuales de la empresa. Tal vez se tardará sesenta días en cobrar de estos clientes en lugar de cuarenta y cinco. Tal vez habrá diez millones de dólares más en concepto de cuentas por cobrar en el transcurso de estos tres años. Mientras tanto, supongamos que el inventario debe aumentar por valor de cinco millones de dólares para cubrir las ventas adicionales. (Los financieros pueden estimar todas estas cantidades con cierta precisión a partir de los estados financieros pasados; para este ejemplo, estamos suponiendo cuáles podrían ser dichas cantidades).

Los cálculos que desembocarían en el efectivo a partir del beneficio serían los siguientes:

	1.er año	2.º año	3.er año
Ingresos	60.000.000 $	60.000.000 $	60.000.000 $
Material y mano de obra	30.000.000 $	30.000.000 $	30.000.000 $
Depreciación	10.000.000 $	10.000.000 $	10.000.000 $
Beneficio operativo	20.000.000 $	20.000.000 $	20.000.000 $
Impuestos	5.000.000 $	5.000.000 $	5.000.000 $
Beneficio neto	15.000.000 $	15.000.000 $	15.000.000 $
Depreciación*	10.000.000 $	10.000.000 $	10.000.000 $
Capital circulante	(15.000.000) $	0 $	15.000.000 $
Fujo de efectivo neto	10.000.000 $	25.000.000 $	40.000.000 $

Ahora el proyecto parece mucho más atractivo. Los cálculos indican que los treinta millones de dólares invertidos rentarán setenta y cinco millones de dólares en el transcurso de tres años. Obviamente, aún deberás analizar el valor actual neto para ver si esta inversión tiene sentido para la empresa.

Recuerda que en el análisis del ROI el diablo está oculto en los detalles. Cualquiera puede hacer que las proyecciones parezcan lo bastante buenas como para dar la impresión de que la inversión está justificada. Muchas veces tiene sentido realizar un *análisis de sensibilidad*, es decir, comprobar los cálculos utilizando flujos de efectivo futuros que correspondan al 80 o el 90% de las proyecciones originales y ver si la inversión sigue pareciendo buena. En caso de ser así, puedes tener mayor confianza en que tus cálculos te están encaminando hacia la decisión correcta.

En este capítulo ha habido muchos cálculos, somos conscientes de ello. Pero a veces te sorprendería ver lo intuitivo que puede ser todo el proceso. No hace mucho, Joe estaba dirigiendo una reunión

---

* N. del T.: Obsérvese que el importe correspondiente a la depreciación, incluido antes como merma de los ingresos y en detrimento del beneficio neto, se añade de nuevo, esta vez en favor del flujo de efectivo neto.

centrada en la revisión de las finanzas en Setpoint. Un alto directivo de la empresa sugirió que se invirtieran ochenta mil dólares en un nuevo centro de mecanizado para poder producir determinadas piezas internamente en lugar de depender de un proveedor externo. A Joe la propuesta no le entusiasmó por varias razones, pero antes de que pudiera hablar, un técnico de montaje de taller le hizo estas preguntas al directivo:

- ¿Ha averiguado usted el flujo de efectivo mensual que recibiremos gracias a esta máquina? ¡Ochenta mil dólares es mucho dinero!
- ¿Se da usted cuenta de que estamos en primavera, época en que las ventas no suelen atravesar su mejor momento, y de que vamos justos de efectivo durante el verano?
- ¿Se ha preocupado usted de averiguar el coste de la mano de obra? Todos estamos muy ocupados en el taller, por lo que probablemente tendrá que contratar a alguien que lleve la máquina.
- ¿No hay mejores maneras de gastar este efectivo para hacer crecer la empresa?

Tras este interrogatorio tan intenso, el directivo renunció a la propuesta. Acaso el técnico de montaje no era un experto en los cálculos que llevan al valor actual neto, pero está claro que conocía los conceptos.

La intuición es maravillosa cuando funciona. Si tienes la ocasión de tomar decisiones (o de cuestionar la propuesta de alguien) basándote en la intuición, adelante. De todos modos, la intuición no basta frente a proyectos más grandes o complejos; en estos casos debemos contar, además, con análisis sólidos. Es entonces cuando necesitamos los conceptos y procedimientos esbozados en este capítulo.

Caja de herramientas

UNA GUÍA PASO A PASO PARA ANALIZAR LOS GASTOS DE CAPITAL

Estás hablando con tu jefe sobre la posibilidad de comprar una nueva máquina para la fábrica, o tal vez de lanzar una nueva campaña publicitaria, y da por finalizada la reunión abruptamente: «Suena bien —dice—. Escríbeme una propuesta con el ROI; el lunes quiero encontrarla sobre mi mesa».

Que no te invada el pánico. Aquí tienes una guía paso a paso para preparar la propuesta:

1. Recuerda que *ROI* significa 'retorno de la inversión', por lo que tu jefe te ha dicho, con otras palabras, que prepares un análisis del gasto de capital asociado a tu propuesta. Quiere saber si la inversión vale la pena y quiere ver los cálculos que la respaldan.
2. Reúne tantos datos como puedas sobre el coste de la inversión. En el caso de una nueva máquina, los costes totales incluirían el precio de compra y los costes del envío, la instalación, el tiempo de inactividad en la fábrica, la detección y eliminación de errores, la formación de la persona o las personas que utilizarán la máquina, etc. Cuando debas hacer estimaciones, ten en cuenta este hecho: trata el total como

un desembolso inicial de efectivo. También deberás determinar la vida útil de la máquina, una tarea nada fácil (¡pero que forma parte del arte que tanto disfrutamos!). Puedes hablar con el fabricante y con otras personas que hayan comprado ese artefacto para que te ayuden a hacerte una buena idea al respecto.

3. Determina los beneficios de la nueva inversión, en cuanto a lo que le permitirá ahorrar a la empresa o lo que la ayudará a ganar. Los cálculos relativos a una nueva máquina deberían incluir cualquier ahorro de costes debido a una mayor velocidad de salida, un menor reprocesamiento y una menor cantidad de personas necesarias para realizar el trabajo asociado a la máquina. También deberían incluir un incremento de las ventas debido a una mayor satisfacción de los clientes, etc. Lo difícil es realizar una estimación del flujo de efectivo a partir de todos estos factores, como veíamos en el capítulo veintisiete. No temas pedir ayuda al departamento de finanzas; están habituados a realizar este tipo de estimaciones y deberían estar dispuestos a echar una mano.

4. Averigua la tasa crítica de rentabilidad de la empresa para este tipo de inversión. Calcula el valor actual neto del proyecto basándote en esta tasa. No dejes de acudir al departamento de finanzas; deberían tener una hoja de cálculo que garantice que reunirás los datos que consideran importantes y que ejecutarás los cálculos tal como quieren que se realicen.

5. Calcula el plazo de recuperación de la inversión y la tasa interna de retorno (es probable que la hoja de cálculo del departamento de finanzas incluya ambas cosas). Es muy posible que el jefe te haga preguntas al respecto, por lo que debes tener las respuestas preparadas.

6. Redacta la propuesta. Sé breve. Explica el proyecto, presenta los costes y los beneficios (tanto económicos como de otro tipo) y expón los riesgos. Habla de cómo encaja el proyecto

dentro de la estrategia empresarial o de la posición competitiva de la empresa. A continuación, haz tus recomendaciones. Incluye los cálculos conducentes al VAN, al plazo de recuperación de la inversión y a la TIR por si el jefe te pregunta cómo obtuviste estos resultados.

A veces, los gerentes se pasan de la raya al redactar propuestas de gastos de capital. Probablemente, la causa de ello sea la propia naturaleza humana: a todos nos gusta lo nuevo y, por lo general, es bastante fácil hacer que los números apoyen una propuesta de inversión. Pero aconsejamos el conservadurismo y la cautela. Expón con exactitud qué estimaciones consideras sólidas y cuáles pueden no serlo tanto. Realiza un análisis de sensibilidad y demuestra (si puedes) que las estimaciones tienen sentido incluso si los flujos de efectivo no se materializan en el grado esperado. Una propuesta conservadora es probable que sea financiada, y también es probable que fomente el valor de la empresa a largo plazo.

Un comentario más. A veces no merece la pena dedicar tiempo y esfuerzos a realizar este tipo de análisis. Puede ocurrir, por ejemplo, que un alto ejecutivo te pida que justifiques una decisión que ya ha tomado. Entonces no tiene sentido efectuar el análisis (a menos que no puedas evitarlo). Solo tendrás que jugar con tus suposiciones y estimaciones hasta que los números sean los «correctos». Conocemos una pequeña empresa de *software* (cuyos ingresos no llegan a ser de cincuenta millones de dólares al año) cuyo propietario decidió que quería un *jet* corporativo. Le pidió al controlador de la empresa que hiciera un análisis del ROI para asegurarse de que la operación de la compra del avión tuviera sentido desde el punto de vista económico. Cuando los números del controlador mostraron que la inversión se salía completamente de lo que podía permitirse una empresa de esas dimensiones, el propietario le pidió que rehiciera el análisis con información «nueva». Los nuevos números tampoco justificaron la adquisición. No importó; lo último que supimos fue que el propietario estaba esperando a cerrar una gran venta para comprar el avión a continuación.

Por otra parte, algunas inversiones no son complicadas de evaluar ni requieren un análisis detallado. En la empresa de Joe, Setpoint, los ingenieros generan varios cientos de dólares al día en ganancias brutas cuando están trabajando en un proyecto valioso. Si el sistema CAD (el programa de diseño asistido por ordenador) de un ingeniero deja de funcionar, esa persona no puede generar esas ganancias. Por lo tanto, imaginemos que el ordenador de Robert está envejeciendo y falla periódicamente. Si no funciona durante varios días en el transcurso de un año, la empresa podría perder miles de dólares en ganancias brutas. Un ordenador nuevo cuesta cuatro mil dólares; no es necesario calcular el VAN ni la TIR para darse cuenta de que vale la pena adquirirlo.

EL CÁLCULO DEL COSTE DE CAPITAL

¿Cómo determina una empresa la tasa de interés o de descuento que tiene que aplicar cuando analiza los presupuestos de capital? Para responder esta pregunta hay que saber cuál es el *coste de capital* de la empresa.

El coste de capital puede ser difícil de calcular. Para poder hacerlo, hay que saber varias cosas sobre la empresa:

- ¿Cuál es el porcentaje de deuda y capital propio que utiliza para financiar sus operaciones?
- ¿Qué grado de volatilidad tienen las acciones de la empresa?
- ¿Cuál es el coste total del interés asociado a su deuda?
- ¿Cuáles son las tasas de interés que predominan en el mercado?
- ¿Cuál es la tasa impositiva actual de la empresa?

La respuesta a estas preguntas permite determinar la tasa de retorno o de interés mínima requerida para justificar una inversión.

A modo de ejemplo, supongamos que estas son las respuestas correspondientes a las preguntas que acabamos de exponer:

- La empresa financia sus operaciones con deuda en un 30% y capital propio en un 70%. (Estos porcentajes se pueden calcular a partir de las cifras que constan en el balance general).
- La volatilidad de las acciones, según el coeficiente beta, es de 1,25. (El coeficiente beta mide la volatilidad de un valor en comparación con el mercado en su conjunto. En las acciones que normalmente suben y bajan con el mercado, como las de muchas grandes empresas industriales, este coeficiente es próximo a 1,0; el coeficiente beta de las acciones de empresas más volátiles, que tienden a subir y bajar más que el mercado, podría ser de 2,0, y el de las empresas que son estables en relación con el mercado, como las de servicios públicos, podría ser de 0,65. Cuanto mayor es el coeficiente beta, más elevado es el riesgo asociado a esas acciones a los ojos de los inversores).
- La tasa de interés promedio asociada a la deuda de la empresa es del 6%.
- La tasa de interés de una letra del tesoro estadounidense exenta de riesgos es del 3%. Se espera que una inversión típica en el mercado de valores proporcione un rendimiento del 11%.
- La tasa impositiva de la empresa es del 25%.

Disponiendo de esta información, ya podemos determinar el *coste de capital promedio ponderado* (CCPP) de la empresa, es decir, el coste de su deuda y su capital propio ponderado por la proporción del 70 al 30%. El CCPP es el rendimiento mínimo que una empresa debe obtener sobre su base de activos para satisfacer a los acreedores, a los propietarios y a todos los demás aportadores de capital.

El primer paso consiste en calcular el coste de la deuda. Dado que el interés asociado a la deuda se puede deducir de los impuestos, debemos observar tanto la tasa de interés como la tasa impositiva para determinar el coste después de impuestos. Esta es la fórmula:

coste de la deuda = interés promedio sobre el coste de la deuda ×
(1 – tasa impositiva)

En el caso de la empresa hipotética que nos está sirviendo de ejemplo, los números serían estos:

coste de la deuda = 6% × (1,00 – 0,25) = 4,5%

El siguiente paso consiste en calcular el coste del capital propio utilizando el coeficiente beta (relativo al riesgo) y las tasas de interés imperantes. Esta es la ecuación:

coste del capital propio = tasa de interés exenta de riesgo + beta ×
(tasa de mercado – tasa libre de riesgo)

En el caso de la empresa del ejemplo, los números serían estos:

coste del capital propio = 3% + 1,25 × (11% – 3%) = 13%

El análisis muestra que el coste de la deuda después de impuestos de esta empresa es del 4,5 % y que el coste de su capital propio es del 13 %.

Finalmente, sabemos que la empresa financia sus operaciones con deuda en un 30% y capital propio en un 70%. Por lo tanto, el CCPP sería el siguiente:

(0,3 × 4,5%) + (0,7 × 13) = 10,45%

La rentabilidad mínima que debería obtener la empresa por sus inversiones es del 10,45 %. Este rendimiento justifica el uso que hace del capital.

Al mirar los números, podrías preguntarte: «¿Por qué no utilizar más deuda de bajo coste y menos capital propio de alto coste? ¿No reduciría esto el coste de capital de la empresa?». Bien, podría ser que sí, pero también podría ser que no. Asumir más deuda incrementa el riesgo. Este riesgo percibido podría hacer subir el coeficiente beta de las acciones y, así, elevar el coste del capital propio todavía más. El riesgo adicional también podría persuadir a los tenedores de deuda de exigir un mayor rendimiento. Estos incrementos podrían acabar con lo que se obtendría de más al aumentar la deuda.

Quienes llevan las finanzas de las empresas deben determinar la combinación correcta de deuda y capital propio para reducir al mínimo el CCPP. Es difícil lograr que esta combinación sea la óptima, y cambia a medida que lo hacen la tasa de interés y el riesgo percibido. Si el personal de finanzas consigue dar con la combinación más apropiada, ciertamente se estará ganando el sustento.

Se suele considerar que el CCPP es la rentabilidad mínima que debería obtener una empresa por sus inversiones de capital. La mayoría de las grandes compañías evalúan su CCPP una vez al año y lo utilizan como punto de referencia para establecer la tasa crítica de rentabilidad para el VAN y para otros cálculos de presupuestación de capital. Sin embargo, a la hora de determinar la tasa crítica de rentabilidad, las empresas suelen añadir dos o tres puntos porcentuales al CCPP, para contar con un margen de error.

PONIENDO TODO JUNTO: EL VALOR ECONÓMICO AÑADIDO Y EL BENEFICIO ECONÓMICO

El valor económico añadido (VEA; EVA por sus siglas en inglés) y el beneficio económico son indicadores muy utilizados para evaluar el desempeño financiero de las empresas. Sirven para cuantificar casi lo mismo, pero se calculan de forma ligeramente diferente.

Hasta donde sabemos, el VEA es el único indicador que es una marca registrada de una firma de consultoría (es propiedad de Stern Stewart & Co., una empresa de Nueva York). La idea subyacente es la siguiente: una empresa incrementa el valor que tiene para sus accionistas solo si obtiene un beneficio ajustado al riesgo mayor del que podría haber obtenido invirtiendo ese mismo capital en otra parte.

Para calcular el VEA y el beneficio económico, se empieza por calcular el retorno sobre el capital total (ROTC). A continuación, hay que restar el CCPP a esta cantidad. Los defensores de los indicadores que son el VEA y el beneficio económico señalan que una empresa debe incurrir en costes para comprar los activos operativos que utiliza para generar ganancias, ya sea que emplee capital propio, deuda o alguna combinación de ambos. Para comprender el verdadero beneficio de una empresa, hay que tener en cuenta estos costes.

Siguiendo con la empresa ficticia que nos está sirviendo de ejemplo, vamos a ver cómo le está yendo según estos indicadores. Recuerda que el CCPP de dicha empresa era del 10,45 %. También diremos que su ROTC es del 9,6 %, como en el ejemplo del capítulo veintiuno.

La fórmula del VEA es la siguiente:

$$\text{VEA} = \text{ROTC} - \text{CCPP}$$

Por lo tanto, estos son los números de la empresa que estamos examinando:

$$\text{VEA} = 9{,}60\,\% - 10{,}45\,\% = -0{,}85\,\%$$

En resumidas cuentas, su VEA es negativo. Obtuvo un rendimiento para los proveedores de capital que fue casi un punto porcentual más bajo del que sería normal que esperasen. Si el VEA de esta empresa se mantiene negativo, es probable que los accionistas y los prestamistas busquen en otra parte.

Veamos ahora qué significa este VEA negativo para el beneficio económico. Este último convierte el porcentaje del VEA en una cantidad en dólares (o en la moneda que sea); con este fin, hay que multiplicar el VEA por el capital total, calculado de la manera que mostrábamos en el capítulo veintiuno. Entonces, si el capital total invertido en la empresa es de tres mil seiscientos cuarenta y seis billones de dólares, como en el ejemplo del capítulo veintiuno, el cálculo será el siguiente:

$$\text{beneficio económico} = \frac{-0,85 \times 3.646.000.000}{100} = -30.991.000 \ \$$$

El rendimiento para los proveedores de capital es 31 millones de dólares inferior al que podrían esperar, razonablemente, de esta empresa.

¿Y al año siguiente? Supongamos que el rendimiento de la empresa mejora y que el ROTC alcanza el 12 %. Mientras tanto, su CCPP desciende hasta el 9,5 % porque las tasas de interés han bajado. Lo único que permanece igual es el capital total. Ahora el VEA de la empresa es del 12 % menos el 9,5 %, es decir, del 2,5 %, mientras que su beneficio económico es el 2,5 % de 3.646 millones de dólares, es decir, 91.150.000 dólares. ¡Esta es una gran mejora!, que deberá alegrar a los proveedores de capital.

Inteligencia financiera aplicada: influir en el capital circulante

28

La magia de influir en el balance general

EMOS ESCRITO LAS PALABRAS *INFLUIR en el balance general* un par de veces anteriormente en este libro. Ahora queremos examinar con mayor detalle la forma de hacerlo. La razón de ello es que influir en el balance general con astucia es como hacer magia financiera. Le permite a una empresa mejorar su rendimiento financiero sin tan siquiera tener que incrementar las ventas o reducir los gastos. Una mejor gestión del balance general hace que una empresa sea más eficiente a la hora de convertir los insumos en productos y, en última instancia, en efectivo. Acelera el *ciclo de conversión de efectivo*, un concepto que abordaremos más adelante en esta parte. Las empresas que pueden generar más efectivo en menos tiempo cuentan con mayor libertad de acción; no dependen tanto de inversores o prestamistas externos.

Sin lugar a dudas, el departamento de finanzas de tu empresa es el responsable último de la gestión del balance general. El personal de finanzas es el encargado de calcular qué cantidades pedir prestadas y bajo qué condiciones, de organizar la inversión de capital propio cuando sea necesario y de vigilar el activo y pasivo general de la empresa. Pero los mandos no financieros tienen un gran impacto en ciertas partidas clave del balance general, que en conjunto se conocen como *capital circulante*. El capital circulante es un magnífico terreno en el que desarrollar y aplicar la inteligencia financiera. Una vez que hayas comprendido el concepto, serás alguien valioso para la organización financiera y los altos directivos. Si aprendes a administrar mejor el capital circulante, podrás tener un gran impacto tanto en la rentabilidad de tu empresa como en su posición de efectivo.

LOS ELEMENTOS DEL CAPITAL CIRCULANTE

El *capital circulante* es una categoría de recursos que incluye el efectivo, el inventario y las cuentas por cobrar, menos todo lo que deba la empresa a corto plazo. Se obtiene directamente del balance general, y se suele calcular según esta fórmula:

capital circulante = activo circulante – pasivo circulante

Por supuesto, esta ecuación se puede desglosar. Como hemos visto, el activo circulante incluye elementos como el efectivo, las cuentas por cobrar y el inventario. El pasivo circulante incluye las cuentas por pagar y otras obligaciones de pago a corto plazo. Pero estas no son partidas aisladas; representan distintas etapas del ciclo de producción y diversas modalidades de capital circulante.

Vamos a ilustrar este asunto. Imagina una pequeña empresa manufacturera. Todo ciclo de producción comienza con el efectivo, que es el primer componente del capital circulante. La empresa toma el efectivo y compra algunas materias primas. Esto da lugar al inventario

Capital circulante

El *capital circulante* es el dinero que necesita una empresa dada para financiar sus operaciones diarias. Para determinarlo, los contables suelen sumar el efectivo, el inventario y las cuentas por cobrar, y después restan el importe correspondiente a las deudas a corto plazo.

de materias primas, un segundo componente del capital circulante. A continuación las materias primas son utilizadas para la producción, lo cual da lugar al inventario de trabajo en proceso y, después, al inventario de productos terminados, que también forman parte de la categoría «inventario» dentro del capital circulante. Finalmente, la empresa vende los bienes a los clientes, por lo que se generan las cuentas por cobrar, que son el tercer y último componente del capital circulante (figura 28.1). En una empresa de servicios, el ciclo es similar pero más simple. Por ejemplo, nuestra propia empresa, el Business Literacy Institute, está centrada en impartir formación sobre todo. Su ciclo operativo implica el tiempo requerido desde el desarrollo inicial de los materiales de formación hasta la finalización de las clases y el cobro de las facturas. Cuanto más eficientes seamos al acabar los proyectos y al realizar el seguimiento de los cobros, más saludables serán nuestra rentabilidad y nuestro flujo de caja. De hecho, la mejor manera que tiene de ganar dinero una empresa de servicios es brindar el servicio rápido y bien, y luego cobrarlo lo antes posible.

A lo largo de este ciclo, cambia la *forma* que adopta el capital circulante. Pero la *cantidad* no cambia, a menos que entre más efectivo al sistema (por ejemplo, a través de préstamos o inversiones de capital).

Figura 28.1
El capital circulante y el ciclo de producción

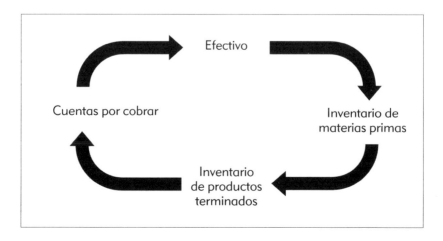

Por supuesto, si la empresa compra a crédito, parte del efectivo permanece intacto, pero se crea la partida «cuentas por pagar» dentro del pasivo del balance general. Este concepto debe deducirse de los otros tres componentes para obtener una imagen precisa del capital circulante de la empresa.

EL CÁLCULO DEL CAPITAL CIRCULANTE

Las empresas suelen basarse en tres elementos principales a la hora de calcular el capital circulante: las cuentas por cobrar, el inventario y las cuentas por pagar. Un cambio en cualquiera de estos elementos hace que el capital circulante se incremente o se reduzca, de estas maneras:

- *Cuentas por cobrar* hace referencia al uso de efectivo para financiar las compras de los clientes, por lo que un incremento en esta partida supone un aumento del capital circulante.
- *Inventario* hace referencia al uso de efectivo para comprar y almacenar existencias con el fin de venderlas a clientes, por lo que un incremento en esta partida también supone un aumento del capital circulante.
- *Cuentas por pagar*, sin embargo, hace referencia al dinero que se debe a otros, por lo que un incremento en esta partida supone un descenso del capital circulante.

Puedes utilizar algunas de las ratios que hemos presentado hasta el momento con el fin de familiarizarte con el capital circulante e influir en él. Como puedes imaginar, todas estas ratios miden las cuentas por cobrar, el inventario o las cuentas por pagar. El período medio de cobro (PMC), como recordarás, mide el tiempo medio que se tarda en cobrar por las ventas realizadas. Por lo tanto, reducir el PMC permite a las empresas reducir el capital circulante. La ratio *días en inventario* (DII) hace referencia a la cantidad de días que el inventario permanece en el sistema. Puesto que el inventario cuesta dinero, bajar esta ratio permite reducir el capital circulante. A estas alturas es probable que ya hayas adivinado cuál es el tercer indicador clave: el período medio de pago (PMP). Si se incrementa el PMP (es decir, si se tarda más en pagar las facturas), se reduce el capital circulante. Hablaremos de la gestión de estos elementos del capital circulante en los capítulos veintinueve y treinta.

En general, ¿qué cantidad de capital circulante es bueno que tenga una empresa? No es fácil responder esta pregunta. Toda empresa necesita contar con una cantidad de efectivo e inventario que le permita desarrollar su actividad. Cuanto más grande sea y cuanto más rápidamente esté creciendo, más capital circulante necesitará, probablemente. Pero el verdadero reto consiste en utilizar el capital circulante de manera eficiente. Las tres partes del capital circulante en las que pueden tener un verdadero impacto los mandos no financieros son las cuentas por cobrar, el inventario y las cuentas por pagar (aunque esta última pueden afectarlo en menor medida). Nos ocuparemos de las tres sucesivamente.

Antes de proceder, sin embargo, será oportuno que nos preguntemos una vez más cuánto «arte» incluyen estos cálculos. En este caso, la mejor respuesta puede ser «un poco». El efectivo es un número muy concreto, que admite poca manipulación. Los números correspondientes a las cuentas por cobrar y por pagar también son relativamente sólidos. Con el inventario no ocurre lo mismo. Hay varias técnicas contables y distintos supuestos que permiten a las empresas valorar el inventario de maneras diferentes. Por lo tanto, la forma en que calcule el capital circulante una empresa dada dependerá, hasta cierto punto, de las reglas que aplique. De todos modos, en términos generales puedes partir de la base de que las cifras que veas relativas al capital circulante no están asociadas a tanta subjetividad como muchas de las cifras que hemos visto con anterioridad.

29

Partidas del balance general en las que puedes influir

A MAYORÍA DE LAS EMPRESAS utilizan su efectivo para financiar la compra de productos o servicios por parte de sus clientes. Ello se refleja en la línea del balance general dedicada a las «cuentas por cobrar». La cifra que ahí consta corresponde a la cantidad de dinero que deben los clientes en un determinado punto en el tiempo, a partir del valor de lo que compraron antes de esa fecha.

Como vimos en la quinta parte, la ratio clave relativa a las cuentas por cobrar es el período medio de cobro (PMC). Esta ratio indica cuál es la cantidad de días promedio que transcurren antes de percibirse el dinero correspondiente a estas cuentas. *Cuanto más alto sea el número del PMC, más capital circulante hará falta para que la empresa pueda seguir desarrollando su actividad.* Los clientes tienen más efectivo en forma de productos o servicios por los que aún no han pagado, así que este efectivo no está disponible para comprar inventario, prestar más servicios, etc. Inversamente, cuanto más bajo sea el número del PMC, menos capital circulante hará falta para que la empresa siga adelante. De todo ello se desprende que cuantas más personas sepan acerca del PMC y trabajen para rebajarlo, más efectivo tendrá la empresa a su disposición para poder utilizarlo de manera inmediata.

INFLUIR EN EL PMC

Para influir en el PMC, lo primero que hace falta es saber qué es y en qué dirección se ha estado dirigiendo. Si es más alto de lo que debería, y especialmente si está subiendo (que es lo que ocurre casi siempre), los gerentes deben empezar a hacerse preguntas.

Los gerentes de operaciones y los de recursos humanos, por ejemplo, deben preguntarse si hay problemas con los productos que puedan hacer que los clientes estén menos dispuestos a pagar las facturas. ¿Está la empresa vendiendo lo que los clientes quieren y esperan? ¿Hay algún problema con las entregas? Es fácil que los problemas de calidad y los retrasos en las entregas ocasionen demoras en los pagos, ya que los clientes, al no estar satisfechos con los productos que reciben, deciden que se lo tomarán con calma para pagar. Los gerentes de control de calidad, de prospección de mercados, de desarrollo de productos, etc., tienen un impacto sobre las cuentas por cobrar, como lo tienen los gerentes de producción y los de los departamentos de envíos. En una empresa de servicios, las personas que prestan el servicio deben hacerse las mismas preguntas: si los clientes no están satisfechos con lo que reciben, también se tomarán su tiempo para pagar.

Los gerentes de departamentos que tratan con el cliente (es decir, los gerentes de ventas y los de servicio al cliente) deben hacerse unas preguntas similares. ¿Son solventes los clientes? ¿Cuánto se suele tardar en cobrar las facturas en el sector? ¿Se encuentra la empresa en una parte del mundo en la que los pagos se efectúan con rapidez o en una parte del mundo en la que se tarda en pagar? Los vendedores son quienes suelen tener el primer contacto con el cliente, por lo que les corresponde a ellos comunicar cualquier preocupación relativa a la salud financiera de un cliente dado. Una vez que se ha efectuado la venta, el departamento de servicio al cliente debe tomar la iniciativa y saber qué está pasando. ¿Qué está ocurriendo en la tienda del cliente? ¿Están trabajando horas extras? ¿Se está despidiendo a gente? Mientras tanto, los vendedores deben trabajar con el personal de la sección de crédito y del departamento de servicio al cliente para que todos entiendan los términos desde el principio y lo adviertan cuando un cliente vaya retrasado en el pago. En una empresa con la que trabajamos, los repartidores eran quienes más sabían sobre la situación de los clientes, porque entraban en sus instalaciones todos los días, y alertaban al departamento de ventas y al de contabilidad si tenían la impresión de que alguno de ellos tenía algún problema.

Los gerentes de crédito deben preguntar si los términos ofrecidos son buenos para la empresa y si son coherentes con el historial crediticio del cliente. Tienen que efectuar valoraciones en cuanto a si la empresa está dando crédito con demasiada ligereza o si es demasiado estricta en sus políticas crediticias. Es un juego de equilibrios aumentar las ventas por un lado y otorgar crédito a los clientes que presentan un riesgo crediticio menor por el otro. Los gerentes de crédito deben establecer los términos precisos que están dispuestos a ofrecer. ¿Son satisfactorios treinta días contados a partir de la fecha de emisión de la factura o se debería permitir que el pago fuese a sesenta días? También deben establecer estrategias tales como ofrecer descuentos por pago anticipado. Por ejemplo, «2/10, neto 30» significa que los clientes obtienen un descuento del 2% si pagan sus facturas en diez días y ningún descuento si esperan treinta días. A veces, un descuento del 1 o el 2% puede ayudar a una empresa que tenga dificultades a cobrar sus cuentas pendientes y, por lo tanto, a reducir su PMC; aunque, por supuesto, esto va a repercutir en una menor rentabilidad.

Conocemos una pequeña empresa que tiene un enfoque simple y particular sobre el tema de otorgar crédito a los clientes. Esta empresa ha identificado las características que quiere que tengan sus clientes e incluso le ha puesto nombre a su cliente ideal: «Bob». Las cualidades de Bob son las siguientes:

- Trabaja para una gran empresa.
- Su empresa tiene fama de pagar puntualmente sus facturas.

- Puede mantener y comprender el producto suministrado (esta empresa fabrica productos complejos que tienen mucha tecnología incorporada).
- Busca una relación a largo plazo.

Si un cliente nuevo cumple estos criterios, su empresa conseguirá que esta pequeña compañía manufacturera le dé crédito. De otro modo, no lo conseguirá. La consecuencia de esta política es que la empresa ha logrado mantener el PMC bastante bajo y crecer sin necesitar una mayor inversión de capital.

Todas estas decisiones afectan en gran medida a las cuentas por cobrar y, por lo tanto, al capital circulante. De hecho, pueden tener un impacto descomunal. Reducir el PMC aunque sea en un solo día puede repercutir en un ahorro de millones de dólares diarios en el caso de una gran empresa. Por ejemplo, consulta el cálculo del PMC del capítulo veinticuatro y verás que un día de ventas de esa empresa hipotética equivale a más de veinticuatro millones de dólares. Por lo tanto, en el caso de esa empresa, el hecho de reducir el PMC de cuarenta y cinco días a cuarenta y cuatro supondría un incremento de veinticuatro millones de dólares en su efectivo, dinero que la empresa podría utilizar con alguna finalidad.

INFLUIR EN EL INVENTARIO

Muchos directivos y gerentes (¡y consultores!) están prestando atención al inventario hoy en día. Trabajan para reducirlo en la medida de lo posible. Utilizan denominaciones que están de moda para referirse a ello, como *producción ajustada*, *inventario justo a tiempo* o *cantidad económica de pedido* (EOQ, por sus siglas en inglés). Vamos a ver a continuación las razones por las que el inventario está recibiendo toda esta atención. La gestión eficiente del inventario reduce los requisitos en cuanto al capital circulante, al liberarse grandes cantidades de efectivo.

La finalidad de gestionar el inventario no es reducirlo a cero, por supuesto; esto dejaría insatisfechos a muchos clientes. La finalidad es reducirlo al mínimo a la vez que la empresa se asegura de que todas las materias primas y todos los componentes necesarios estén disponibles cuando sea preciso, y de que todos los productos estén listos para ser suministrados en el momento en que los clientes hagan sus pedidos. Una empresa manufacturera tiene que estar encargando materias primas constantemente; también tiene que estar elaborando productos sin parar y tenerlos listos para enviar. Los mayoristas y minoristas deben reponer sus existencias con regularidad y evitar el temido desabastecimiento, es decir, que un determinado artículo no esté disponible en el momento en que un cliente lo quiera comprar. Sin embargo, cada artículo que forma parte del inventario inmoviliza algo de efectivo, lo que significa que esta cantidad de efectivo no se puede utilizar para otros fines. Ahora bien, ¿cuál es la cantidad exacta de inventario que se requiere para satisfacer a los clientes y reducir al mínimo el efectivo inmovilizado? Bueno, esta es la pregunta del millón (y el motivo por el que hay tantos consultores).

No podemos hablar aquí de las técnicas de gestión del inventario; esto se saldría del marco de esta obra. Pero sí señalaremos que las decisiones de los gerentes de muchas áreas influyen en el inventario de la empresa, lo cual significa que todos ellos pueden hacer que se necesite menos capital circulante. Por ejemplo:

- A los *vendedores* les encanta decirles a los clientes que podrán tener exactamente lo que quieran. ¿Pintura personalizada? No hay problema. ¿Cualquier tipo de extra o accesorio? No hay problema. Pero cada variación requiere un poco más de inventario, lo que significa un poco más de efectivo. Obviamente, los clientes deben quedar satisfechos. Sin embargo, este requisito de sentido común debe equilibrarse con el hecho de que el inventario cuesta dinero. Cuanto más puedan vender los vendedores productos estándar que presenten variaciones limitadas, con menos inventario tendrá que cargar su empresa.

- A los *ingenieros* les encantan estos mismos extras y accesorios. De hecho, trabajan constantemente para mejorar los productos de la empresa; les gusta reemplazar la versión 2.54 por la versión 2.55, y así sucesivamente. De nuevo, este es un objetivo empresarial loable, pero debe equilibrarse con los requisitos del inventario. La proliferación de versiones de productos supone una carga para la gestión del inventario. Cuando una línea de productos se mantiene simple, con algunas opciones fácilmente intercambiables, el inventario disminuye y su gestión pasa a ser una tarea menos dificultosa.

- Los *departamentos de producción* afectan en gran medida al inventario. Por ejemplo, ¿cuál es el porcentaje de tiempo de inactividad de las máquinas? Las averías frecuentes dan lugar a más inventario de trabajo en proceso y más inventario de productos terminados. Y ¿cuál es el tiempo medio entre las conversiones (los cambios de sistema)? Las decisiones relativas a qué cantidades fabricar de una pieza en particular tienen un impacto enorme en los requisitos de inventario. Incluso el diseño de las instalaciones afecta al inventario: un flujo de producción diseñado eficientemente en una instalación minimiza la necesidad de inventario.

En este sentido, vale la pena señalar que muchas fábricas estadounidenses operan según un principio que consume enormes cantidades de capital circulante: cuando las ventas se reducen sustancialmente, siguen elaborando productos en masa para mantener la eficiencia de la fábrica. Los gerentes de fábrica se enfocan en mantener bajo el coste unitario, a menudo porque este objetivo se les ha inculcado durante tanto tiempo que ya no lo cuestionan. Se les ha enseñado la forma de mantener bajo este coste, se les ha dicho que apliquen estas medidas y se les ha pagado (con bonificaciones) por conseguir el objetivo.

Cuando el negocio marcha bien, esta meta tiene perfecto sentido: mantener bajo el coste unitario es una forma de gestionar los costes de producción de una manera eficiente. (Esta es la vieja estrategia de enfocarse solamente en el estado de resultados, lo cual está bien hasta cierto punto). Sin embargo, cuando la demanda es floja, el gerente de fábrica debe tomar en consideración el efectivo de la empresa además del coste unitario. Una fábrica que continúe elaborando productos en estas circunstancias solo está creando un exceso de existencias que se quedarán en las estanterías, ocupando espacio. Leer un libro en el trabajo puede ser mejor que hacer productos que no se venderán próximamente.

¿Cuánto puede ahorrar una empresa mediante una gestión inteligente del inventario? Vuelve a mirar la empresa ficticia que nos está sirviendo de ejemplo: recortar un solo día de los días en inventario (pasar de setenta y cuatro a setenta y tres) haría que el efectivo aumentase en casi diecinueve millones de dólares. Cualquier empresa grande puede ahorrar millones de dólares de efectivo y, por lo tanto, reducir el capital circulante necesario, realizando pequeñas mejoras en su gestión del inventario.

30

Centrarse en la conversión de efectivo

E N ESTE CAPÍTULO ABORDAREMOS EL *ciclo de conversión de efectivo*, que mide lo eficientes que son las empresas a la hora de generar efectivo. Pero antes debemos abordar un pequeño asunto: la rapidez con la que una empresa dada decide pagar el dinero que debe a sus proveedores.

La cifra correspondiente a las cuentas por pagar es difícil de establecer. En este terreno, las finanzas se encuentran con la filosofía. Las consideraciones financieras por sí solas alentarían a los directivos y gerentes a alargar al máximo el período medio de pago (PMP), pues así el efectivo tardaría más en abandonar la empresa. Los cambios que se producen en esta ratio son tan potentes como los cambios que se puedan producir en las otras ratios de las que hemos estado hablando. En nuestra empresa de muestra, por ejemplo, aumentar el PMP en un solo día haría que hubiese unos diecinueve millones de dólares más en el saldo de efectivo de la empresa.

Las empresas suelen utilizar el PMP como una herramienta para incrementar el flujo de efectivo y reducir la cantidad de capital circulante inmovilizado. Durante la crisis financiera que se desencadenó en 2008 y la recesión subsiguiente, por ejemplo, muchas empresas incrementaron su PMP como estrategia para conservar el efectivo. De hecho, una de las empresas incluidas en la lista Fortune 50 informó a sus proveedores de que les pagaría a ciento veinte días.

Pero ¿es esta una buena estrategia cuando no se atraviesan malos tiempos? ¿O para las empresas que no están en la lista Fortune 50? Esta maniobra conlleva unos costes residuales que son difíciles de evaluar. Sin duda, el equipo financiero puede determinar cuánto efectivo se genera por el hecho de alargar el PMP de sesenta días a setenta. Para una gran empresa, esta cantidad de efectivo puede ser significativa. Pero ¿qué hay de los costes indirectos? Una empresa que retrase los pagos puede hacer quebrar a un proveedor clave. Puede encontrarse con que los proveedores suben los precios para cubrir el coste del financiamiento adicional que necesitan. Puede encontrarse con unos tiempos de entrega más lentos e incluso una calidad inferior; después de todo, es probable que los proveedores se sientan estrujados y tengan que hacer frente a la situación lo mejor que puedan. Es posible que haya proveedores que incluso se nieguen a tener a esa empresa como cliente. Otra consideración práctica es la calificación de la empresa según Dun & Bradstreet.[*] D&B basa sus puntuaciones, en parte, en el historial de pagos de las empresas. Una organización que pague con retraso constantemente puede tener problemas más adelante para obtener un préstamo.

Ilustraremos lo que acabamos de exponer con una historia vivida en primera persona. En los inicios de la empresa manufacturera de Joe, Setpoint, los fundadores le dijeron que «30 neto» significaba exactamente eso: 30 neto. Setpoint siempre pagaría a sus proveedores a treinta días. Los fundadores habían trabajado anteriormente en una empresa en apuros que habitualmente tardaba cien días o más en pagar. Como ingenieros, muchas veces no podían obtener piezas para proyectos fundamentales hasta que los proveedores recibían su dinero. Este hecho retrasaba los proyectos y, por lo tanto, retrasaba

---

[*] N. del T.: Dun & Bradstreet es una firma estadounidense que se dedica a proporcionar información de tipo comercial y financiero, y relativa al riesgo, sobre empresas.

los ingresos derivados de la finalización de los proyectos, lo cual daba lugar a una espiral descendente. A partir de esta experiencia, los fundadores de Setpoint decidieron que no estaban dispuestos a encontrarse nunca en esa situación como empresarios.

Esta política le planteó un problema a Joe, ya que el principal cliente de Setpoint en esos tiempos, una gran corporación, tardaba entre cuarenta y cinco y sesenta días en pagar. Joe fue con uno de los fundadores al banco con la finalidad de conseguir una línea de crédito. Le mostró al banquero cuánto efectivo iban a necesitar, y este respondió:

—No entiendo por qué necesitan esta línea de crédito. Retrasen veinte días el pago a sus proveedores y todo les irá estupendamente.

El fundador replicó tranquilamente, a la vez que con firmeza:

—Si retraso el pago a mis proveedores, ¿van a proporcionarme productos de calidad cuando los necesite? Necesito unos proveedores en los que pueda confiar; ellos son la base del negocio. Si retraso veinte días los pagos, ¿cómo afectará esto a la relación que tengo con ellos?

El joven banquero se quedó con la mirada fija en un punto. Finalmente accedió a considerar una línea de crédito para Setpoint. La empresa la obtuvo, y durante casi veinte años, con pocas excepciones, ha mantenido el 30 neto con sus proveedores. Esta política le ha costado dinero, porque ha aumentado las necesidades de capital circulante. Pero si bien ha implicado e implica restricciones en cuanto al flujo de efectivo, los dueños de Setpoint creen que tiene un efecto positivo en la reputación de la empresa y en la relación que mantiene con sus proveedores. Además, a largo plazo ayuda a construir una comunidad empresarial más sólida en torno a la empresa.

No nos extenderemos más sobre las políticas relativas a las cuentas por pagar, porque en la mayor parte de las empresas, las decisiones de los gerentes no financieros no tienen un gran impacto directo en la rapidez con la que se pagan las facturas. Pero en general, si ves que el PMP de tu empresa está aumentando, y sobre todo si es mayor que el PMC, podrías hacer algunas preguntas al personal de finanzas. Al fin y al cabo, tu trabajo depende probablemente de que tu empresa mantenga una buena relación con los proveedores y, como los fundadores de Setpoint, no querrás que aspectos financieros estropeen estas relaciones innecesariamente.

EL CICLO DE CONVERSIÓN DE EFECTIVO

Otra forma de comprender el capital circulante pasa por estudiar el *ciclo de conversión de efectivo*. Esencialmente, es un marco temporal que relaciona las etapas de producción (el ciclo operativo) con la inversión de la empresa en capital circulante. Este marco temporal tiene tres niveles, y la figura 30.1 muestra cómo están vinculados. Conocer estos tres niveles y sus cálculos asociados permite saber mucho sobre el funcionamiento de la empresa y debería ayudarte a tomar buenas decisiones.

Figura 30.1
El ciclo de conversión de efectivo

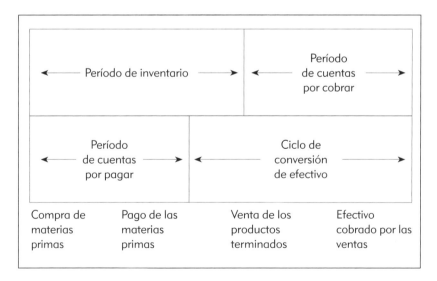

Empezando por la izquierda, la empresa compra materias primas. Esto marca el comienzo del período de cuentas por pagar y el período de inventario. En la siguiente fase, la empresa tiene que pagar estas materias primas. Esto supone el verdadero inicio del ciclo de conversión de efectivo: ahora ese efectivo ha salido de la empresa y hay que averiguar cuánto tardará en regresar. Mientras tanto, la empresa aún se encuentra en el período de inventario, pues todavía no ha vendido ningún producto terminado.

Con el tiempo, la empresa vende sus productos terminados, lo cual pone fin al período de inventario. Empieza ahora el período de cuentas por cobrar; aún no ha entrado nada de efectivo. Finalmente, la empresa recibe el importe correspondiente a lo vendido, lo cual pone fin tanto al período de cuentas por cobrar como al ciclo de conversión de efectivo.

¿Por qué es importante todo esto? Porque puede servirnos para determinar a lo largo de cuántos días se extiende el proceso y saber, a continuación, durante cuántos días está inmovilizado el efectivo correspondiente. Esta información es importante tanto para los distintos gerentes como para los propietarios de la empresa. A los gerentes les da pie a encontrar maneras de que la empresa «ahorre» mucho efectivo. Para obtenerla, aplica la fórmula siguiente:

ciclo de conversión de efectivo = PMC + DII – PMP

En otras palabras: toma el número correspondiente a la ratio período medio de cobro, súmale el número correspondiente a la ratio días en inventario y resta el número de la ratio período medio de pago. Así sabrás cuántos días tarda la empresa en recuperar su efectivo desde el momento en que abona las cuentas por pagar hasta el momento en que percibe el dinero correspondiente a las cuentas por cobrar.

El ciclo de conversión de efectivo proporciona una manera de calcular cuánto efectivo hace falta para financiar la actividad de la empresa: toma el número correspondiente a los ingresos generados por las ventas diarias y multiplícalo por la cantidad de días del ciclo de conversión de efectivo. Estos son los cálculos correspondientes a la empresa ficticia que nos está sirviendo de ejemplo:

PMC + DII − PMP = ciclo de conversión de efectivo

54 días + 74 días − 55 días = 73 días

73 días × 24.136.000 $ ventas/día = 1.761.928.000 $

Esta empresa necesita contar con un capital circulante de unos mil ochocientos millones de dólares para financiar sus operaciones. Esta no es una cantidad inusual para una gran empresa. Incluso las pequeñas empresas necesitan mucho capital circulante en relación con sus ingresos por ventas si su ciclo de conversión de efectivo es largo (de sesenta días, pongamos por caso). Las empresas de cualquier tamaño pueden tener problemas con un número como este (sesenta días). Tyco International, a la que nos hemos referido anteriormente en este libro, fue famosa por adquirir seiscientas empresas en dos años. Tal cantidad de adquisiciones conllevó muchos problemas, y uno importante fue un enorme incremento en el ciclo de conversión de efectivo. La razón de ello es que Tyco adquirió muchas empresas pertenecientes a su propio sector, por lo que incorporó a su lista de productos otros que habían pertenecido a la competencia. Como Tyco pasó a tener varios productos muy similares como inventario, la rotación del inventario se ralentizó, y la ratio días en inventario entró en una espiral descontrolada; en algunas secciones de la empresa se incrementó en más de diez días. En una empresa multinacional con más de treinta mil millones de dólares en ingresos, ¡este grado de incremento puede mermar el efectivo en varios cientos de millones de dólares! (Este es un problema que Tyco abordó hace tiempo abandonando la política de adquisiciones y pasando a centrarse en las operaciones propias del negocio).

El ciclo de conversión de efectivo se puede acortar con todas las técnicas que hemos visto en esta parte: rebajando el PMC, reduciendo el inventario e incrementando el PMP. Averigua cuál es el ciclo de tu empresa y en qué dirección se está encaminando. Puedes hablar de ello con el personal de finanzas. ¿Quién sabe? Tal vez les impresione enterarse de que sabes lo que es el ciclo de conversión de efectivo y qué factores pueden afectarlo. Y lo que es más importante, podrías iniciar un diálogo que desembocase en un ciclo más rápido, menores exigencias en cuanto al capital circulante y más efectivo disponible. Esto sería positivo para todos los miembros de la empresa.

Caja de herramientas

EL ENVEJECIMIENTO DE LAS CUENTAS POR COBRAR

¿Quieres gestionar las cuentas por cobrar de una manera más efectiva? El período medio de cobro (PMC) no es el único dato que debes mirar. Otro que tienes que observar es lo que se llama el *envejecimiento* de las cuentas por cobrar. A menudo, este segundo dato es la clave que permite saber cuál es la verdadera situación de las cuentas por cobrar de la empresa. Veamos por qué.

Como mencionamos anteriormente, el PMC es, por definición, una media. Por ejemplo, si tienes un millón de dólares por cobrar en diez días y un millón de dólares por cobrar en más de noventa días, el PMC es de unos cincuenta días. Este número no parece muy malo de entrada, pero la realidad es que la empresa puede tener un problema importante, porque parece ser que a la mitad de los clientes les cuesta pagar sus facturas. En otra empresa del mismo tamaño, el PMC podría ser de cincuenta días, pero solo doscientos cincuenta mil dólares podrían pertenecer a la categoría de facturas que se cobran en un plazo de más de noventa días. Esta empresa no tendría el mismo problema que la otra.

El análisis del envejecimiento se ocupa de este tipo de cifras: el total correspondiente a cuentas por cobrar a treinta días, el total correspondiente a cuentas por cobrar en un plazo de treinta a sesenta días, etc. Normalmente vale la pena echar un vistazo tanto al resultado de este análisis como al número de la ratio PMC para tener el cuadro completo de las cuentas por cobrar.

La creación de una empresa con inteligencia financiera

La alfabetización financiera y el desempeño empresarial

HEMOS ESCRITO ESTE LIBRO CON la esperanza de incrementar tu inteligencia financiera y ayudarte a ser un mejor director, gerente o empleado. Estamos convencidos de que el hecho de comprender los estados financieros, las ratios y todo lo demás que hemos incluido en el libro te permitirá realizar tu trabajo con mayor eficacia y mejorará tus perspectivas profesionales. También pensamos que el hecho de comprender la vertiente financiera del ámbito empresarial hará que le encuentres más sentido a tu vida laboral. No jugarías al béisbol ni al *backgammon* sin haber aprendido las reglas de estos juegos; ¿por qué debería ser de otra manera en el terreno empresarial? El hecho de conocer las reglas (cómo se determina el beneficio, por qué es importante el retorno sobre activos para los inversores, etc.) te permite ver tu trabajo en el contexto de tu empresa, que es una agrupación de personas que trabajan juntas para conseguir ciertos objetivos. Verás con mayor claridad cómo opera la empresa de la que formas parte. Querrás contribuir a su buen funcionamiento y sabrás cómo hacerlo. Serás capaz de evaluar tu desempeño mejor que antes, porque podrás ver en qué dirección están yendo los números clave y comprender *por qué* esto es así.

También está, por supuesto, la parte divertida. Como hemos mostrado, los documentos financieros reflejan parcialmente la realidad. Pero también reflejan, a veces en un alto grado, estimaciones, suposiciones, conjeturas fundamentadas y todos los sesgos resultantes. (Asimismo, ocasionalmente reflejan una manipulación intencionada). El personal de los departamentos de finanzas sabe todo esto, pero muchos de estos profesionales no han hecho un buen trabajo a la hora de compartir lo que saben. Ahora estás preparado para hacerles las preguntas difíciles: ¿cómo reconocen una determinada categoría de ingresos? ¿Por qué eligieron un marco de tiempo en particular para la depreciación? ¿Por qué está subiendo la ratio de días en inventario? Una vez que hayan superado el impacto que supondrá para ellos oír que sus colegas no financieros hablan su idioma, es casi seguro que estarán dispuestos a comentar en qué basan sus suposiciones y estimaciones, y a modificarlas cuando corresponda. ¿Quién sabe?, tal vez incluso empezarán a pedirte consejo.

MEJORES EMPRESAS

También pensamos que las empresas funcionan mejor cuando el cociente de inteligencia financiera es alto. Después de todo, está bien que una empresa goce de buena salud: ofrece bienes y servicios valiosos a sus clientes. Proporciona a sus empleados puestos estables, aumentos de sueldo y oportunidades de ascenso. Paga un buen retorno a sus accionistas. En general, las empresas saludables contribuyen al crecimiento económico, mantienen fuertes a las comunidades y mejoran el nivel de vida.

Los gerentes que tienen inteligencia financiera contribuyen a la salud empresarial porque son capaces de tomar mejores decisiones. Pueden utilizar sus conocimientos para ayudar a la empresa a triunfar. Gestionan los recursos con mayor destreza y utilizan la información de tipo financiero con mayor astucia, gracias a lo cual incrementan la rentabilidad y el flujo de efectivo de la organización. También comprenden más *por qué* suceden las cosas y pueden arrimar el hombro en lugar de limitarse a quejarse de lo mal que hace las cosas la alta dirección. Recordamos, por ejemplo, una clase que impartimos a ejecutivos de ventas utilizando los verdaderos estados financieros de su empresa. Cuando llegó el momento de analizar el estado de flujo de efectivo y les mostramos cómo se habían vaciado las reservas de efectivo de la empresa para buscar el crecimiento mediante la adquisición de otras compañías, uno de los ejecutivos sonrió. Le preguntamos por qué sonreía y se rio: «Me he estado peleando con el vicepresidente de ventas de mi división durante la mayor parte del año —dijo—. La razón es que cambiaron nuestro plan de comisiones. Antes nos pagaban por las ventas realizadas, y ahora nos pagan cuando se cobran las ventas. ¡Por fin entiendo el motivo del cambio!». A continuación explicó que estaba de acuerdo con la estrategia de crecimiento por medio de adquisiciones y que en realidad no le importaba que el plan de compensaciones se hubiera cambiado para respaldar esta estrategia. Pero nunca había entendido *por qué* se había tenido que cambiar dicho plan.

La inteligencia financiera también apoya la salud empresarial de otra manera. Hoy en día, en muchas empresas imperan el politiqueo interno y las luchas de poder. Se recompensa a las personas que se ganan el favor de sus superiores y a las que hacen tratos a escondidas. Abundan los chismes y la desconfianza, y los objetivos comunes se pierden cuando los individuos se apresuran a asegurar su propio ascenso. En el peor de los casos, este tipo de entorno se vuelve verdaderamente tóxico. En una empresa con la que trabajamos, los empleados pensaban que las primas de participación en beneficios solamente se entregaban en los años en que se quejaban en voz alta de su insatisfacción; pensaban que el propósito de esas bonificaciones era mantenerlos callados. En realidad, la empresa tenía un plan bastante sencillo que vinculaba los esfuerzos de los empleados con los cheques trimestrales de participación en beneficios. Pero había tal politiqueo que los empleados nunca creyeron que este plan fuera real.

El antídoto del politiqueo es simple: la desocultación, la transparencia y la comunicación abierta. Cuando todos los miembros de la

empresa saben cuáles son los objetivos de esta y trabajan para alcan-
zarlos, es más fácil crear una organización sobre la base de la confianza
y el sentimiento de comunidad. *A largo plazo, este tipo de organizaciones
siempre tendrán más éxito que sus equivalentes más opacas.* Sin duda, una
empresa como Enron, WorldCom o Lehman Brothers puede prosperar un tiempo bajo una dirección opaca y egoísta, pero los pilares
de las organizaciones que tienen éxito a largo plazo son casi siempre
la confianza, la comunicación y un propósito compartido. La formación en finanzas (la encaminada a incrementar la inteligencia financiera) puede tener un gran impacto. En esa empresa cuyos empleados
pensaban que la finalidad de las primas vinculadas a los beneficios
era mantenerlos callados, los que participaron en nuestra formación
descubrieron cómo funcionaba el plan en realidad. A partir de ahí
pasaron a centrar sus esfuerzos en los números en los que influían,
y no tardaron en percibir los cheques de participación en beneficios
todos los trimestres.

Por último, los gerentes que cuentan con inteligencia financiera
pueden reaccionar con mayor rapidez ante lo inesperado. Hay un libro famoso titulado *Warfighting* [Operaciones bélicas], redactado por
miembros del Cuerpo de Marines de los Estados Unidos, que salió
a la luz en 1989 y no tardó en convertirse en una especie de biblia
para todo tipo de fuerzas especiales.[1] Algo que se explica en el libro
es que los marines que están combatiendo se encuentran constantemente ante la incertidumbre y en medio de unas condiciones que
cambian con rapidez. Raras veces pueden seguir al pie de la letra las
instrucciones que reciben desde arriba; en general, deben tomar sus
propias decisiones. Por lo tanto, es fundamental que los comandan-
tes expongan los objetivos generales y dejen las decisiones relativas a
la forma de avanzar hacia esos objetivos a los oficiales subalternos y a
los soldados que se encuentran sobre el terreno. Esta es una lección
igual de valiosa para las empresas en el clima empresarial tan voluble
que impera en estos tiempos. En el día a día, los mandos intermedios
tienen que tomar muchas decisiones que no pueden consensuar con

sus superiores. Si saben cuáles son los parámetros financieros bajo los que están trabajando, pueden tomar estas decisiones de maneras más rápidas y efectivas. En consecuencia, el desempeño de su empresa será mejor, como en el caso de los marines que están sobre el terreno.

LLEVAR LA INFORMACIÓN «A LAS TROPAS»

¿Cuál es el próximo paso? Si el hecho de que los distintos tipos de gerentes comprendan las finanzas ya marca la diferencia, ¡imagina el impacto que tendría que todos los empleados de todos los departamentos las comprendiesen también!

La lógica es la misma: las personas que trabajan en las oficinas, en las tiendas, en los almacenes, en los talleres y en las instalaciones de los clientes pueden tomar decisiones más inteligentes si saben algo sobre cómo se evalúa su unidad y sobre las implicaciones financieras de lo que hacen todos los días. ¿Deberían rehacer una pieza dañada o usar una nueva? ¿Deberían trabajar rápido para hacer cuanto más mejor o trabajar más concienzudamente para asegurarse de cometer menos errores? ¿Deberían dedicar su tiempo a desarrollar nuevos servicios o cuidar y servir bien a los clientes existentes? ¿Hasta qué punto es importante disponer de todo lo que un cliente pueda necesitar? Como los marines, los empleados de primera línea y los supervisores deberían saber a grandes rasgos qué necesita la organización para poder realizar su trabajo con mayor inteligencia.

Las empresas entienden esta idea, por supuesto, y en los últimos años han inundado a los empleados y supervisores con objetivos de rendimiento, indicadores clave de rendimiento (KPI, por sus siglas en inglés) y otros indicadores. Tal vez hayas sido tú el encargado de informar a los miembros del personal sobre los KPI por los que serán evaluados; si es así, ya sabrás que normalmente hay muchas miradas hacia arriba y sacudidas de cabeza, especialmente si los KPI del nuevo trimestre son diferentes de los del trimestre anterior. Pero ¿y si el personal entendiera la lógica financiera que hay detrás de los KPI o de los objetivos de rendimiento? ¿Y si estas personas comprendieran que se enfrentan a unos KPI nuevos este trimestre no por el capricho de algún ejecutivo sino porque la situación financiera de la empresa ha cambiado? Como el ejecutivo de ventas que estuvo en nuestra clase, la mayoría de las personas están dispuestas a adaptarse a una nueva situación *siempre que* entiendan la razón del cambio. Si no la entienden, se preguntarán si la dirección sabe lo que está haciendo.

El hecho de que los gerentes cuenten con inteligencia financiera es muy positivo para el desempeño de las empresas, y también lo es que el resto del personal cultive esta inteligencia. El Center for Effective Organizations ('centro para unas organizaciones efectivas'), por ejemplo, llevó a cabo un estudio en el que se examinaron muchos indicadores de la implicación de los empleados.[2] Dos indicadores en particular eran «compartir información sobre el desempeño, los planes y los objetivos de la empresa» y formar a los empleados en «destrezas para comprender el funcionamiento de la empresa». Ambos estaban asociados positivamente a la productividad, la satisfacción del cliente, la calidad, la velocidad, la rentabilidad, la competitividad y la satisfacción de los empleados. En otras palabras: cuanto más formaban las organizaciones a sus empleados en alfabetización financiera, mejor funcionaban. Otras personas que han estudiado el ámbito de la gestión, como Daniel R. Denison, Peter Drucker y Jeffer Pfeffer, han examinado y apoyado la idea de que cuantos más empleados entienden la empresa, mejor es el rendimiento de esta. Todos estos hallazgos no deberían resultar sorprendentes. Cuando el personal entiende lo que está sucediendo, el grado de confianza en la organización aumenta. La rotación de personal desciende. La motivación y el compromiso se incrementan. ¿Alguien puede dudar de que una confianza, una motivación y un compromiso mayores conducen a un mejor rendimiento?

Uno de nosotros, Joe, ha sido testigo de todos estos fenómenos. Él y sus socios se han pasado años construyendo una empresa, Setpoint, desde sus cimientos. Como toda empresa emergente, experimentó dificultades y crisis de forma periódica, y en más de una ocasión el contable le dijo a Joe que no podría sobrevivir a otro período turbulento. Pero de algún modo sí logró sobrevivir. Finalmente, el contable le confesó a Joe lo siguiente: «¿Sabes?, creo que la razón por la que has superado todos estos tiempos difíciles es que formas a los empleados y compartes los aspectos financieros con ellos. Cuando las cosas se ponen feas, todos hacen piña y se encuentra la manera de superar la situación».

El contable tenía razón: todos los empleados de Setpoint saben exactamente cómo le está yendo a la empresa. Compartir información financiera y ayudar a los subordinados y colegas a comprenderla es una manera de unificar el propósito de todos. Es algo que fomenta un ambiente en el que el trabajo en equipo puede sobrevivir y prosperar. Y hay algo más: es muy difícil que alguien pueda manipular los libros de contabilidad si todo el mundo puede consultarlos.

Por supuesto, no basta con compartir los estados financieros. El personal tiene que comprenderlos, y para esto normalmente deben recibir formación. Esta puede ser la razón por la que cada vez más empresas están incluyendo la formación en inteligencia financiera como parte de su oferta educativa. Algunos de estos programas de formación son obligatorios; en otros, la inscripción es voluntaria. La idea central de todos ellos es que si los empleados, los gerentes y los directivos saben cómo se mide el éxito empresarial, la empresa va a tener más éxito. Hay muchas maneras de incrementar la inteligencia financiera, ya sea en un equipo, en un departamento, en una división o en toda una empresa. Nuestra organización, el Business Literacy Institute, ha impartido formación no solo a equipos directivos y de gestión, sino también a vendedores, personal de recursos humanos y departamentos informáticos, personal de operaciones, ingenieros, jefes de proyectos y otros perfiles sobre el ámbito financiero de su empresa. En el siguiente capítulo encontrarás algunas ideas concretas sobre cómo incrementar el grado de inteligencia financiera en tu organización.

32

Estrategias de alfabetización financiera

S I TU OBJETIVO ES QUE los empleados que hay en tu lugar de trabajo o en un determinado departamento tengan inteligencia finan-ciera, lo primero que debes hacer es idear una estrategia para alcanzar esta meta. Al decir esto, no estamos utilizando la palabra *estrategia* a la ligera. No puedes limitarte a costear un solo curso de capacitación o a entregar un libro de instrucciones y esperar que todo el mundo esté bien informado. Hay que implicar a las personas en el aprendizaje. El material debe verse múltiples veces y revisarse de distintas maneras. La alfabetización financiera debe formar parte de la cultura empresarial. Esto requiere tiempo, esfuerzo e incluso una pequeña inversión económica.

No obstante, es muy factible. En este capítulo ofreceremos algunas sugerencias tanto para pequeñas empresas como para grandes corporaciones. Pero no es necesario limitarse a las recomendaciones ofrecidas para una de estas categorías. Todas las sugerencias son útiles en ambos contextos; las diferencias suelen ser relativas a cuestiones logísticas y presupuestarias. Por ejemplo, las empresas grandes están acostumbradas a poner en marcha programas de formación formales, mientras que las más pequeñas pueden verse obligadas a improvisar las formaciones. También cabe la posibilidad de que las empresas pequeñas no puedan destinar mucho dinero al aspecto formativo; de todos modos, pensamos que este es uno de los pocos programas de formación que tienen un impacto directo en el resultado final de los ejercicios contables.

HERRAMIENTAS Y TÉCNICAS PARA PEQUEÑAS EMPRESAS

La siguiente lista de herramientas y técnicas no es exhaustiva, pero tiene la virtud de que cualquier gerente o empresario puede implementar fácilmente todo ello por iniciativa propia.

Formación (una y otra vez)

Comienza por programar tres sesiones de formación cortas e informales. No debe tratarse de nada sofisticado; incluso bastaría con una presentación de PowerPoint más algunas hojas informativas (aunque debemos advertirte de que los *powerpoints* no siempre son la mejor herramienta para impartir conocimientos que las personas vayan a retener). Cada sesión debería durar entre treinta y sesenta minutos. Enfócate en un solo concepto financiero en cada sesión. Por ejemplo, Joe imparte tres cursos de una hora de duración en Setpoint (sobre el estado de resultados, sobre el flujo de efectivo y la financiación de proyectos y sobre el balance general). Según la situación en la que se encuentre tu empresa, podríais examinar el margen bruto, los gastos asociados a las ventas como porcentaje de lo ingresado por ventas o incluso la rotación del inventario. El tema tratado debería ser relevante en relación con el trabajo que realiza tu equipo y deberías mostrar a los asistentes cómo afecta a los números su labor.

Ofrece estas clases con *regularidad*, quizá una vez al mes. Permite que las mismas personas asistan dos o tres veces si lo desean; es habitual que esto sea necesario para que los asistentes asimilen el contenido. Fomenta el cien por ciento de asistencia entre tus subordinados directos. Crea un ambiente que les deje claro a los participantes que piensas que son una parte importante del éxito de la empresa y que quieres que se impliquen. Con el tiempo, puedes pedirles a otras personas que impartan la clase. Esta es una buena manera de hacer que aprendan el contenido; además, algunas de estas personas tal vez tengan una forma de enseñar bastante diferente de la tuya que les permita conectar con empleados a los que les cuesta aprender contigo.

Encuentros semanales sobre determinados números

¿Cuáles son los dos o tres números indicativos del rendimiento de tu unidad semana tras semana y mes tras mes? ¿Cuáles son los dos o tres números que observas para saber si estás haciendo un buen trabajo como gerente? ¿La cantidad de envíos? ¿La cantidad de ventas? ¿Las horas facturadas? ¿El desempeño con respecto al presupuesto? Es probable que los números clave que observas guarden algún tipo de relación con los estados financieros de tu empresa y que afecten a sus resultados de una forma u otra. Por lo tanto, empieza a compartir estos números con tu equipo en encuentros semanales. Explica a los asistentes de dónde vienen esos números, por qué son importantes y de qué manera todos los miembros del equipo influyen en ellos. Realiza un seguimiento de las tendencias a lo largo del tiempo.

¿Sabes qué va a ocurrir? Que muy pronto estas personas empezarán a hablar de los números por sí mismas. Comenzarán a pensar maneras de cambiar la situación existente para bien. Cuando esto suceda, prueba a implementar el siguiente nivel, consistente en tratar de prever cuáles serán los números en el siguiente mes o trimestre. Te sorprendería ver cómo las personas comienzan a responsabilizarse de un número una vez que han apostado su credibilidad a un pronóstico. (¡Incluso hemos visto, en algunas empresas, que los empleados realizan sus apuestas sobre dónde estará un determinado número al final de un mes o trimestre!).

Refuerzos: tableros y otras ayudas visuales

Actualmente está de moda que los ejecutivos tengan un «tablero» en su ordenador que muestra dónde se encuentran los indicadores de rendimiento en un momento dado. Nos preguntamos por qué las empresas más pequeñas y las unidades operativas no tienen este mismo tipo de información a la vista para todos los empleados. No solo recomendamos hablar del número o los números clave en reuniones, sino que también aconsejamos mostrarlos en un tablero y comparar el rendimiento pasado con el rendimiento presente y los pronósticos futuros. Cuando los números están a la vista de todo el mundo, es difícil que el personal los olvide o los ignore. Recuerda, sin embargo, que es fácil no prestar atención a los gráficos pequeños; y si es posible ignorarlos, serán ignorados. De la misma manera que procuras que el tablero que tienes en el ordenador (si es el caso) sea claro, sencillo y fácil de ver, ocúpate de que el tablero que va a estar a la vista de todos reúna estas mismas características.

También nos gustan las ayudas visuales que recuerdan a las personas cómo gana dinero la empresa. Estos apoyos visuales proporcionan un contexto para los números clave que el personal ve a diario. Nuestra empresa ha creado lo que llamamos *mapas de dinero*, que ilustran cuestiones como el origen de las ganancias. Echa un vistazo al ejemplo de mapa de dinero que es la figura 32.1: el mapa expone el proceso completo en una empresa imaginaria; muestra qué cantidad de cada dólar obtenido con las ventas va destinado a pagar los gastos de cada departamento, y al final se muestra de manera destacada cuánto queda de beneficio. Personalizamos este mapa para nuestros clientes, de tal manera que todo el personal de cada una de estas empresas pueda ver las operaciones que tienen lugar en su organización. Pero tú mismo puedes elaborar mapas y diagramas, si conoces lo bastante bien el material. Un apoyo visual es siempre una magnífica herramienta de refuerzo del aprendizaje. Cuando las personas lo ven, recuerdan el lugar que ocupan dentro del contexto general. Y tiene otras utilidades: sabemos de una sucursal que preparó dos versiones del mismo mapa. Una de ellas mostraba los números que eran óptimos para la empresa; más concretamente, los números de la mejor sucursal. En la otra versión, los directivos escribieron los números de su propia sucursal. Las personas podían ver, en relación con cada elemento fundamental, lo cerca o lejos que estaban del rendimiento de la mejor sucursal.

Figura 32.1
Mapa de dinero

Copyright © Business Literacy Institute. Ilustrado por Dave Merrill.

EL FOMENTO DE LA INTELIGENCIA FINANCIERA EN LAS GRANDES EMPRESAS

Hemos trabajado con docenas de empresas incluidas en la lista Fortune 500 para ayudarlas a incrementar el grado de inteligencia financiera en su seno. Cada uno de nuestros clientes parece hacer las cosas de manera diferente, según sus objetivos y su cultura corporativa. Y, por supuesto, muchas grandes empresas contratan los servicios de formadores externos o crean sus propios programas de alfabetización

347

financiera. Por lo tanto, no intentaremos concretar demasiado, sino que nos basaremos en nuestra propia experiencia para exponer las condiciones y los supuestos que parecen hacer que este tipo de capacitación funcione mejor.

Apoyo por parte de la alta dirección

La idea de incrementar la inteligencia financiera del personal es novedosa para muchas empresas grandes, y es fácil encontrar una cantidad significativa de escépticos e incluso detractores. («¿Por qué debería saber de finanzas todo el mundo? Para eso tenemos el departamento de contabilidad, ¿no?»). Por esta razón, es probable que las iniciativas de formación financiera requieran el apoyo de la alta dirección. Cuanto más claro esté este apoyo, más probable será que todos los integrantes de la organización crean en ello. Normalmente, las empresas que más se benefician de la formación en inteligencia financiera son aquellas cuyos ejecutivos piensan que se trata de una capacitación esencial. En ellas, esta formación se imparte todos los años, y algunas personas asisten en todas las ocasiones para refrescar las ideas. Algunas empresas incluso incorporan nuevos cursos con el fin de que sus directivos y gerentes adquieran más conocimientos.

El apoyo procedente de arriba también anima a algunos a contribuir a la iniciativa. Por ejemplo, cuando trabajamos con un cliente, adaptamos los contenidos que impartimos a los conceptos e indicadores clave del cliente, así como a sus resultados financieros. Para elaborar este tipo de programas, requerimos la ayuda de empleados de varios departamentos, el de finanzas sobre todo. Normalmente, el personal de los departamentos de finanzas colabora con una disposición mucho mejor si sabe que el programa cuenta con todo el apoyo de la alta dirección.

Suposiciones y continuidad

Un obstáculo importante para una formación efectiva es la suposición, imperante en muchas grandes empresas, de que las personas que ocupan cargos de responsabilidad ya tienen conocimientos financieros. Son habituales declaraciones del tipo «hace tanto tiempo que Charlie es vicepresidente de ventas que *por supuesto* que sabe leer nuestros estados financieros». Sin embargo, sabemos por experiencia que esta suposición suele ser desacertada. Muchos gerentes y ejecutivos hacen bastante bien su trabajo, pero como no comprenden realmente los indicadores financieros ni cómo los afectan con sus decisiones, están operando muy por debajo de su pleno potencial. ¿Recuerdas el examen de finanzas con veintiuna preguntas al que sometimos a una muestra representativa de directivos y gerentes estadounidenses? Como decíamos en el capítulo tres, los resultados indicaron un grado de inteligencia financiera considerablemente bajo. Por lo tanto, no supongas que todo el mundo tiene este conocimiento. Compruébalo.

También es difícil que las personas admitan que no saben de finanzas. Nadie quiere parecer tonto delante de sus compañeros, su jefe o sus subalternos. Por lo tanto, no tiene sentido pedir que levanten la mano aquellos que quieran asistir a un curso de finanzas. Sabedores de esto, casi siempre incluimos los aspectos fundamentales de las finanzas en cada curso (observa que hemos escrito «fundamentales», no «básicos»); además, nuestro facilitador evalúa las necesidades del grupo para determinar por dónde empezar. Algunas empresas exigen que todo el mundo asista (por lo que nunca surge la pregunta de si hay alguien que «necesite» la formación); otras se aseguran de que no se mezclen niveles jerárquicos distintos en los grupos, a partir del supuesto de que los participantes tendrán menos reparos en hacer preguntas si no comparten sala con sus jefes y subordinados.

Otra cuestión que va en detrimento de muchas iniciativas de formación es la falta de continuidad. La mayoría de las grandes empresas imparten nuevos programas con frecuencia. La mayoría también hacen rotar a sus gerentes por diversos puestos. La consecuencia de ello es que se corre el riesgo de que la formación en inteligencia financiera acabe cayendo en saco roto. La mejor manera de respaldar el desarrollo de la inteligencia financiera en las grandes organizaciones es asegurarse de cultivarla constantemente. Los ejecutivos pueden hablar de los números en las reuniones. Si la empresa cotiza en bolsa, pueden pedir a los empleados que asistan a la llamada de ganancias trimestrales y organizar una sesión de preguntas y respuestas con posterioridad a la llamada. Los altos directivos deben aprovechar todas las oportunidades que se presenten para hacer que todo el mundo sepa lo importante que es la alfabetización financiera.

Aspectos prácticos

Cuando un cliente nos solicita un programa de capacitación, le preguntamos qué quiere lograr la empresa y cuáles son las necesidades probables de quienes van a participar en la formación. A continuación nos centramos en tres cuestiones prácticas:

- ¿Quiénes van a asistir?
- ¿Qué contenido debemos impartir?
- ¿Cómo deberíamos implementar dicho contenido?

Estos tres ejes son la base de una buena planificación e implementación del programa.

La cuestión de *quiénes* van a asistir a veces se determina de antemano. Por ejemplo, algunos clientes integran programas de inteligencia financiera en sus programas de desarrollo del liderazgo o de la capacidad de gestión. Pero también hay muchos que comienzan con un grupo, ven cómo va la cosa y luego deciden extender la formación a otros grupos. Algunos ofrecen formación a los altos directivos primero, después sesiones a los mandos intermedios y finalmente a todos los empleados. La lógica que hay tras esta decisión es que los altos directivos pueden apoyar a los gerentes y estos al resto de la organización. Otras empresas deciden que haya personas de distintos niveles en los mismos cursos; este enfoque da lugar a unos buenos debates y fomenta el sentimiento de que todo el mundo está remando en la misma dirección. La desventaja es que los empleados de primera línea pueden sentirse incómodos a la hora de hacer preguntas si sus jefes están en la sala con ellos. Otras empresas implementan el programa por departamentos (primero el de recursos humanos, después el de informática, etc.), mientras que otras dejan que se apunte quien quiera.

La decisión relativa a qué *contenido* impartir es, evidentemente, crucial, y la respuesta siempre está en función de las necesidades de la empresa. Estas son algunas cuestiones clave que se deben considerar:

- *No presupongas que puedes prescindir de exponer los aspectos fundamentales a algún tipo de público, incluidos los altos directivos.* Nosotros siempre exponemos los elementos fundamentales, a los grupos de todos los niveles. Muy pocos directivos y gerentes van a manifestar que necesitan repasar estos contenidos. Cuando hablamos de *aspectos fundamentales* nos referimos a cuestiones como saber leer un estado de resultados y un balance general, qué es el reconocimiento de ingresos y qué diferencia hay entre capitalizar y gastar.
- *Integra los indicadores y conceptos clave.* Tienes la oportunidad de que los asistentes aprendan de qué están hablando el director ejecutivo y el director financiero. ¿Es importante el flujo de caja libre, el BAIIDA o algún otro indicador en este sector y en esta empresa? Si lo es, habla de ello. Explica la definición, los elementos y la fórmula, y expón los resultados de la empresa al respecto.
- *Determina cuáles son las necesidades de los participantes.* Si son vendedores, podríais examinar las finanzas de sus clientes; esto los ayudaría a contemplar las necesidades de estos desde el punto de vista financiero. Si los participantes trabajan en el departamento de recursos humanos, podríais enfocaros en el impacto que tiene esta área en los estados financieros (sobre todo porque muchas de las personas que trabajan en recursos humanos creen que su labor no tiene ningún impacto).

En relación con todo lo expuesto, debes recordar unos cuantos preceptos clave que tienen que ver con la forma en que aprenden los adultos. Los adultos aprenden mejor cuando los instructores combinan las enseñanzas conceptuales con los cálculos en los que se utilizan números reales, explican el significado de los resultados y dirigen debates sobre el impacto de estos resultados. Muy probablemente oirás algunas cosas sorprendentes, como nuevas ideas para reducir el tiempo de inactividad o mejorar el flujo de efectivo. Cuando las personas comprenden el panorama general y que lo que están aprendiendo tiene que ver con su trabajo y con su impacto en los resultados de la empresa, prestan mucha atención. No te salgas de los temas previstos, haz que las clases sean divertidas ¡y no trates de convertir a todos en contables!

Una reflexión final: el hecho de compartir información

El hecho de compartir información de tipo financiero hace que muchas personas se pongan nerviosas, y con razón. Una empresa que cotice en bolsa no puede compartir datos financieros que no sean públicos sin correr el riesgo de violar las normas que rigen el tráfico de información privilegiada. Los propietarios de empresas privadas pueden pensar que solo las autoridades fiscales tienen derecho a ver los datos, de la misma manera que nadie tiene derecho a mirar sus cuentas bancarias personales. Exponemos a continuación algunas ideas sobre este tema, basadas en nuestra experiencia con una gran cantidad de clientes.

Las empresas que cotizan en bolsa publican mucha información en sus informes anuales y trimestrales. En nuestras clases, la mayor parte de los datos que utilizamos derivan directamente de los resultados anuales que se encuentran en el formulario 10-K. Pero también solemos pedir a los clientes que compartan información adicional con nosotros para que los participantes puedan aprender lo que necesitan aprender (indicadores que no se exponen públicamente, por ejemplo, o estados de resultados internos que desglosan los datos de maneras útiles, o conceptos clave que se debaten internamente pero no se muestran al exterior). No divulgamos los materiales y hablamos de la importancia de la confidencialidad con los participantes. A veces a los ejecutivos les preocupa que la información llegue a los competidores, pero la formación financiera raramente incluye contenidos que podrían beneficiar a un competidor. ¿Qué sacaría un rival de ver la fórmula que utiliza una determinada empresa para calcular el retorno sobre el capital total?

La cuestión de qué compartir y cómo compartirlo es más difícil en las empresas de titularidad privada. Algunas no tienen ningún problema en hacerlo. A las que sí tienen reparos, solemos aconsejarles que compartan la información y que recojan los papeles con datos que se hayan repartido entre los participantes al acabar la clase, para que haya pocas posibilidades de que esos datos salgan del aula. Ocasionalmente, algún cliente decide alterar los datos para que reflejen con precisión las tendencias y ratios sin que queden al descubierto los números reales. En estos casos, es importante que los alumnos sepan que se han cambiado los datos. Lo peor que se puede hacer es inventar información y fingir que es verdadera; esto destruye la confianza.

Sea cual sea tu estrategia, no tengas miedo de experimentar. El hecho de que aumente el grado de inteligencia financiera de tu organización será muy beneficioso.

33

Transparencia financiera: el fin último

L A FORMACIÓN FINANCIERA ES VALIOSA, tanto para los empleados que la reciben como para la empresa que la organiza. Pero hoy en día, podría ser insuficiente.

La razón de ello es que si bien es posible que las personas no hayan aprendido mucho sobre finanzas en los últimos años, lo que sí han aprendido es que no pueden dar por sentado que la empresa para la que trabajan goza de estabilidad financiera. Demasiadas grandes empresas han quebrado o han sido absorbidas por un comprador a precios irrisorios (lo cual ha implicado, normalmente, una gran pérdida de puestos de trabajo). Se ha demostrado que demasiadas empresas manipulan los libros, por lo general con consecuencias devastadoras para quienes trabajan allí. Personas de todo Estados Unidos han aprendido la lección: por razones muy prácticas, deben entender algo sobre las finanzas de la empresa para la que trabajan. Al igual que los inversores, necesitan saber cómo le está yendo.

Por lo tanto, piensa en lo que podría ganarse con una verdadera cultura de transparencia e inteligencia financieras, una cultura en la que las personas, en todas partes, mirasen los estados financieros y supiesen interpretarlos. No, no esperamos que todo el mundo se convierta en un analista bursátil o en un contable. Solo pensamos que si los estados financieros estuvieran expuestos y se explicaran repetidamente los conceptos clave, cada uno de los empleados del lugar sería más confiable y más leal, y la empresa saldría reforzada. Las empresas que cotizan en bolsa no pueden mostrar los estados financieros consolidados a los empleados más que una vez al trimestre, cuando la información se hace pública. Pero sí que pueden explicarles estos estados financieros cuando se publican. En el ínterin, pueden asegurarse de que los empleados vean los números operativos correspondientes al departamento o la instalación en la que trabajan.

Te habrás dado cuenta de que creemos apasionadamente en el poder del conocimiento, y en el ámbito empresarial, creemos sobre todo en el poder del conocimiento financiero y en la inteligencia financiera necesaria para poner en práctica este conocimiento. La información financiera es el sistema nervioso de toda empresa; contiene los datos que muestran cómo le está yendo: cuáles son sus puntos fuertes, cuáles son sus puntos débiles, cuáles son sus oportunidades y qué peligros la acechan. Durante demasiado tiempo, solo un puñado de personas han sabido, en cada empresa, qué indican los datos de los estados financieros. Pensamos que más gente debería saberlo, empezando por los directivos y acabando por la totalidad de la plantilla. Los trabajadores estarán mejor si tienen este conocimiento, y las empresas también.

Octava parte

Caja de herramientas

¿QUÉ ES LA LEY SARBANES-OXLEY?

Si trabajas en una empresa estadounidense[*] y estás más o menos cerca del departamento de finanzas, habrás oído hablar de la Ley Sarbanes-Oxley, también conocida como Ley SarbOx o Ley SOX. Fue promulgada por el Congreso estadounidense en respuesta a las continuas revelaciones de fraudes financieros. Tal vez sea la medida legislativa más importante que haya afectado a la gobernabilidad corporativa, la exposición financiera y la contabilidad de las empresas que cotizan en bolsa desde que en Estados Unidos empezaron a promulgarse leyes que atañen al mercado de valores en la década de 1930. La finalidad de esta ley es mejorar la confianza de la gente en los mercados financieros reforzando el control de la información financiera divulgada e incrementando las sanciones por incumplimiento.

Las disposiciones de la Ley SOX afectan a casi todos los profesionales de las finanzas (y también a la mayoría de las personas que trabajan en los departamentos de operaciones). Esta ley supuso la creación de la Public Company Accounting Oversight Board ('junta de supervisión contable de empresas que cotizan en bolsa'). También prohíbe a las firmas de contabilidad vender servicios de auditoría y

---

[*] N. del T.: La referencia a «trabajar en una empresa estadounidense» ha sido añadida en esta traducción en favor de la coherencia del texto. De todos modos, y a pesar del ámbito estadounidense de la Ley Sarbanes-Oxley, su repercusión se extiende mucho más allá, pues las sociedades extranjeras que cotizan en la Bolsa estadounidense se han visto obligadas a adaptarse a sus exigencias.

no auditoría a los clientes. Requiere que en las juntas directivas corporativas haya al menos un director experto en finanzas y exige que los comités de auditoría de las juntas establezcan procedimientos mediante los cuales los empleados puedan alertar confidencialmente sobre directores responsables de fraudes contables. Según la Ley SOX, una empresa no puede despedir, degradar ni acosar a los empleados que intentan denunciar supuestos fraudes financieros.

Los directores ejecutivos y los directores financieros se ven muy afectados por la ley, ya que deben certificar los estados financieros trimestrales y anuales de su empresa, dar fe de que son responsables de los procedimientos de exposición y control, y afirmar que los estados financieros no contienen declaraciones falsas. La mayoría de las empresas con las que trabajamos en la actualidad cuentan con amplios procedimientos de aprobación y certificación para cada trimestre. Dado que el director ejecutivo y el director financiero están en el punto de mira, es habitual que requieran que cada presidente de división firme por su división. De hecho, las firmas pueden extenderse varios niveles hacia abajo. De acuerdo con la ley, pueden requerirse multas y penas de prisión si los resultados financieros se tergiversan intencionadamente. Asimismo, la ley prohíbe a las empresas otorgar o avalar préstamos personales a ejecutivos y directores. (Un estudio realizado por el Corporate Library Research Group ['grupo de investigación de bibliotecas corporativas'], una organización sin ánimo de lucro, reveló que las empresas habían prestado a los ejecutivos más de cuatro mil quinientos millones de dólares en 2001, justo antes de la promulgación de la ley, a menudo sin intereses o a un interés bajo). La ley también exige que los directores ejecutivos y los directores financieros devuelvan determinados beneficios de opciones sobre acciones y bonificaciones si su empresa se ve obligada a reformular los resultados financieros debido a una mala práctica.

La Ley Sarbanes-Oxley requiere que las empresas refuercen sus controles internos. Están obligados a incluir un «informe de controles internos» en su informe anual a los accionistas, que debe referirse a la responsabilidad de la alta dirección en cuanto al mantenimiento de controles adecuados sobre la información financiera y debe manifestar una conclusión sobre la eficacia de dichos controles. Además, la alta dirección tiene que exponer la información relativa a cambios importantes en cuanto a la situación financiera o a las operaciones de la empresa de manera rápida y sistemática.

La Ley SOX obliga a las empresas que cotizan en bolsa a responsabilizarse más de sus estados financieros y puede reducir las probabilidades de que no se detecten los fraudes. Sin embargo, es muy costosa de implementar. El coste promedio para las empresas es de cinco millones de dólares; en el caso de grandes compañías como General Electric, el coste puede llegar a ser de treinta millones de dólares.

Estados financieros de muestra

XPONEMOS A CONTINUACIÓN UN CONJUNTO de estados financieros de muestra, correspondientes a una empresa imaginaria.

Estado de resultados de muestra

(en millones de dólares estadounidenses [$])

	Año que finaliza el 31 de diciembre de 2012
Ventas	8.689
Coste de los bienes vendidos	6.756
Beneficio bruto	**1.933**
Gastos de ventas, generales y administrativos (SG&A)	1.061
Depreciación	239
Otros ingresos	19
BAII (EBIT)	**652**
Gastos por intereses	191
Impuestos	213
Beneficio neto	**248**

Balances generales de muestra

(en millones de dólares estadounidenses [$])

	31/12/2012	31/12/2011
Activo		
Efectivo y equivalentes al efectivo	83	72
Cuentas por cobrar	1.312	1.204
Inventario	1.270	1.514
Otros activos y devengos corrientes	85	67
Total activo corriente	2.750	2.857
Propiedades, planta y equipo (PPE)	2.230	2.264
Otros activos a largo plazo	213	233
Total activo	**5.193**	**5.354**
Pasivo		
Cuentas por pagar	1.022	1.129
Línea de crédito	100	150
Porción actual de la deuda a largo plazo	52	51
Total pasivo corriente	1.174	1.330
Deuda a largo plazo	1.037	1.158
Otros pasivos a largo plazo	525	491
Total pasivo	**2.736**	**2.979**

Patrimonio neto*

Acciones ordinarias, valor nominal

1 $ (100.000.000 autorizadas,

74.000.000 en circulación en 2012 y 2011)	74	74
Capital desembolsado adicional	1.110	1.110
Ganancias retenidas**	1.273	1.191
Total patrimonio neto	**2.457**	**2.375**
Total pasivo y patrimonio neto	**5.193**	**5.354**

Notas año 2012:

Depreciación	239
*Cantidad de acciones ordinarias (en millones)****	*74*
Beneficio por acción	3,35
Dividendo por acción	2,24

---

* N. del T.: Es habitual encontrar el encabezamiento PATRIMONIO (prescindiendo de NETO), o CAPITAL CONTABLE, en los balances generales.
** N. del T.: Denominaciones alternativas a *ganancias retenidas* son, entre otras, *utilidades retenidas* y *resultados acumulados*.
*** N. del T.: Obsérvese que la cantidad correspondiente a esta partida no hace referencia a millones de dólares, sino a millones de acciones.

Estado de flujo de efectivo de muestra

(en millones de dólares estadounidenses [$])

	Año finalizado el 31/12/2012
Efectivo procedente de actividades de operación o utilizado en ellas	
Beneficio neto	248
Depreciación	239
Cuentas por cobrar	(108)
Inventario	244
Otros activos corrientes	(18)
Cuentas por pagar	(107)
Total	**498**
Efectivo procedente de actividades de inversión o utilizado en ellas	
Propiedades, planta y equipo	(205)
Otros activos a largo plazo	20
Total	**(185)**
Efectivo procedente de actividades de financiación o utilizado en ellas	
Línea de crédito	(50)
Porción actual de la deuda a largo plazo	1
Deuda a largo plazo	(121)
Otros pasivos a largo plazo	34
Dividendos pagados	(166)
Total	**(302)**
Variación en cuanto al efectivo	11
Efectivo inicial	72
Efectivo final	**83**

Notas

Capítulo 1

1. Deloitte Forensic Center (junio de 2007). *Ten Things About Financial Statement Fraud: A Review of SEC Enforcement Releases, 2000-2006*. Recuperado de: http://www.deloitte.com/view/en_US/us/Services/Financial-Advisory-Services/Forensic-Center/5ac81266d7115210VgnVCM100000ba42f00aRCRD.htm.

Capítulo 3

1. Para leer más sobre el tema, consulta nuestro artículo «Are Your People Financially Literate?». *Harvard Business Review* (28 de octubre de 2009).
2. Mike France (15 de marzo de 2004). «Why Bernie Before Kenny-Boy?». *BusinessWeek*, p. 37.

Capítulo 4

1. Michael Rapoport (6 de julio de 2011). «U.S. Firms Clash Over Accounting Rules». *Wall Street Journal*.

Capítulo 6

1. H. Thomas Johnson y Robert S. Kaplan (1991). *Relevance Lost: The Rise and Fall of Management Accounting*. Boston, EUA: Harvard Business School Press.

Capítulo 7

1. Consulta «Vitesse Semiconductor Announces Results of the Review by the Special Committee of the Board» (*Business Wire*, 19 de diciembre de 2006); U.S. Securities and Exchange Commission, Litigation Release núm. 21769 (10 de diciembre de 2010); y Accounting and Auditing Enforcement Release núm. 3217 (10 de diciembre de 2010), «SEC Charges Vitesse Semiconductor Corporation and Four Former Vitesse Executives in Revenue Recognition and Options Backdating Schemes».

Capítulo 8

1. Randall Smith y Steven Lipin (30 de enero de 1996). «Odd Numbers: Are Companies Using Restructuring Costs to Fudge the Figures?». *Wall Street Journal*.

Capítulo 9
1. Para un breve resumen, consulta: Kathleen Day (24 de mayo de 2006). «Study Finds "Extensive" Fraud at Fannie Mae». *Washington Post*.

Capítulo 11
1. Manjeet Kripalani (7 de enero de 2009). «India's Madoff? Satyam Scandal Rocks Outsourcing Industry». *Bloomberg Business Week*.

Capítulo 25
1. Bo Burlingham (2007). *Small Giants: Companies That Choose to Be Great Instead of Big*. Nueva York, EUA: Portfolio.
2. Consulta: Chris Zook y James Allen (2012). *Repeatability: Build Enduring Businesses for a World of Constant Change*. Boston, EUA: Harvard Business Review Press. [En español: (2012). *Repetibilidad: Cómo crear negocios que perduren en un mundo en constante cambio*. LID Editorial Empresarial].

Capítulo 31
1. U.S. Marine Corps Staff (1995). *Warfighting*. Nueva York, EUA: Crown Business.
2. Edward E. Lawler, Susan A. Mohrman y Gerald E. Ledford. (1995). *Creating High Performance Organizations*. Los Ángeles, EUA: Center for Effective Organizations, Marshall School of Business, University of Southern California.

Agradecimientos

Los COAUTORES DE ESTE LIBRO, Karen y Joe, llevamos más de doce años trabajando juntos. Nuestra asociación comenzó con un encuentro casual en una conferencia y evolucionó con el tiempo hasta culminar en la creación de la empresa Business Literacy Institute y la escritura de este libro. A lo largo de los años, hemos conocido a muchas personas con las que hemos trabajado y compartido experiencias, personas que han tenido un impacto en nuestra forma de pensar y en nuestro trabajo. Este libro es el fruto de nuestra formación, de nuestras experiencias laborales y de gestión, de nuestras investigaciones, de nuestra asociación y de todo lo que hemos aprendido de nuestro trabajo con miles de empleados, gerentes y directivos.

Karen conoció a John mientras realizaba una investigación para su tesis. John era, y sigue siendo, uno de los expertos más destacados en la gestión de libro abierto* y un autor muy respetado en el ámbito empresarial. Nos seguimos la pista a través de los años y siempre estuvimos interesados en el trabajo del otro. Karen se mostró encantada cuando John quiso ser parte de este proyecto; él ha sido un integrante indispensable del equipo.

Muchas otras personas han contribuido a hacer realidad este libro; entre ellas, las siguientes:

---

* N. del T.: *Gestión de libro abierto* hace referencia a la apertura de los estados financieros a todos los empleados y a la educación financiera necesaria para que puedan comprenderlos y saber cómo afectan sus actos al desempeño y la rentabilidad de la empresa.

- Los lectores de la primera edición de *Financial Intelligence*.* Cuando escribimos la obra, sabíamos que había la necesidad de un libro realista sobre finanzas, ¡pero no teníamos ni idea de que estábamos escribiendo un *best seller*! Esta segunda edición está disponible en parte porque muchos de esos lectores recomendaron el libro, lo compartieron y lo compraron para personas que sabían que se beneficiarían de él.

- Bo Burlingham, editor general de la revista *Inc.*, autor del maravilloso libro *Small Giants* [Pequeños gigantes] y coautor (con Jack Stack) de *The Great Game of Business* [El gran juego de los negocios] y *A Stake in the Outcome* [Un interés por el resultado]. Bo compartió amablemente con nosotros la investigación y los escritos sobre fraude financiero que él y Joe habían reunido para otro proyecto.

- Joe Cornwell y Joe VanDenBerghe, fundadores de Setpoint (en esta empresa se los llamaba «los Joes»). Les estamos agradecidos por haber creído en la filosofía de enseñar los estados financieros a todo el personal y por sus incansables esfuerzos a la hora de alentar a todos los que trabajan en Setpoint a participar activamente en el éxito de la empresa. También queremos expresar un agradecimiento al actual director ejecutivo de Setpoint, Brad Angus, quien nos ha brindado una gran ayuda como asesor para esta segunda edición. Nos alegra que estas tres personas nos hayan permitido contar algunas historias sobre Setpoint. También queremos dar las gracias a Reid Leland (propietario de LeanWerks), Mark Coy, Machel Jackson, Jason Munns, Steve Neutzman, Kara Smith, Roger Thomas y a todos los empleados de Setpoint por ayudarnos a afinar nuestro enfoque en cuanto a la inteligencia financiera. Si alguna vez te encuentras en Utah, debes visitar Setpoint; el sistema de la empresa funciona y verás

---

* N. del T.: El libro que tienes en las manos es la traducción de la segunda edición de *Financial Intelligence*.

tanto la inteligencia financiera como la propiedad psicológica*
en acción. Sospechamos que te sorprenderá el conocimiento
que tienen los empleados de la empresa y lo comprometidos que
están con su éxito.

• Nuestros clientes del Business Literacy Institute. Gracias a su
compromiso con la alfabetización financiera, hemos podido
ayudar a difundir la inteligencia financiera en muchas organizaciones. Es imposible mencionarlos a todos, pero algunos de
los que nos animaron durante la redacción de esta segunda edición son Heidi Flaherty y el equipo de Advent; la Association
of General Contractors ('asociación de contratistas generales');
Cheryl Mackie, de CVS Caremark; Andy Billings, de Electronic
Arts; Jeff Detrick, Michael Guarnieri, Ellie Murphy y todo el
equipo de General Electric; Valorie McClelland y Ginny Hover-
man, de Goodrich; Jim Roberts, Tom Case, Ron Gatto, Catheri-
ne Hambley y el equipo de Granite Construction; Tiffany Keller,
de Gulfstream; Tanya Chermack, de Harvard Vanguard; la Inde-
pendent College Bookstore Association ('asociación de librerías
universitarias independientes'); Becky Nawrocki, del Institute
of Supply Management ('instituto de gestión de suministros');
Gayle Tomlinson, de Kraton; Michael Sigmund, de MacDermid
Incorporated; Michelle Duke y Anne Frenette, de la National
Association of Broadcasters ('asociación nacional de locutores');
Steve Capas, David Pietrycha, Christy Shibata, Mary von He-
rrmann y los equipos de NBC News y NBC Universal; Manu
Varma, de Sierra Wireless; la Society of Human Resource Ma-
nagement ('sociedad de gestión de recursos humanos); Meghan
O'Leary y Stacy Pell, del Silicon Valley Bank; Beth Goldstein, de
Smile Brands; Melinda Del Toro y Ron Wangerin, de Viasat; y
Mariela Saravia, de Visa.

---

* N. del T.: *Propiedad psicológica* hace referencia al hecho de sentir algo como propio. Este
concepto es aplicable en multitud de contextos.

- Nuestros colegas del Business Literacy Institute. Nuestro equipo de facilitadores (Jim Bado, Cathy Ivancic, Hovig Tchalian y Ed Westfield) son formadores de primer nivel; sus propios estilos únicos hacen que asistir a una clase con ellos sea una experiencia enriquecedora. Stephanie Wexler es la gerente de servicio al cliente; su profesionalidad mantiene nuestros proyectos en marcha. Judy Golove, gerente de desarrollo de capacitación, se asegura de que todos nuestros programas de formación sean de la más alta calidad. Kara Smith también trabaja en el área de desarrollo de la capacitación y, junto a Judy, se ocupa de que nuestros programas sean siempre de primera categoría. Los abundantes conocimientos de Sharon Maas sobre alfabetización empresarial se reflejan en los contenidos de nuestros programas de capacitación personalizados. Brad Angus, nuestro gerente de desarrollo comercial, trabaja incansablemente para garantizar que las necesidades de nuestros clientes sean satisfechas. Kathy Hoye es la auxiliar administrativa del equipo y se encarga de que todo funcione sin problemas.
- Dave Merrill, el artista creativo que ilustra nuestros mapas de dinero. Su habilidad para tomar nuestras ideas poco pulidas y darles vida refleja un verdadero talento.
- Jonathan Troper y el equipo de la Escuela de Administración Marshall Goldsmith de la Alliant International University, quienes trabajaron con nosotros para realizar el estudio nacional en el que evaluamos la inteligencia financiera de los directivos y gerentes estadounidenses. Confiamos en su experiencia para garantizar que la prueba de inteligencia financiera en sí y nuestro enfoque fueran estadísticamente válidos y confiables, lo cual nos brindó datos precisos sobre el grado de inteligencia financiera de estos cargos.
- Nuestro agente, James Levine.

- Tim Sullivan, nuestro editor; y el resto del equipo de Harvard Business Review Press. Mandamos un agradecimiento especial a Julie Devoll.
- Y todos los demás que nos han ayudado a lo largo del camino, incluidos Helen y Gene Berman, Tony Bonenfant, Kelin Gersick, Larry y Jewel Knight, Nellie Lal, Michael Lee y el equipo de Main Graphics, Don Mankin, Philomena McAndrew, Alen Miller, Loren Roberts, Marlin Shelley, Brian Shore, Roberta Wolff, Paige Woodward, Joanne Worrell y Brian Zander. Nuestro más sentido agradecimiento a todos.

Índice temático

Sobre los autores

Karen Berman, doctora en Psicología Organizacional, es fundadora y copropietaria del Business Literacy Institute, una empresa de consultoría que ofrece programas personalizados de formación en inteligencia financiera, evaluaciones de inteligencia financiera, mapas de dinero y otros productos y servicios concebidos para garantizar que todas las personas que trabajan en organizaciones comprendan cómo se mide el éxito financiero y el impacto que tienen en el aspecto financiero. Karen ha trabajado con docenas de empresas de la lista Fortune 100, a las que ha ayudado a crear programas de alfabetización financiera que tienen la virtud de hacer que empleados, gerentes y directivos se sientan colegas que reman en la misma dirección.

Joe Knight es copropietario del Business Literacy Institute, además de propietario principal y director financiero de Setpoint Companies. Es un facilitador veterano y orador principal del Business Literacy Institute; visita a clientes a escala internacional y participa en conferencias en todo el mundo para impartir información en finanzas. Joe cree firmemente en la transparencia financiera, la cual es una realidad cotidiana en Setpoint.